La science de l'enfant heureux

La science de l'enfant heureux

Épanouir son enfant grâce aux découvertes sur le cerveau

MARGOT SUNDERLAND

Traduction de Françoise Hallet, Régine Cavallaro, Anne Trager et Fabrice Neuman

Révision scientifique de Catherine et Pierre Buzy

de boeck SUPÉRIEUR

DK | Penguin Random House

Original Title: What Every Parent Needs to Know

Pour toute information sur notre fonds
et nos nouveautés, consultez notre site web :
www.deboecksuperieur.com

Dépôt légal :
Bibliothèque nationale, Paris : août 2017
Bibliothèque royale de Belgique, Bruxelles : 2017/13647/073
ISBN 978-2-8073-1322-4

A WORLD OF IDEAS:
SEE ALL THERE IS TO KNOW

www.dk.com

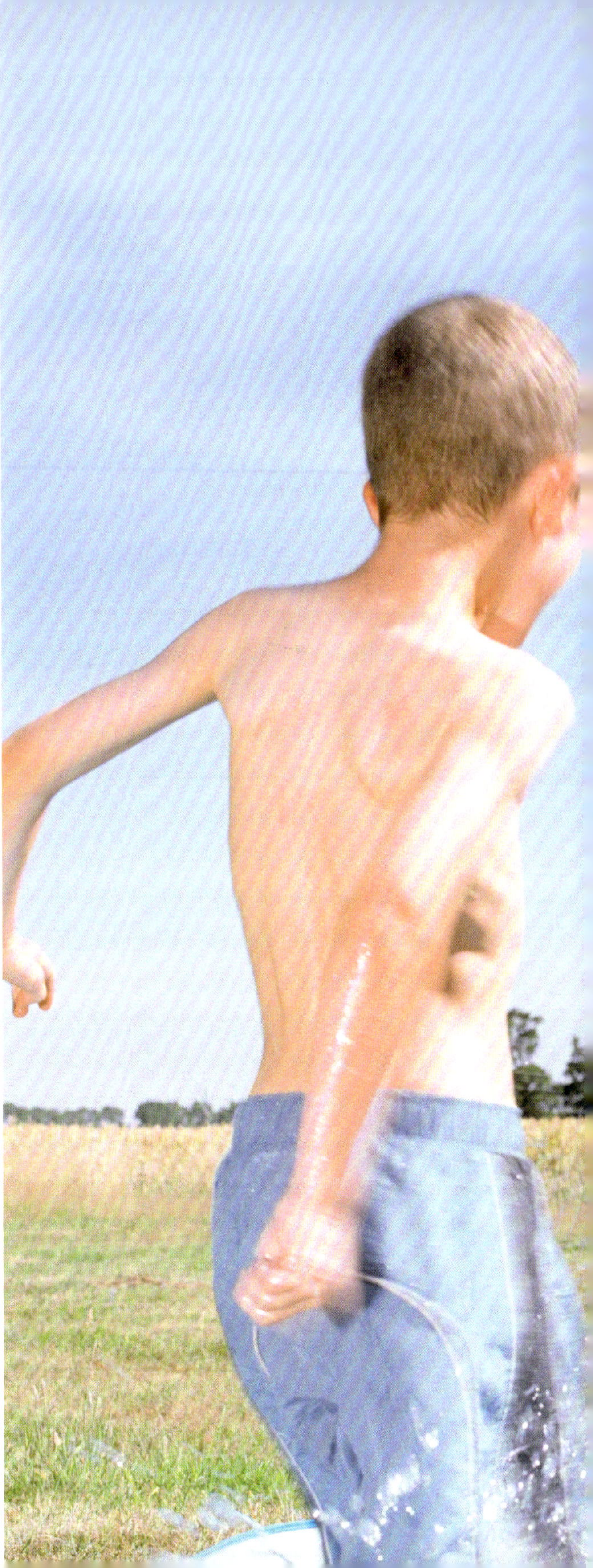

Sommaire

Avant-propos

« C'est en mettant en pratique ce que la science nous apprend sur l'art d'être parent que nous pourrons créer une société meilleure. »

Ce fut un véritable choc quand j'ai réalisé à quel point les relations parents-enfant au quotidien avaient un impact décisif sur le développement du cerveau de l'enfant. Pourtant, le grand public a rarement connaissance du résultat des recherches scientifiques effectuées sur ce sujet. C'est ce qui m'a convaincue d'écrire un livre ; non un énième ouvrage sur la façon d'élever son enfant, mais un livre permettant aux parents de faire des choix éducatifs avertis grâce aux récentes découvertes scientifiques.

Cet ouvrage n'aurait jamais vu le jour sans les recherches révolutionnaires du professeur Jaak Panksepp, qui étudie le cerveau émotionnel aux États-Unis depuis plus de 30 ans. Capitales dans le domaine des neurosciences, ces découvertes ont aussi des répercussions majeures pour l'humanité. Le travail des scientifiques nous offre en effet de précieuses pistes de réflexion pour comprendre pourquoi tant d'enfants deviennent des adultes dépressifs, angoissés et sujets à la colère.

C'est en mettant en pratique ce que la science nous apprend sur l'art d'être parent que nous pourrons créer une société meilleure, douée de compassion, capable de réfléchir et de respecter les différences. Peut-être allons-nous enfin comprendre que pour permettre aux enfants de s'épanouir, il est nécessaire d'éduquer les parents.

Margot Sunderland
Directrice d'éducation et de formation,
Centre de psychiatrie infantile, Londres.

Ce superbe manuel sur l'éducation des enfants montre comment un esprit sain naît d'un cerveau bien nourri émotionnellement. La qualité des soins prodigués à l'enfant est déterminante pour son équilibre mental. Les enfants dont on a favorisé et respecté les émotions vivent plus heureux. L'attitude des adultes, que ce soit une angoisse excessive ou une attention bienveillante, laisse une empreinte profonde dans les parcours émotionnel et psychologique d'un cerveau en développement.

Les recherches sur le cerveau ont démontré que le système neuronal est à la base des émotions chez les animaux. Ainsi, nous pouvons mieux appréhender le caractère social et émotionnel des pulsions qui naissent dans le cerveau des enfants. Margot a parfaitement résumé l'intérêt des nombreuses études sur le sujet, dans le sens où elles peuvent guider les parents dans leurs choix éducatifs.

Les trois premières années durant lesquelles l'enfant s'ouvre au monde extérieur sont cruciales pour son futur épanouissement. Il est important pour lui de partir du bon pied, tant sur le plan émotionnel qu'intellectuel. Margot Sunderland nous apporte ici les données scientifiques nécessaires pour mettre en place les pratiques éducatives du XXIe siècle.

« Ce livre apporte les données scientifiques nécessaires pour mettre en place les pratiques éducatives du XXIe siècle. »

Jaak Panksepp, Ph.D.
Directeur de recherche en neurosciences
affectives, Institut de neurochirurgie et de recherche neurologique,
The Falk Centre for Molecular Therapeutics, Northwestern University.

Introduction

J'ai écrit cette seconde édition de *La science de l'enfant heureux* en partant de mon expérience professionnelle. J'étudie depuis 17 ans l'impact à long terme des décisions parentales sur le cerveau en développement de l'enfant. Je ne sais que trop le mal qui a été fait à tant d'enfants des générations passées en se basant sur des conseils subjectifs. Ce livre, je l'ai écrit en me mettant à la place d'un parent qui travaille et qui connaît bien les joies, les inquiétudes, le stress et le sentiment profond de plénitude liés à l'éducation des enfants.

Étant donné les récentes avancées de nos connaissances sur le cerveau et les relations humaines, nous n'avons plus besoin de répéter les erreurs du passé, et c'est heureux. Mais une grande partie de ces connaissances scientifiques si importantes n'arrive pas jusqu'aux parents. D'autre part, depuis la première édition de ce livre, il y a eu des avancées significatives ces dix dernières années. En écrivant cette nouvelle édition, je veux expliquer les recherches les plus récentes aux parents pour qu'ils puissent prendre des décisions éclairées, pour qu'ils aient des compétences parentales basées sur des données probantes. Les parents ont le droit de connaître l'impact de leurs choix parentaux et de leurs relations sur le cerveau en développement de leur enfant ; c'est tout autant un droit que celui de connaître ses besoins nutritionnels. J'ai utilisé plus de 2.000 études scientifiques de laboratoires, de départements médicaux et d'universités dans le monde. Mais j'ai aussi veillé à

« Maintenant que l'on sait mieux comment aider un enfant à s'épanouir, on peut faire bouger les choses, dans la famille comme dans la société. »

communiquer dans un langage accessible, sans mots savants.

La recherche montre que les relations parent-enfant changent le cerveau, pas seulement l'esprit. Il existe des preuves évidentes que nos expériences d'enfant auprès de nos parents ont aussi eu un impact spectaculaire sur notre santé physique et mentale ultérieure, pour le meilleur ou pour le pire. Elles peuvent conduire les enfants à mener une vie très enrichissante, ou à avoir des problèmes de pression sanguine liés aux stress, souffrir de démence, avoir un système immunitaire fragile ou connaître l'anxiété. De plus, depuis la publication de

« Se sentir bien dans sa tête dépend dans une large mesure des moments privilégiés passés avec l'un ou l'autre de ses parents. »

« Trop d'adultes ne savent pas gérer le stress, car personne ne leur a appris à le faire dans leur enfance. Leur cerveau n'a donc jamais développé de système régulateur de stress efficace. »

la première édition, il y a eu de nouvelles découvertes : nous savons maintenant que l'éducation parentale peut activer ou bloquer des gènes essentiels, protéger contre le cancer, augmenter la longévité, et beaucoup d'autres choses. Donc, avec les pratiques parentales basées sur des données probantes décrites dans ce livre, nous pouvons donner à notre enfant l'excellent cadeau de la qualité de vie, redistribuer les cartes pour lui offrir une meilleure santé mentale et physique à long terme. Sans cela, il est trop facile de choisir quelques pratiques éducatives communément admises, qui peuvent abîmer le cerveau et le corps d'un enfant. C'est ce que ce livre veut éviter !

Les dernières découvertes en neurosciences nous montrent la nécessité d'un réel changement de paradigme pour les parents. Plutôt que de penser simplement à l'urgence de lui apprendre à dormir seul ou non, de le laisser pleurer ou non, de partager son lit ou non, d'ignorer ses crises, de le mettre au coin, ou de le laisser jouer avec une tablette, nous devons nous poser la question suivante : « Comment est-ce que mes choix parentaux actuels peuvent affecter à long terme l'équilibre chimique et les fonctions humaines supérieures du cerveau de mon enfant ? Comment est-ce que ma façon d'être en lien avec mon enfant au quotidien va affecter sa physiologie, sa capacité de prendre de bonnes décisions sous stress, la probabilité qu'il souffre d'anxiété ou de dépression plus tard, ou sa capacité de s'épanouir dans le monde du travail et dans ses relations personnelles ? » Les neurosciences ne donnent pas la solution du puzzle qui permet de comprendre ce dont les enfants ont besoin pour arriver à s'épanouir, mais elles représentent une pièce essentielle de ce puzzle.

Certaines personnes disent : « Mais nous n'avons pas besoin qu'on nous dise comment être parent. Il suffit d'aimer ses enfants ! Ils grandiront tout aussi bien sans experts dans l'art d'être parent ! » Si les bonnes attitudes parentales sont naturelles, comment expliquer cette statistique : en 2014, il y a eu plus de 57 millions de boîtes de médicaments délivrées au Royaume-Uni pour traiter des dépressions et des troubles anxieux. Et il n'y a que 53 millions d'habitants dans le pays ![1] Ceci explique largement que les pratiques parentales anciennes n'ont pas permis aux enfants d'arriver à une bonne qualité de vie. Nous connaissons maintenant les pratiques parentales qui changent le cerveau des enfants de manière à les protéger contre la dépression et d'autres problèmes de santé mentale plus tard. Et la bonne nouvelle, c'est qu'il n'est jamais trop tard pour changer notre manière d'être parent et arriver à ces merveilleux résultats pour notre enfant.

Pourquoi les attitudes parentales ont-elles un tel impact sur le cerveau et le corps d'un enfant ? Parce qu'au moment de sa naissance, son cerveau est encore en train de se former, il est loin d'être terminé. Certaines des cellules cérébrales sont encore en train de se déplacer (un processus appelé migration). Pendant la première année, des gènes essentiels pour le bien-être émotionnel sont encore en train de s'exprimer. De plus, des systèmes

« Certains enfants développent une telle empathie qu'ils ressentent la souffrance humaine, non seulement de leurs proches, mais de ceux qui ont une culture et des croyances autres que les leurs. »

« Un enfant bien éduqué est un enfant qui continue de porter un regard émerveillé et respectueux sur le monde une fois adulte. »

essentiels de régulation sont en train de s'installer dans le cerveau et le corps du bébé. Tous ces processus extrêmement sensibles sont très vulnérables aux effets négatifs du stress dans la vie du bébé. Donc votre relation avec votre enfant pendant les premières années est une expérience à l'impact massif. De plus, son cerveau est comme un ordinateur qui n'est pas encore programmé. Qu'il soit programmé « calme » ou « sur le qui-vive » dépendra aussi beaucoup de votre relation avec lui.

On pourrait penser que ce sont sûrement les gènes qui comptent, pas seulement le style parental. Pour la santé

mentale et physique, oui bien sûr. Nous avons des gènes de vulnérabilité et des gènes de protection. Mais ce n'est plus aussi simple que l'inné ou l'acquis. Ces dernières années, les scientifiques travaillant dans le domaine de l'épigénétique ont découvert que les gènes peuvent être activés ou bloqués par des facteurs externes et environnementaux, et parmi ceux-ci, par le style parental. Une éducation adéquate bloquera les gènes de vulnérabilité et activera les gènes protecteurs et une éducation inadéquate aura les conséquences inverses.

« L'expérience peut changer un cerveau adulte... mais l'expérience pendant les périodes critiques de l'enfance organise les systèmes cérébraux. »

Bruce Perry

En bref, nous sommes maintenant entrés dans une toute nouvelle ère d'éducation, où pour la première fois nous disposons de preuves scientifiques, plus seulement d'opinions, qui expliquent comment permettre à un enfant de grandir. Dans cette seconde édition de mon livre, je montrerai ces preuves. J'ai revu le contenu de chaque chapitre pour y inclure les dernières recherches. J'ai aussi réorganisé les chapitres. Il y en a un qui se centre sur la façon d'aider notre enfant à développer ses capacités de plaisir, d'humour et de spontanéité, et un autre qui s'intéresse spécifiquement à la façon dont l'éducation peut permettre à notre enfant de développer tout son potentiel. Il est essentiel que nous ayons des moments spéciaux de relation, donc j'ai ajouté un nouveau chapitre plein d'idées pratiques soutenues par les neurosciences qui suggèrent comment avoir la meilleure relation. Il y a aussi des chapitres qui parlent du sommeil, du comportement et des pleurs, mais aussi de la façon de prendre soin de soi. Par-dessus tout, ce livre explique quelles sont les compétences essentielles basées sur des données probantes pour réussir cette tâche essentielle d'être un parent.

Le cerveau de l'enfant est dans nos mains

Les parents ne sont pas des magiciens. Ils ne peuvent pas garantir le bonheur futur à leurs enfants, ni les préserver de la perte ou du rejet. Mais ils peuvent considérablement agir sur leur système cérébral, dont le développement est déterminant pour leur épanouissement dans la vie, comme nous le verrons dans ce livre. Mais avant d'aborder ces questions, il est important de connaître quelques rudiments du cerveau humain.

L'évolution du cerveau

Il y a environ 300 millions d'années, les reptiles sont apparus sur la terre. Les mammifères et finalement les humains ont suivi beaucoup plus tard. Étonnamment, la structure de notre cerveau humain porte encore le témoignage de ce passé. Il y a six ou sept millions d'années, le cerveau du premier de nos cousins humains (les hominidés) avait une taille inférieure de moitié à celle du nôtre.

ZOOM SUR LE CERVEAU

Notre cerveau inférieur ressemble assez bien à celui des autres mammifères, mais notre néocortex, ou lobes frontaux, est beaucoup plus grand, donc nous pensons beaucoup plus que tous les autres animaux.

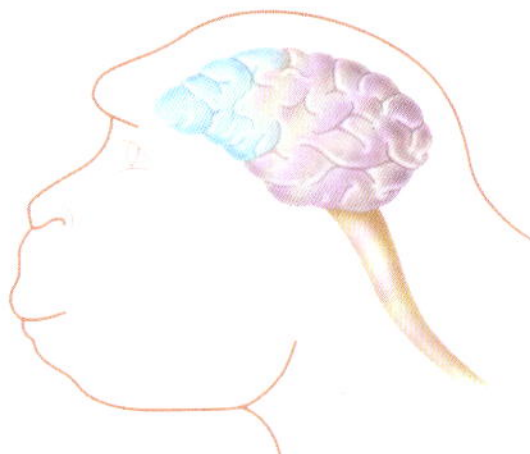

Un chimpanzé a des petits lobes frontaux (en bleu), donc il pense essentiellement au présent.

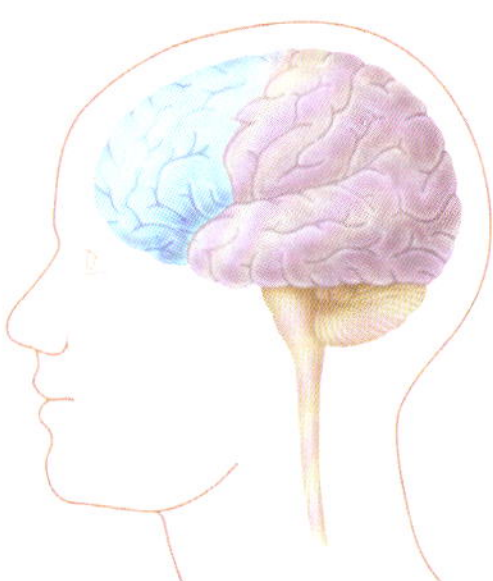

Nos grands lobes frontaux (zone bleue) nous permettent d'imaginer, de raisonner et de résoudre des problèmes.

Comment notre cerveau a grandi

Le cerveau du premier homme debout, *Homo erectus* (il y a environ 1,5 million d'années), était encore petit. Il y a 200 000 ans, le cerveau de notre ancêtre direct, *Homo sapiens,* s'était énormément développé, il avait à peu près la taille de notre cerveau moderne et montrait des connexions qui suggèrent une capacité avancée de générer de nouvelles idées. Il y a 50 000 ans, les humains peignaient, réalisaient des ornements et des bijoux, adoptaient une religion, mais il a encore fallu longtemps pour qu'ils développent la capacité de pensée sophistiquée dont nous jouissons aujourd'hui.

À quoi ressemble notre cerveau aujourd'hui ?

Notre cerveau est fait de plusieurs structures interconnectées, qui comprennent un cerveau primitif reptilien, un cerveau inférieur ou mammalien, et un cerveau humain ou néocortex, qui est le couronnement de notre évolution. Chaque région du cerveau est connectée aux autres par un réseau de nerfs, mais a pourtant ses fonctions propres.

Parfois les régions du cerveau travaillent ensemble de façon merveilleusement coordonnée et, avec l'activation de certaines molécules cérébrales prosociales, les humains donnent le meilleur d'eux-mêmes. À d'autres moments, les systèmes d'alarme mènent la danse, même quand il n'y a pas de menace physique ou psychologique. Suite à cela, les gens peuvent se comporter de manière à se faire beaucoup de tort, tant à eux-mêmes qu'aux autres. Ce qui est incroyable, c'est qu'en tant que parent nous pouvons influencer à la fois le développement et l'activation des fonctions et systèmes essentiels dans le cerveau de notre enfant et la façon dont ces systèmes interagissent.

Instincts de base

Les humains pourraient se sentir supérieurs aux autres animaux parce qu'ils ont le cerveau pensant le plus développé. Mais nous ne sommes pas supérieurs pour ce qui concerne les anciennes régions reptiliennes et mammaliennes de notre cerveau. En fait, ces parties de notre cerveau sont assez semblables dans leur organisation globale (relativement à leur taille) à celles des autres mammifères. Ces régions cérébrales plus anciennes sont restées les mêmes depuis des millions d'années. Comme le disait un scientifique : « C'est comme se promener avec un vieux musée dans notre tête.[1] » De plus, notre cerveau supérieur rationnel peut facilement être détourné par ces régions inférieures. Quand nous nous sentons en danger, physiquement ou psychologiquement, des influx venant des parties reptiliennes et mammaliennes de notre cerveau peuvent détourner nos fonctions humaines supérieures et nous pouvons nous comporter comme un animal menacé. Nous pouvons ressentir des réactions impulsives de lutte ou de fuite qui nous amènent à frapper avec colère ou à nous comporter de façon anxieuse.

En tant que parent, nous pouvons avoir un impact sur le cerveau de notre enfant de telle manière que son néocortex arrivera, la plupart du temps, à gérer les réactions primitives de son cerveau inférieur. Nos attitudes influenceront son néocortex (en particulier les lobes frontaux), son cerveau inférieur (le système limbique ou mammalien) et le tronc cérébral qui inclut le cerveau reptilien.

« Le monde est très ancien et les hommes sont très jeunes.[2] »

Le cerveau reptilien s'est développé il y a 300 millions d'années. Il génère les instincts de survie et contrôle les fonctions organiques comme la respiration et la digestion.

Le cerveau mammalien s'est développé il y a 200 millions d'années, créant de nouveaux comportements sociaux comme la faculté de jouer, de prendre soin de l'autre ou de créer des liens.

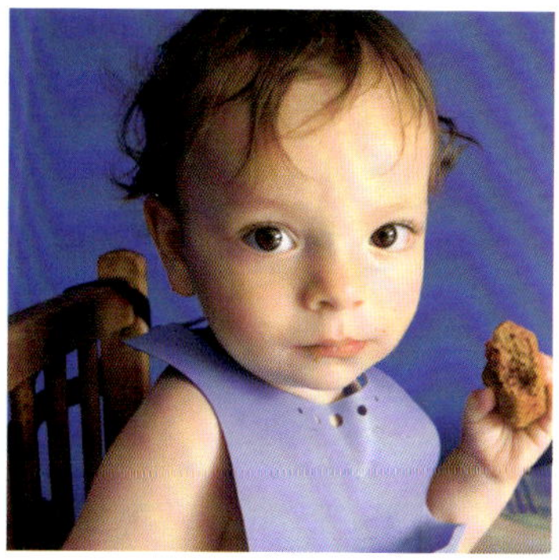

Les humains sont apparus il y a 200 000 ans, et ont acquis une capacité de raisonnement très perfectionnée, tout en conservant des cerveaux reptilien et mammalien.

À propos du cerveau

Le cerveau est divisé en quatre régions, ou lobes. Il est aussi partagé en deux parties, ou hémisphères, qu'on appelle souvent le cerveau droit et le cerveau gauche. Une des régions, les lobes frontaux, est aussi appelée le cerveau supérieur. Cette zone est influencée par l'éducation, tout comme le corps calleux qui relie le cerveau droit et le cerveau gauche, le cerveau mammalien ou inférieur, le tronc cérébral et le cervelet, une zone située derrière le tronc cérébral.

La façon dont on élève un enfant a une grande influence sur la manière dont les différentes parties de son cerveau sont activées. À la naissance, les fonctions humaines supérieures ne sont pas actives et les connexions entre les différentes parties du cerveau ne sont pas complètement développées. Une éducation chaleureuse et non stressante peut favoriser le développement optimal de ces fonctions et connexions.

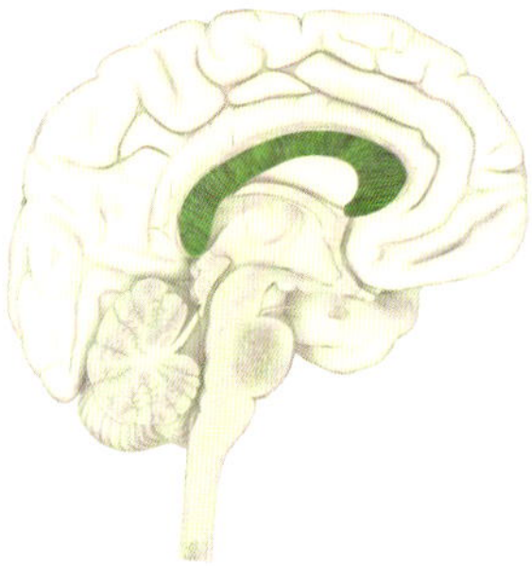

CORPS CALLEUX Cette structure (en vert) est un faisceau complexe de fibres qui relie les hémisphères gauche et droite du cerveau, et représente la voie principale d'information entre elles. Les côtés gauche et droit travaillent très différemment. Les centres du langage se trouvent essentiellement à gauche, donc le cerveau gauche traite la communication verbale et est attentif aux détails. Le cerveau droit analyse le monde plus globalement, à travers l'atmosphère émotionnelle, les images et les métaphores. À l'inverse du cerveau gauche, il entretient des liens étroits avec le cerveau inférieur ou mammalien et avec le corps tout entier, donc il a une emprise beaucoup plus concrète sur le monde.

LES LOBES FRONTAUX

Ce sont les plus grands des quatre lobes du néocortex, ils se trouvent à l'avant. Les fonctions du lobe frontal comprennent la capacité d'apprendre, d'être attentif et de se concentrer, de planifier et de résoudre des problèmes, de gérer le stress et de contrôler ses pulsions. Les lobes frontaux comportent plusieurs régions avec des fonctions propres : le cortex préfrontal latéral, le cortex ventromédian et le cortex orbitofrontal (voir aussi page 22).

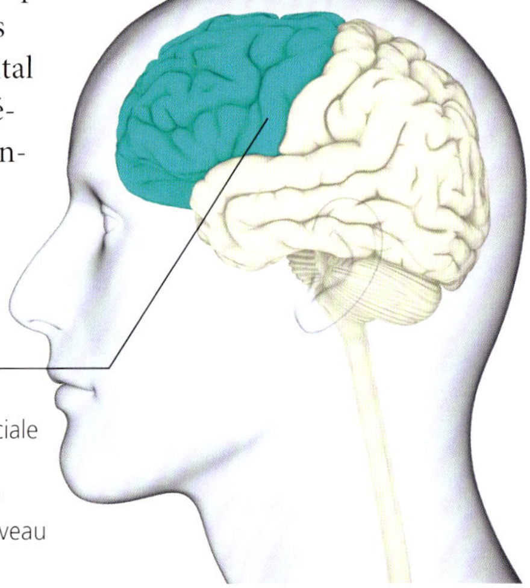

Cette partie du cortex joue un rôle dans l'intelligence émotionnelle et sociale et peut mener aux plus grandes réalisations humaines quand elle travaille en harmonie avec le cerveau inférieur (mammalien).

LE CERVEAU INFÉRIEUR

Aussi appelée le cerveau mammalien, le système limbique ou même le cerveau émotionnel, cette région a les mêmes systèmes chimiques et la même structure que chez d'autres mammifères comme les chimpanzés. Le cerveau inférieur contient sept grandes forces hormonales, les systèmes émotionnels génétiquement programmés (voir page 29). Il s'agit des trois systèmes d'alarme – COLÈRE, PEUR et PANIQUE/DÉTRESSE –, des trois systèmes de calme, de bien-être ou prosociaux – SOINS, RECHERCHE et JEU – et finalement du système DÉSIR.[3] Ces systèmes fonctionnent comme des muscles. Plus nous les utilisons, plus ils font partie de notre personnalité. La façon dont nous élevons notre enfant décide des systèmes aux commandes dans sa vie. Il existe des structures essentielles dans le cerveau inférieur qui sont connectées à des émotions particulières.

Le cortex cingulaire antérieur est une région clé dans le système SOINS. Il libère des molécules de bien-être quand nous nous sentons aimés et aimants, mais les retient quand le système PANIQUE/DÉTRESSE est activé.

Le noyau caudé joue un rôle important dans le fonctionnement humain supérieur, la détermination des objectifs, l'action et l'approche, et le comportement d'attachement.

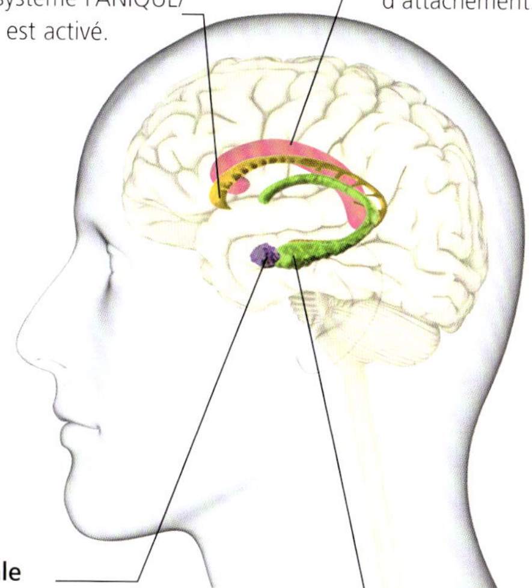

L'amygdale est une structure importante qui joue un rôle dans les systèmes COLÈRE et PEUR. Elle analyse la signification émotionnelle de tout ce qui arrive à une personne. Elle peut déclencher la libération de grandes quantités d'hormones de stress.

L'hippocampe est un système essentiel de mémoire. Avec le cortex préfrontal, il contient la mémoire autobiographique.

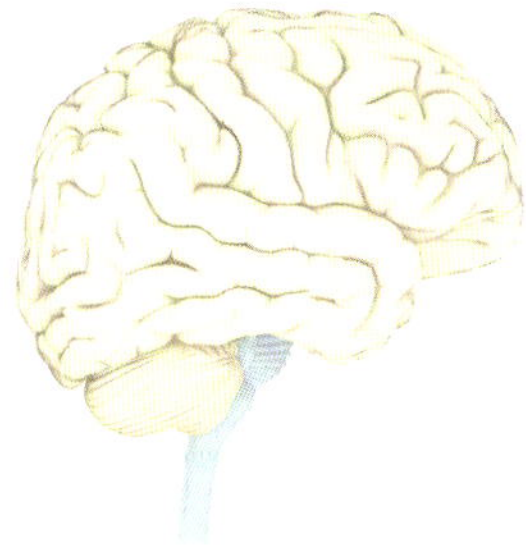

TRONC CÉRÉBRAL Cette partie du cerveau (en bleu) est essentielle pour la régulation des fonctions physiologiques, la fréquence cardiaque, la respiration, l'alimentation, l'éveil et la conscience, ainsi que les cycles de sommeil. Elle contient aussi les centres de la récompense et les systèmes d'alarme. Ces derniers comprennent le locus cœruleus, qui libère de la noradrénaline quand nous sommes stressés, ce qui nous empêche souvent de réfléchir, et la substance grise périaqueducale qui déclenche des comportements très défensifs comme la réponse combat-fuite-sidération. Elle joue aussi un rôle essentiel dans les sept systèmes génétiquement programmés (voir page de gauche). Les apnées du sommeil et le syndrome de mort subite du nourrisson sont dus à une absence de stimulation dans cette partie du cerveau.

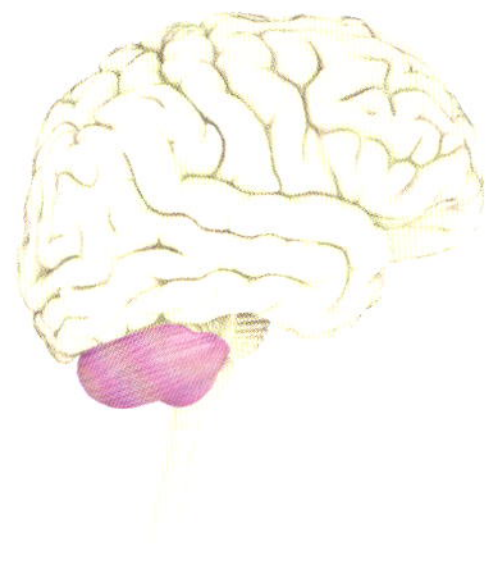

CERVELET Situé derrière le tronc cérébral (en rose), les scientifiques ont longtemps pensé qu'il ne jouait un rôle que dans la coordination motrice, le contrôle et l'équilibre postural. On sait maintenant que cette partie du cerveau est associée à l'intelligence émotionnelle. Les voies entre cette région et le cortex sont essentielles pour l'intelligence sociale, l'apprentissage de compétences et la régulation émotionnelle.

L'éducation du cerveau

Pendant des siècles, nous avons appliqué des principes éducatifs sans connaître leurs possibles effets à long terme sur le cerveau d'un enfant. Il nous était impossible, en effet, de mesurer les conséquences de notre comportement sur ce qui se passait dans le cerveau d'un enfant. Nous savons aujourd'hui que les relations parents-enfant ont une incidence durable sur les fonctions et l'équilibre chimique du cerveau de l'enfant.

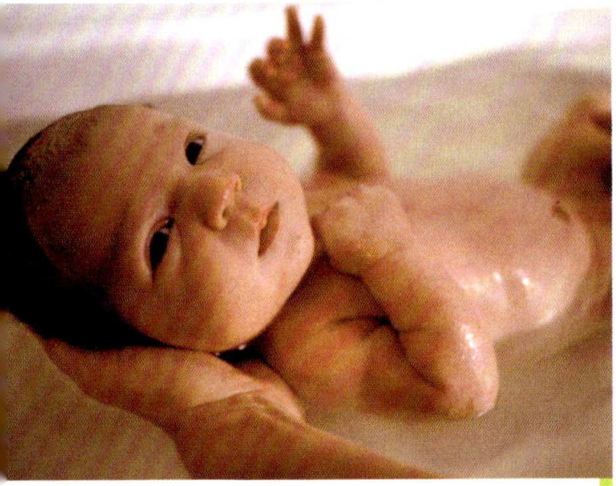

Grâce aux progrès des neurosciences, des scanners cérébraux et des années de recherche sur le cerveau des primates et d'autres mammifères (dont le cerveau émotionnel a pratiquement la même architecture et les mêmes systèmes chimiques que nous), nous disposons désormais d'informations capitales quant à l'impact des différentes méthodes éducatives sur le cerveau de l'enfant. Notre approche peut déterminer si les systèmes et la chimie du cerveau de notre enfant sont activés au point de permettre la réussite de sa vie future.

Notre style parental a une grande influence sur la façon dont le cerveau émotionnel de notre bébé se développe

En tant que parent, nous avons une grande influence sur la façon dont le cerveau émotionnel se développe, en particulier parce qu'il y a des périodes critiques de croissance cérébrale dans les premières années de vie. De nouvelles voies cérébrales se forment très rapidement à ce moment. En fait, 90 % de la croissance du cerveau humain se passe pendant les cinq premières années. Pendant ces années cruciales, des millions de connexions cérébrales se forment, se déforment et se reforment selon les expériences de vie de notre enfant, et en particulier ses expériences émotionnelles avec nous.

Vers l'âge de 7 ans, cette intense activité ralentit parce que de plus en plus de neurones sont myélinisés. (La myéline est une substance blanche faite de protéines et de graisses qui entoure les

SACHEZ QUE…

La perte de cellules cérébrales (neurones) fait partie du processus naturel de « modelage » du cerveau, qui se poursuit tout au long de la vie. Tandis que les principales connexions neuronales se renforcent, les cellules inutiles ou sous-employées sont éliminées. À la naissance nous avons environ 200 milliards de cellules cérébrales, mais à un an, nous en avons déjà perdu 80 milliards ; à l'adolescence, nous en avons perdu 90 milliards ; à 35 ans, 100 milliards et à 70 ans 105 milliards. C'est ce qu'on appelle « l'élagage synaptique » ; de la même façon, on élague les rosiers pour les aider à mieux pousser.

cellules cérébrales, comme une sorte de gaine isolante.) La myélinisation facilite la communication entre les neurones et renforce les voies nerveuses en les fixant. Il y a donc une part de vérité scientifique dans le célèbre principe jésuite selon lequel l'éducation d'un individu se fait avant l'âge de 7 ans.

La relation parents-enfant

Tous les rapports qu'un nourrisson noue avec ses parents lui permettent de construire les connexions neuronales de son cortex (les lobes frontaux). Le cerveau humain est en effet spécialement conçu pour s'adapter facilement à son environnement. Mais cette faculté d'adaptation est plus ou moins profitable pour l'enfant. Par exemple, si ses parents sont brutaux, un enfant se conformera à cet univers violent, avec toutes les modifications que cela implique, tant des structures cérébrales que des sécrétions chimiques, et notamment une hyperactivité du cerveau reptilien pouvant entraîner une vigilance ou une agressivité exacerbées, des réactions de peur ou des réactions d'attaque et de défense surdéveloppées. Avec des parents réceptifs à ses émotions, il développera des connexions cérébrales essentielles qui lui permettront plus tard de bien gérer son stress, de nouer des relations épanouissantes, de dominer sa colère, de se montrer bon et compatissant, d'avoir la volonté de réaliser ses rêves et ses ambitions, de rester serein et de tisser une relation amoureuse paisible. Donc notre façon d'écouter notre enfant, de jouer avec lui, de le câliner, de le consoler et de le traiter quand il a été désobéissant importe vraiment.

Installer des fonctions humaines supérieures

La plus grande partie du cerveau du bébé se développe après la naissance, donc il peut être modelé par les interactions négatives ou positives entre les parents et l'enfant. À la naissance, le cortex (voir page 18) de l'enfant est loin d'être achevé, à tel point que l'on a qualifié le nouveau-né de « fœtus externe » (voir page 36). Les nourrissons disposent de 200 milliards de neurones, mais d'un nombre très limité de connexions neuronales dans le cerveau supérieur, donc celui-ci n'est pas encore totalement « mis en réseau ». Certaines de ces connexions vont déterminer

ZOOM SUR LE CERVEAU

Le cerveau à la naissance
Ces schémas illustrent à quelle vitesse se forment les connexions neuronales dans le néocortex d'un bébé, modelé par les toutes premières expériences. Au début, avec ses neurones déconnectés, le cerveau est comme un ordinateur débranché.

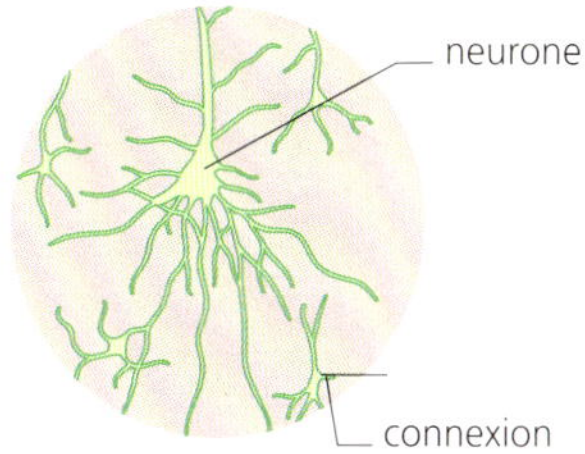

Un nouveau-né a 200 milliards de neurones, mais très peu de connexions.

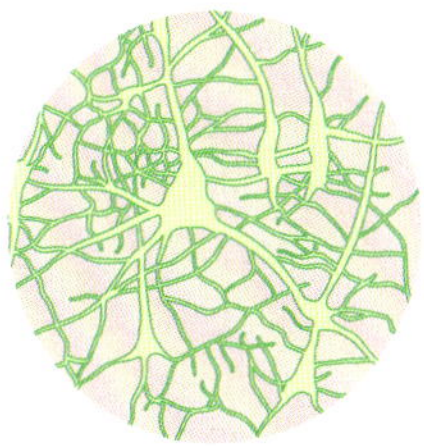

Chez un enfant d'un an, les cellules du néocortex ont développé de multiples connexions.

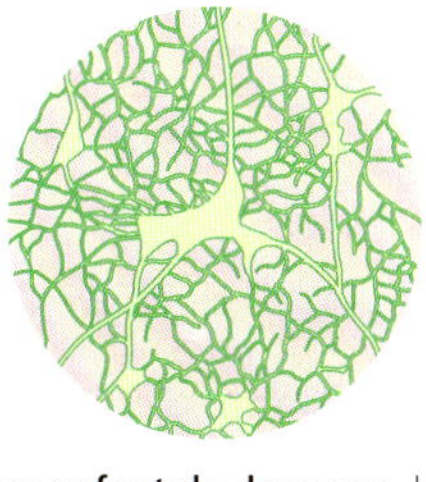

Chez un enfant de deux ans, le réseau neuronal est déjà très dense et l'élagage synaptique commence.

ZOOM SUR LE CERVEAU

Les différentes parties des lobes frontaux (représentées en couleur sur la figure ci-dessous) se développent parfaitement dans le cerveau d'un enfant dont les parents prennent en compte les émotions, mais resteront sous-développées dans le cas contraire.

• La région orbitofrontale (en rose) joue un rôle essentiel dans la maîtrise des émotions fortes et dans l'inhibition des instincts primitifs du cerveau inférieur. Elle permet à l'enfant d'être réceptif aux autres et de décoder leurs signaux affectifs et relationnels.

• La région préfrontale dorsolatérale (en jaune) est liée à la faculté de penser, de prévoir et de faire des choix.

• La région ventromédiane (en bleu) permet à l'enfant d'analyser ses sensations et de ralentir l'activité de ses cerveaux mammalien et reptilien lorsqu'ils entrent en état d'alerte.

• La région cingulaire antérieure (en vert) nous aide à fixer notre attention et à être à l'écoute de nos propres pensées (conscience de soi).

Les deux hémisphères du cerveau sont ici séparés afin de bien distinguer les structures du cerveau mammalien.

l'intelligence émotionnelle et sociale de l'enfant, et ce sont elles que le comportement parental peut influencer.

Les bonnes attitudes parentales ont un effet spectaculaire sur le cortex cérébral de l'enfant. Les lobes frontaux sont souvent appelés les organes sociaux parce que leur développement optimal dépend vraiment de bonnes expériences relationnelles. Ces expériences activent des fonctions essentielles du lobe frontal et l'intelligence émotionnelle et sociale de l'enfant se développe, ainsi que sa capacité à apprendre, à se concentrer, à réfléchir, à planifier, à contrôler ses envies de se battre ou de s'enfuir, à être en empathie, à rester égal à lui-même malgré le stress et à résoudre des problèmes.

Les systèmes d'alarme du cerveau sont actifs dès la naissance

Les premières années, le cerveau cognitif de l'enfant étant encore en formation, c'est son cerveau inférieur qui prend le dessus. Quand les bébés et les petits enfants ont de brusques accès de colère, c'est parce que les systèmes d'alarme de leur cerveau inférieur ont été stimulés. Le cerveau de l'enfant est inondé d'hormones de stress qui lui disent qu'il y a une terrible menace, d'où les cris et les hurlements. Un bébé ne peut pas se calmer tout seul parce que ses lobes frontaux ne sont pas encore actifs.

Il y a plusieurs systèmes d'alarme dans les parties inférieures et reptiliennes du cerveau, en particulier les amygdales dans le système limbique, la substance grise périaqueducale dans le cerveau médian et le locus cœruleus dans le tronc cérébral (voir page 19). Une des principales fonctions des amygdales est de trouver le sens émotionnel de tout ce qui nous arrive. Si elles sentent une menace, elles communiquent avec une autre structure du cerveau appelée l'hypothalamus (voir page 41), qui libère des hormones de stress pour préparer l'organisme à la lutte ou à la fuite. Pour un jeune enfant, une « terrible menace », ce pourrait être la perte de son doudou, que nous ayons mis la purée trop près du jambon dans son assiette ou que nous l'installions dans le siège-auto ! Ces « hyperréactions » intenses surviennent parce qu'il ne peut pas calmer ses amygdales par la pensée, et parce qu'il n'a pas des années d'expériences de vie pour savoir

« J'aime ma maman. »

Un incroyable flux d'informations et d'émotions passe du cerveau et du corps des parents à ceux de leur enfant. Cette transmission se fait aussi de la part des autres adultes qui jouent un rôle important dans la vie de l'enfant. Ainsi l'état émotionnel et l'activité des lobes frontaux des proches de l'enfant influencent directement et profondément les systèmes émotionnels de son cerveau et les systèmes d'éveil de son organisme.

ZOOM SUR LE CERVEAU

Lorsqu'on ressent de la peur, de la colère ou de la tristesse, on distingue de nombreuses zones actives (en rouge) dans le cerveau inférieur, et inactives (en violet), surtout dans le cerveau supérieur.

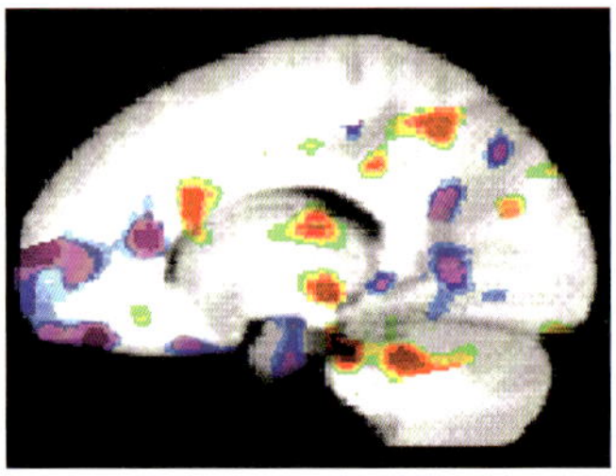

La peur stimule les anciennes parties inférieure et centrale du cerveau.

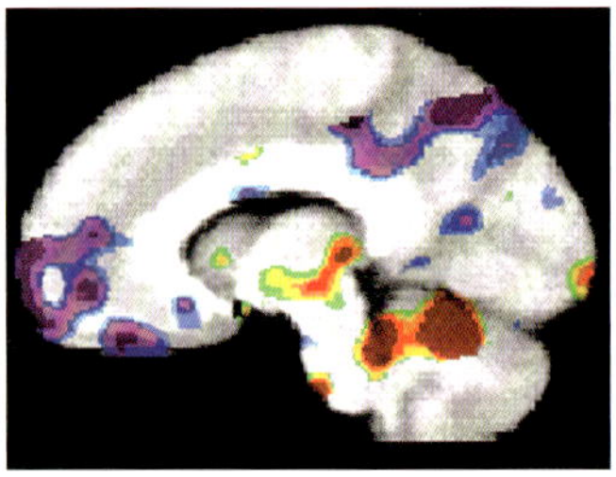

La colère stimule vivement le tronc cérébral.

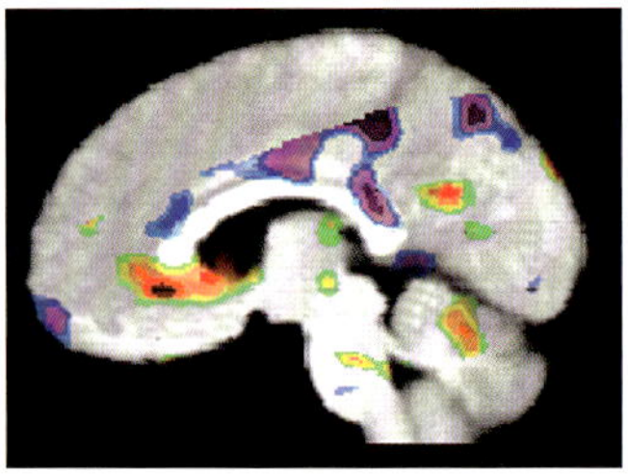

La tristesse stimule le système SOINS (attachement) dans le cerveau inférieur (voir page 91).

qu'il s'en fait pour rien. Ces crises ne sont jamais méchantes, elles sont normales si on tient compte de son stade de développement cérébral. Donc il ne devrait jamais être puni pour cela ; il faut plutôt l'apaiser et être en empathie avec lui.

Le parent est le régulateur émotionnel de son enfant

Quand les systèmes d'alarme se sont déclenchés dans le cerveau de l'enfant, le parent est sa bouée de sauvetage pour l'aider à réguler son état d'excitation émotionnelle et corporelle (pour le système nerveux autonome, voir pages 44-45). Il est incapable de gérer ces états tout seul. Si personne ne répond à ses pleurs, il finira par arrêter de pleurer, mais c'est une fermeture désespérée, appelée dissociation (la partie « sidération » de la réaction combat-fuite-sidération). À ne jamais confondre avec un sentiment d'apaisement. Des moments de silence comme cela entraînent souvent une concentration beaucoup plus élevée d'hormones de stress que quand le bébé pleure. Trop de parents ne le savent pas et laissent encore leur enfant pleurer jusqu'à ce qu'il s'endorme ou utilisent d'autres techniques aussi stressantes (voir *Pleurs et séparations*, pages 34-63).

Une éducation réceptive aux émotions permettra au bébé d'établir des systèmes de régulation du stress efficaces dans son cerveau. En apaisant sa détresse, des voies nerveuses particulières se forment qui apaisent naturellement le stress. Si les parents le font jour après jour, ils l'aident littéralement à établir des systèmes de régulation du stress essentiels pour son intelligence cognitive et son intelligence émotionnelle ainsi que pour sa capacité de s'épanouir plus tard au travail et dans des relations personnelles.[5] Il y a énormément de recherches qui montrent que le manque de systèmes efficaces de régulation du stress est au cœur de la maladie mentale et de la violence de notre société actuelle. L'addiction aux drogues, l'abus d'alcool, l'addiction au sexe, l'automutilation, les troubles alimentaires et le tabagisme sont autant de tentatives désespérées de modifier des états chimiques très douloureux dans le cerveau. Les scanners cérébraux révèlent que les adultes violents sont encore mus, comme les nourrissons et les petits enfants, par des réactions de colère/peur, de défense/attaque, au plus profond de leur cerveau inférieur (mammalien).[6]

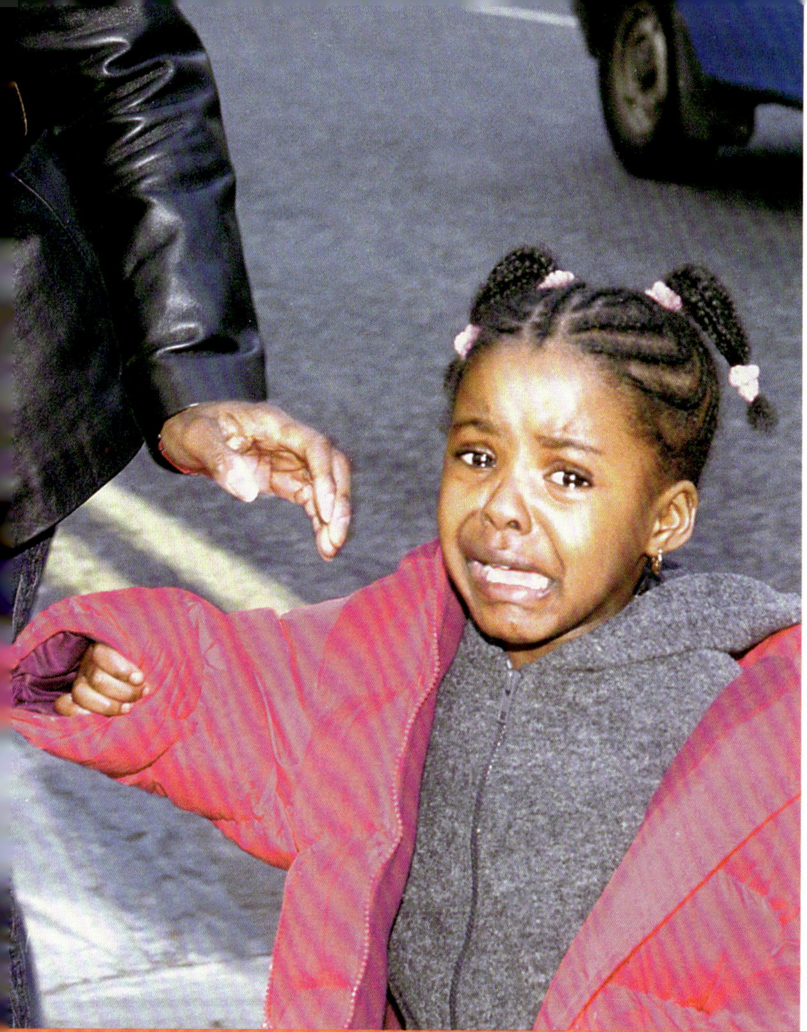

« J'ai besoin qu'on me calme. »

Un enfant chagriné ou perturbé a besoin d'être compris, apaisé et cajolé pour que se rééquilibrent les systèmes déréglés (voir page 267) de son cerveau et de son organisme.

En tant que parent, nous pouvons éviter à notre enfant de devoir vivre comme cela

Nous ne pouvons pas éviter à notre enfant les inévitables souffrances de la vie, mais nous pouvons avoir un impact spectaculaire sur sa qualité de vie en l'élevant de telle manière que nous installions solidement des systèmes efficaces de régulation du stress et des systèmes chimiques anxiolytiques dans son cerveau. Une régulation émotionnelle cohérente est difficile à réaliser mais apporte d'énormes gratifications. Si nous avons deux ou trois enfants de moins de 5 ans, nous avons sans doute l'impression qu'il est parfois épuisant d'essayer d'assurer tous leurs besoins ; un jeune enfant a un besoin de régulation émotionnelle toutes les 20 secondes.[7] Ces demandes se réduisent significativement à partir de 4 ans, mais entre temps nous aurons besoin de pauses et d'introduire d'autres

« Parce que le cerveau supérieur d'un enfant est encore immature, son cerveau inférieur a tendance à prendre le dessus. »

« Au début de la vie, le cerveau en développement est extrêmement vulnérable au stress. »

adultes de bonne volonté comme régulateurs émotionnels. Ceci dit, il faut se mettre au travail pendant ces premières années et donner à l'enfant le plus beau des cadeaux, la capacité de faire face au stress. C'est au cœur de la résilience et des relations épanouissantes.

Le corps de notre enfant est dans nos mains aussi

Il y a aussi un système de régulation du stress dans le corps, le système nerveux autonome (SNA), qui est aussi appelé le système d'excitation corporelle. Ici aussi, une éducation qui cherche à réguler les émotions favorise le développement d'un système nerveux autonome équilibré, qui à son tour entraîne vulnérabilité ou protection face aux problèmes de santé tout au

« Amuse-toi avec moi. »

Pour aider un enfant à se forger un système cérébral efficace de régulation du stress, il faut le soutenir aussi bien dans ses moments douloureux que dans ses accès de joie. En effet, la joie est aussi un état d'excitation générateur de stress. Il faut donc laisser soi-même déborder son enthousiasme face à un enfant exubérant, car s'il n'est pas accompagné quand il est assailli par le « stress » de la joie, un enfant pourra être effrayé par son excitation physique plus tard.[7]

long de la vie, et influence ainsi la longévité. La recherche montre qu'en réconfortant un enfant en détresse, on régule aussi son système nerveux autonome et on améliore le fonctionnement de son système digestif et urinaire, le contrôle de sa température, sa respiration et sa fréquence cardiaque ainsi que son système immunitaire.[9]

Quand un parent, souvent involontairement, a des attitudes qui stressent l'enfant, le système nerveux autonome de celui-ci est déséquilibré, ce qui peut augmenter sa fréquence cardiaque jusqu'à 140 battements par minute (comme chez les enfants qui ont été maltraités ou négligés, voir page 267). Ces enfants peuvent alors développer des problèmes de contrôle du poids, des troubles gastro-intestinaux, des problèmes respiratoires comme de l'asthme, de la migraine, des problèmes de peau comme de l'eczéma, ou des déficiences du système immunitaire, maintenant ou plus tard.[10]

Mais beaucoup n'ont jamais reçu le cadeau de la régulation émotionnelle dans l'enfance

Nous ne savons que depuis peu à quel point une réaction empathique est importante pour que les enfants établissent des systèmes efficaces de régulation du stress, et beaucoup d'entre nous n'ont pas connu cela dans l'enfance. Souvent nous recevions une réaction irritée, un « débrouille-toi » ou nous étions ignorés. Souvent nous étions punis avec colère, pas avec empathie, ce qui, nous le verrons, renforce les parties primitives « lutte-fuite » de notre cerveau.

Donc, que puis-je faire en tant qu'adulte ?

Si on souffre de stress, de problèmes d'anxiété ou de dépression, il n'est jamais trop tard pour établir des systèmes de régulation du stress efficaces dans son cerveau. La meilleure chose à faire est d'obtenir dans notre vie adulte la régulation du stress que nous n'avons jamais connue enfant, par la psychothérapie ou la guidance. À l'aide des réponses émotionnelles répétées et accordées du thérapeute, il est possible d'établir ces systèmes essentiels dans ses lobes frontaux.

CHEZ LES ANIMAUX

Tous les mammifères possèdent un système d'alarme destiné à les avertir du danger. Le cerveau inférieur de l'homme a conservé une anatomie et une chimie très proches de celles des autres mammifères. Autrefois, nos systèmes d'alarme étaient très utiles et nous protégeaient des prédateurs. Aujourd'hui, ils sont déclenchés par un stress psychologique : on peut ainsi se sentir effrayé ou angoissé de façon irrationnelle alors qu'il n'y a pas de danger (physique ou psychologique).

« Les parents peuvent avoir un impact considérable sur la qualité de vie de leur enfant. »

« J'apprends tellement vite. »

Les lobes frontaux d'un enfant se développent considérablement durant les deux premières années de sa vie. Cette période est donc particulièrement favorable à la mise en place des voies de communication nerveuses responsables de l'apprentissage et de l'acquisition du langage, ainsi que de la formation des mécanismes cérébraux anxiolytiques.

« Il existe des systèmes génétiquement programmés dans le cerveau inférieur pour les plus merveilleuses sensations de bien-être, mais l'expression de ces potentialités dépend largement de l'éducation que nous avons reçue. »

L'éducation peut affecter directement les systèmes chimiques du cerveau de notre enfant

Nous pouvons être une personne magnifique ou bien horrible, notre cerveau permet les deux. Au plus profond de notre cerveau inférieur ou mammalien se trouve le système limbique, là où réside la passion humaine, tant l'amour passionné que la haine passionnée. Il y a des systèmes qui déclenchent des sentiments intenses de peur, de haine ou de colère, alors que d'autres déclenchent les sentiments les plus adorables, chaleureux, compatissants et généreux. Cette partie du cerveau suscite les actes de courage et de gentillesse les plus étonnants et les plus terribles actes de cruauté.

Depuis 35 ans, le professeur Jaak Panksepp étudie les systèmes d'alarme et de bien-être du système limbique. Ses découvertes sont maintenant reconnues et profondément respectées. Il a trouvé sept systèmes émotionnels génétiquement programmés dans le système limbique. Chacun a un profil chimique particulier. Il y a trois systèmes d'alarme qui déclenchent des sécrétions importantes d'hormones de stress : les systèmes COLÈRE, PEUR et PANIQUE/DÉTRESSE. Il y a trois systèmes de calme et de bien-être : les systèmes SOINS (attachement), RECHERCHE et JEU, appelés systèmes prosociaux, qui sécrètent des molécules comme les opioïdes. Le septième système est le système DÉSIR, dont il ne sera pas question dans ce livre.

Tout comme pour les muscles, plus nous activons un de ces système, plus il se développe et fait partie de notre personnalité. Donc, nous voulons être des parents qui activent les systèmes de calme et de bien-être et pas les systèmes d'alarme. Tout au long de ce livre, je reviendrai encore et encore à ces systèmes pour expliquer comment modifier les systèmes COLÈRE, PEUR et PANIQUE/DÉTRESSE dans le cerveau de l'enfant et renforcer ses systèmes prosociaux.

Certaines formes d'éducation (les critiques, réprimandes ou cris fréquents, même modérés, les agressions verbales ou physiques, les séparations traumatiques des parents dans les premières années) activent de façon répétée les systèmes COLÈRE, PEUR et PANIQUE/DÉTRESSE de l'enfant. Ces systèmes déclenchent la sécrétion d'hormones de stress, qui finissent par nous faire agir comme des animaux effrayés ou furieux, ou nous pousser à l'écart et nous déprimer. Par contre, certaines formes d'éducation activent de façon répétée les systèmes SOINS (attachement), RECHERCHE et JEU de l'enfant, ce qui libère des molécules prosociales. La bonne nouvelle, c'est qu'il n'est jamais trop tard pour changer une culture familiale et pour mettre à l'avant-plan les systèmes prosociaux. S'ils ne sont pas activés, ces systèmes restent endormis, attendant que quelqu'un les éveille.

Les systèmes de calme et de bien-être

Ce sont des systèmes génétiquement programmés pour les capacités humaines les plus merveilleuses : la tendresse, la créativité, le jeu, la douceur, la gentillesse et l'intérêt pour les autres. L'expression de ces potentialités dépend tellement de la façon dont nous sommes élevés. Certaines des molécules libérées par ces systèmes sont des opioïdes. Si la façon dont nous élevons nos enfants active régulièrement ces merveilleuses molécules du bien-être dans leur cerveau, elles feront de plus en plus partie de leur personnalité et leur cerveau s'habituera à un niveau optimal

SACHEZ QUE…

Si on ne réconforte pas régulièrement un enfant dont les amygdales réagissent au stress, cela peut entraîner des modifications négatives dans son cerveau, liées à la libération de taux élevés d'hormones de stress. Avec le temps, cela peut entraîner la mort de cellules dans les zones du cerveau associées à la mémoire et à l'intelligence émotionnelle et sociale.

Quand un des systèmes d'alarme, COLÈRE, PEUR ou PANIQUE/DÉTRESSE est activé dans le cerveau inférieur de l'enfant, il entre dans un état de souffrance émotionnelle et d'excitation corporelle intense à moins qu'un adulte ne l'aide à se calmer. C'est parce que, une fois que le système d'alarme est déclenché, des forces neurochimiques et hormonales sont activées qui peuvent submerger l'esprit et le corps.

TRANCHE DE VIE

Un jeune homme en colère

Luc est devenu quelqu'un de très anxieux et d'irritable parce que sa mère ignorait qu'il avait besoin d'énormément d'attention et de câlins dans ses accès de COLÈRE, de PEUR et de PANIQUE/DÉTRESSE afin que ses lobes frontaux se développent correctement. Résultat, Luc n'a jamais établi les connexions neuronales essentielles au développement de son intelligence sociale et émotionnelle et de sa capacité à retrouver seul son calme dans une situation stressante.

Quand Luc était bébé, sa mère le laissait pleurer. Quand il n'était pas sage, qu'il criait ou s'énervait, elle le giflait. Son père a quitté la maison quand il avait cinq ans, mais sa mère a décidé de ne pas lui en parler et de continuer à vivre comme si de rien n'était. Luc s'est retrouvé seul face à la COLÈRE et à la PANIQUE/DÉTRESSE déclenchées par son cerveau inférieur. L'éducation qu'il a reçue a fait de lui un adulte malheureux et angoissé.

Les parents comme la mère de Luc ne cherchent pas à être cruels. Bien souvent, ils ignorent les effets à long terme que peuvent avoir leur comportement et leurs choix éducatifs.

de ces substances calmantes (les opioïdes travaillent souvent en combinaison avec l'ocytocine et la prolactine). Donc, les neuroscientifiques disent que « les états émotionnels deviennent des traits de personnalité » ou, pour faire court « les états deviennent des traits.[11] » Le monde change complètement quand ces substances sont majoritaires dans le cerveau. Nous ne voulons pas nous battre et nous ne nous sentons pas anxieux parce que ces molécules sont anxiolytiques et anti-agressivité. Établir un taux optimal de ces molécules dans le cerveau des enfants est une composante essentielle de ce que nous appelons la résilience. Il n'est donc pas surprenant que les neuroscientifiques parlent de ces molécules comme d'un « cadeau de la nature.[12] »

À quoi ressemble une éducation qui déclenche les systèmes JEU, SOINS et RECHERCHE de l'enfant ?

- **Le système JEU.** Des interactions ludiques régulières entre le parent et le petit enfant, en particulier des jeux de contact et des jeux d'attachement (voir *Chimie de l'amour et de la joie*, pages 84-125 et *Pour une meilleure relation*, pages 242-59).
- **Le système SOINS (attachement).** Élever un enfant avec des réactions émotionnelles qui lui donnent un sentiment de sécurité (pas de on-off, crier puis être gentil). Un parent qui peut dire qu'il est désolé quand il a fait quelque chose de travers, qui apaise régulièrement un enfant en détresse, qui aide l'enfant à réguler toutes ses émotions, y compris la colère (voir *Chimie de l'amour et de la joie*, pages 84-125). Des parents qui disciplinent sans faire honte ou peur, et donnent des conséquences quand c'est approprié, tout en respectant l'enfant (voir *Tout sur la discipline*, pages 220-41).
- **Le système RECHERCHE.** Élever un enfant en montrant un engagement énergique dans la vie, une attitude de « allons-y ». Ces parents montrent l'exploration, la curiosité et la créativité par le jeu accompagné, et savent comment éviter que les hormones du stress ne bloquent le système de leur enfant (voir Chimie du dynamisme et de la volonté, pages 126-43).

Les systèmes d'alarme

Une éducation stressante activera continuellement les systèmes COLÈRE, PEUR et PANIQUE/DÉTRESSE du cerveau de l'enfant jusqu'à ce que les états émotionnels qui induisent l'anxiété, l'agressivité ou la dépression deviennent des traits de personnalité. Les molécules plus importantes libérées par ces systèmes sont le cortisol et la corticolibérine. Si ces substances sont injectées en quantité dans le cerveau d'un animal, celui-ci devient déprimé, anxieux et agressif. Le mythe du cerveau de l'enfant résilient au stress a conduit des millions d'enfants à ne jamais atteindre leur potentiel.[13]

À quoi ressemble une éducation qui déclenche les systèmes COLÈRE, PEUR et PANIQUE/DÉTRESSE de l'enfant ?

Toute forme d'éducation déclenche des états prolongés de stress chez l'enfant. Pour un parent sensible, il est facile d'entendre quand cela s'est produit : les hurlements de l'enfant ou ses pleurs changent pour devenir plus forts, on y décèle une note de douleur épouvantable. Cela peut survenir, par exemple, quand on laisse pleurer un enfant jusqu'à ce qu'il s'endorme, ou lors d'agressivité verbale entre les parents. La recherche montre que même une tension modérée entre les parents ou un manque de communication entre les membres de la famille peut avoir pour conséquence un cervelet de plus petite taille suite à la mort cellulaire causée par le stress émotionnel.[14] Crier régulièrement sur un enfant peut endommager les parties de son cerveau responsables du traitement de l'audition.[15] Cela peut aussi se passer quand une mère n'est pas suffisamment disponible sur le plan émotionnel pour son enfant (parce qu'elle est déprimée) et qu'elle ne reçoit pas le soutien de personnes qui peuvent réguler émotionnellement l'enfant jusqu'à ce qu'elle soit de nouveau capable de le faire.

Mais est-ce que tout cela ne concerne pas que les enfants qui ont souffert de maltraitance ou de négligence ?

Non, les études qui sous-tendent ce livre ne concernent pas la maltraitance ou la négligence, mais les pratiques éducatives fréquentes et les effets d'interactions parent-enfant stressantes mais fréquentes. Nous avons tous besoin de cortisol, nous serions morts sans lui ! Quand le cortisol a un taux normal, il nous aide à nous adapter au stress quotidien normal. Mais le cortisol à des taux trop élevés pendant trop longtemps devient

SACHEZ QUE…

La recherche a prouvé qu'un enfant dont les mécanismes de réponse au stress sont hyperactifs sera facilement atteint de dépression en cas de coups durs au cours de sa vie. Dans les pays occidentaux, un adulte sur quatre est traité pour dépression.

Un soutien psychologique ou une thérapie offrent une seconde chance de se forger un système cérébral de régulation du stress efficace, même si cela peut s'avérer très long. Mieux vaut bien sûr prévenir les problèmes chez les enfants grâce à une bonne éducation.

toxique dans le cerveau de l'enfant et peut abîmer les neurones, les voies nerveuses et les organes.

L'éducation qui déclenche les systèmes COLÈRE, PEUR et PANIQUE/DÉTRESSE chez l'enfant entraîne l'activation prolongée de ces hormones du stress. Des expériences stressantes au début de la vie altèrent le cerveau en développement.[16] Le cerveau d'un enfant est très sensible et s'il subit un stress excessif ou prolongé, il peut mal fonctionner de façon durable.

Le bon stress et le mauvais stress

- **Bon stress** (ou vaccination contre le stress). Cela survient quand des taux optimaux d'adrénaline, de noradrénaline et d'autres hormones de stress sont libérés. Cela arrive par exemple quand on emmène son bébé nager pour la première fois ; c'est un défi pour lui, donc il s'accroche à son parent au début puis il adore ça. Dans ce cas, les hormones de stress sont libérées en combinaison avec d'autres molécules excitantes positives comme la sérotonine et la dopamine.
- **Mauvais stress.** Il survient quand les hormones de stress, le cortisol et la corticolibérine, sont libérées à des taux trop élevés et restent dans le cerveau et le corps pendant trop longtemps. Ce genre de stress peut entrainer la mort de cellules dans des zones importantes associées à l'apprentissage et l'intelligence émotionnelle et sociale.[17] Cela peut aussi conduire à la dépression, à l'anxiété et à des maladies liées au stress plus tard dans la vie. Cela peut même bloquer des gènes essentiels pour la santé émotionnelle et physique, empêcher la libération de molécules calmantes dans le cerveau, la formation de nouvelles connexions nerveuses et la naissance de nouvelles cellules nerveuses, entraîner un vieillissement accéléré, perturber le système immunitaire et augmenter l'incidence du cancer.

Ne terminons pas sur une note sombre

La bonne nouvelle est que notre éducation peut renforcer les systèmes prosociaux dans le cerveau de notre enfant et qu'il n'est jamais trop tard pour commencer ! Ce livre se centre sur des attitudes parentales qui ne déclenchent pas les systèmes d'alarme de l'enfant. Si nous sommes en lien avec notre enfant d'une façon qui stimule ses systèmes de soins et de bien-être, il a toutes les chances de grandir en devenant chaleureux, empathique et en ayant le goût d'apprendre.

À retenir

• Le cerveau humain, dans sa partie inférieure, contient des systèmes primitifs d'alarme émotionnelle. Grâce à une constante attention parentale, le cerveau supérieur peut facilement maîtriser ces systèmes.

• À cause de l'éducation qu'ils ont reçue, certains adultes n'ont pas dépassé le stade émotionnel d'un enfant.

• Tous les rapports qu'un enfant noue avec ses parents lui permettent de construire les connexions neuronales de son néocortex.

• Il est essentiel d'aider un enfant à faire face à ses émotions « fortes », afin qu'il sache plus tard gérer son stress et modérer son comportement.

• Un enfant a besoin de sentir qu'il peut compter sur ses parents pour lui apprendre à retrouver son calme.

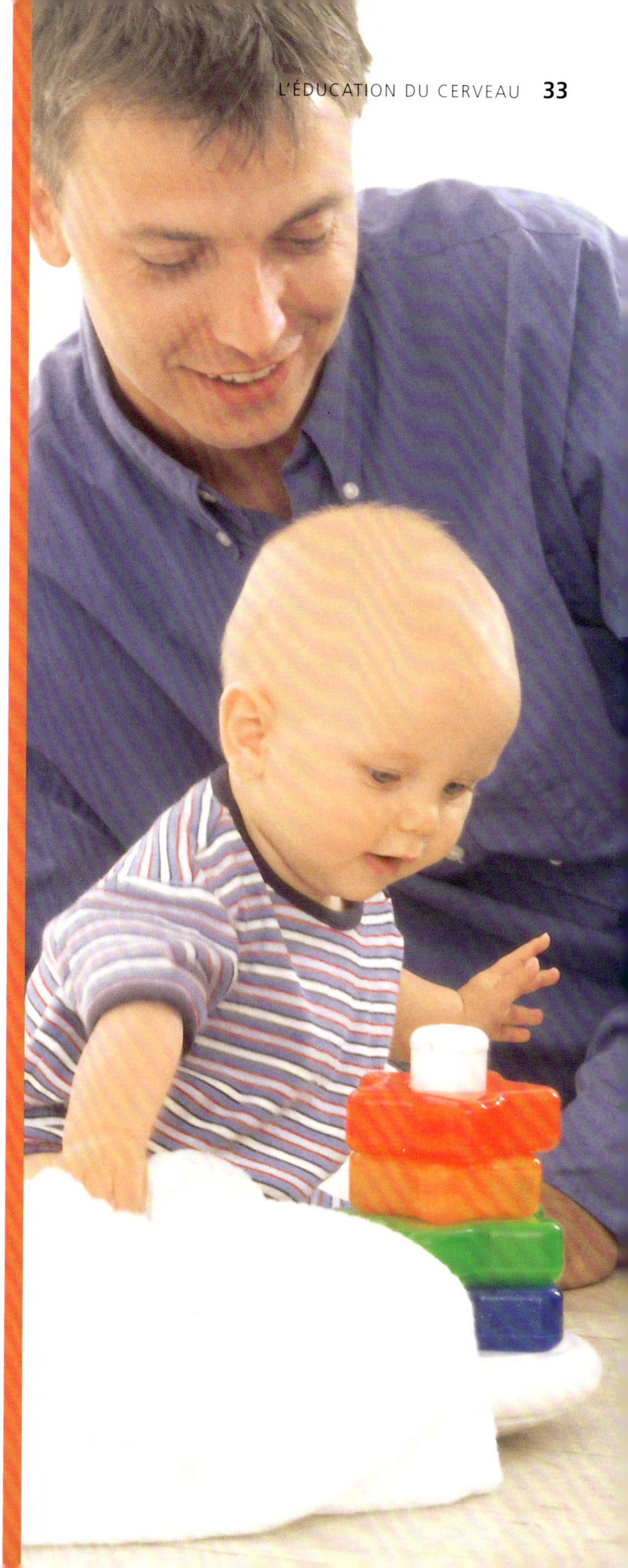

Pleurs et séparations

Pendant des années, on a prétendu qu'il fallait laisser pleurer les tout-petits, en expliquant aux mamans qu'ils « exerçaient leurs poumons », et que si elles les consolaient à chaque fois, elles risquaient d'en faire des « enfants gâtés ». Il n'y a pas si longtemps, on préconisait même de laisser pleurer les bébés au moment du coucher, afin de bien leur faire comprendre qu'il était l'heure de dormir. Sans aucun doute, ces méthodes fonctionnent.

Un enfant qui n'est jamais réconforté finira tôt ou tard par cesser de pleurer. Mais ceci n'est pas sans conséquences. Dans ce chapitre, nous découvrirons comment le stress provoqué par des pleurs et une séparation prolongés affecte le cerveau en développement d'un enfant. Nous verrons également que faire l'effort de toujours consoler un enfant est réellement payant à long terme.

Les pleurs de A à Z

Les nouveau-nés sont génétiquement programmés pour appeler à l'aide en cas de problème. Leurs pleurs sont une façon d'appeler au secours quand leurs émotions et leurs sensations deviennent trop fortes car leur cerveau n'est pas assez développé pour y faire face. Les bébés ne pleurent pas pour exercer leurs poumons, pour nous manipuler ou juste parce que cela leur chante. Ils pleurent parce qu'ils sont perturbés et qu'ils veulent nous prévenir que quelque chose ne va pas, sur le plan physique ou émotionnel. Ils pleurent pour demander de l'aide.

CHEZ LES ANIMAUX

Tous les bébés mammifères, sans exception, sont génétiquement programmés pour pleurer afin d'exprimer l'angoisse ressentie par la séparation et appeler à l'aide. Une étude a montré qu'un chiot privé de sa mère peut pleurer 700 fois en 15 minutes.[1]

Pourquoi les bébés pleurent-ils ?

Les hommes se sont dressés sur leurs jambes il y a quatre millions d'années. Les bras ainsi libérés, ils ont accompli des tâches plus complexes et, avec le temps, leur intelligence a progressé. Leur bassin s'est également rétréci et, au fur et à mesure du développement de leurs capacités intellectuelles, la taille de leur cerveau a augmenté. L'évolution exigeait donc que les bébés naissent encore très immatures, afin que leur tête plus grosse puisse franchir le bassin plus étroit de la mère. Ainsi, de tous les mammifères, l'être humain est le moins mature à la naissance, et il doit achever sa gestation hors de l'utérus. Sigmund Freud n'avait pas tort quand il affirmait que l'homme vient au monde « pas tout à fait fini ». On devrait en fait considérer le nouveau-né comme un fœtus externe.

C'est vrai, un bébé est extrêmement sensible, fragile et démuni face au stress

Un bébé pleure pour de nombreuses raisons : parce qu'il est fatigué, parce qu'il a faim ou parce qu'il y a trop d'affairement autour de lui. Il ressent facilement comme des menaces ou des chocs les moindres modifications de son environnement – lumière trop forte, son trop strident, température trop froide, trop chaude, etc. L'amygdale du cerveau inférieur (voir page 19), dont le rôle est d'alerter le corps des dangers, est fonctionnelle dès la naissance. Mettons-nous à la place d'un bébé : le mixeur qui fait du bruit dans la cuisine n'est-il pas un prédateur prêt à l'attaque ? N'est-ce pas une agression d'être déshabillé et plongé dans l'eau au moment du bain ?

Au début, il est parfois difficile d'interpréter les pleurs d'un bébé

Mais avec le temps, on les comprend de mieux en mieux. On apprend, par exemple, à distinguer un pleur dû à la faim d'un pleur dû à la fatigue. Pourtant, certaines crises de larmes restent inintelligibles. Peu importe, l'important est de calmer le bébé et d'être disponible, mentalement et émotionnellement, pour entendre et prendre en compte sa panique et sa souffrance.

Va-t-il pleurer ainsi pendant longtemps ?

Les trois premiers mois sont souvent les pires : les bébés pleurent énormément lorsqu'ils ont entre trois et six semaines, avant de se calmer vers l'âge de 12 à 16 semaines. En effet, selon Sheila Kitzinger, à cet âge, les bébés deviennent plus habiles ; ils peuvent saisir et manipuler des objets, et pleurent donc moins par ennui ou frustration.[2]

En grandissant, les bébés continuent de pleurer quand ils ont froid, faim, quand ils sont fatigués ou malades, même si leur sensation de menace diminue considérablement. Ils sont, en revanche, envahis de nouvelles émotions : ils ressentent l'angoisse de la séparation et repèrent désormais clairement ce qu'ils aiment ou non, et ce qui les effraie ou les contrarie. Chez l'enfant qui n'est pas en âge de parler, pleurer revient souvent à dire « non ». « Non, je ne veux pas que tu me poses ; cela me fait paniquer. » « Non, je ne veux pas aller sur les genoux d'un inconnu ; j'étais si bien dans tes bras. » « Non, ne me mets pas ce gilet dont je déteste la sensation.[3] »

Toutes les réactions de panique d'un bébé sont provoquées par un afflux important de substances anxiogènes dans son cerveau

Ces substances ne sont pas dangereuses en elles-mêmes ; mais, comme vous le lirez plus loin, elles peuvent le devenir si elles se diffusent de façon prolongée dans le cerveau, c'est-à-dire

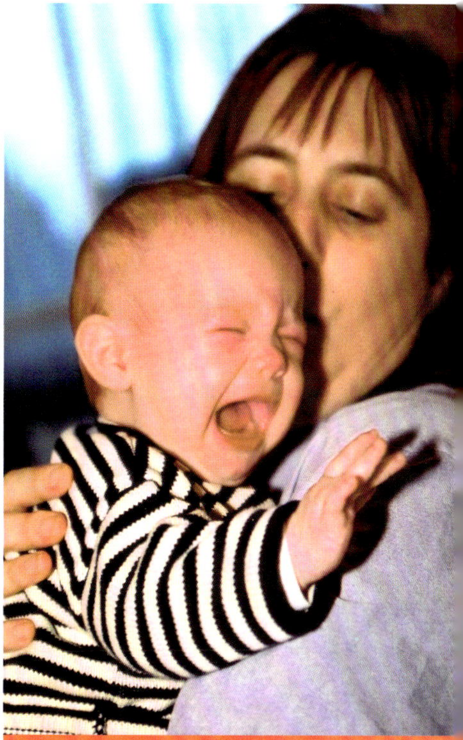

« Aide-moi à affronter le monde. »

Lorsqu'on console systématiquement un enfant durant les premières années de sa vie et que l'on prend au sérieux chacune de ses crises de larmes, cela lui permet de développer un système cérébral de régulation du stress efficace. Il sera ainsi capable de bien gérer son stress plus tard.[4]

quand le bébé pleure longtemps sans que personne vienne le consoler. Il ne faut donc jamais ignorer les pleurs d'un bébé (malgré les recommandations de certains ouvrages), ou pire encore, réagir à ces pleurs par de la colère (même si parfois cela nous tente).

Les longues crises de larmes

Que les choses soient claires, ce ne sont pas les pleurs de l'enfant en eux-mêmes qui affectent son cerveau en développement, mais le fait qu'il subisse un long moment de stress sans être réconforté. Je ne prétends pas qu'il faille se précipiter auprès d'un enfant dès que son menton se met à trembler ou après quelques brèves larmes de protestation (parce qu'il n'a pas son jouet préféré, par exemple). Un parent attentionné (ou une personne sensible) reconnaît facilement les véritables crises de larmes qui traduisent un profond mal-être : ces pleurs peuvent durer des heures et finissent par cesser lorsque l'enfant, épuisé, sombre dans le sommeil ou, désespéré, comprend que personne ne viendra à son secours.

Si on laisse trop souvent un enfant pleurer de cette façon, son système cérébral de réaction au stress risque d'en être affecté irrémédiablement

Des études menées dans le monde entier montrent que le stress précoce peut provoquer des altérations durables dans le cerveau du nouveau-né. Comme nous le verrons par la suite, un enfant qui a connu des périodes de pleurs prolongés risque de développer des mécanismes de réponse au stress hyperréactifs qui le handicaperont toute sa vie. Sa perception du monde et des événements peut en effet être faussée par une sensation de menace ou par l'angoisse, même si le danger n'est pas réel.[5]

SACHEZ QUE…

Si on laisse un bébé hurler dans sa chambre :

- un afflux important d'hormones de stress toxiques envahit son cerveau ;
- son cerveau cesse de sécréter des opioïdes (des hormones qui procurent une sensation de bien-être)[6] ;
- ses mécanismes de réponse au stress peuvent réagir au moindre stimulus ;
- les voies de transmission de la douleur sont activées dans son cerveau, comme s'il était blessé physiquement.[7]

Un bébé peut-il pleurer juste pour manipuler ses parents ?

• Les parents se demandent parfois si leur bébé ne cherche pas, par ses crises de larmes, à les manipuler, surtout quand quelques proches bien intentionnés leur conseillent : « Mais laisse-le donc pleurer. Il essaie simplement de te tester. Si tu cèdes maintenant, tu le regretteras. » On sait désormais que ces affirmations n'ont aucun fondement neurobiologique.

• Pour manipuler quelqu'un, il faut avoir la faculté de réfléchir consciemment, autrement dit, il faut que les lobes frontaux puissent secréter du glutamate (voir page 18). Or ce mécanisme hormonal n'est pas encore en place dans le cerveau d'un nouveau-né. Un bébé n'est donc pas capable d'analyser quoi que ce soit, et encore moins de manipuler qui que ce soit.

• Certains parents se coupent de la douleur de leur enfant, n'y voyant que de « simples pleurs ». Cela vient sans doute de l'éducation qu'ils ont eux-mêmes reçue : comme personne n'a apaisé leurs chagrins d'enfant, ils ne savent pas être à l'écoute de leur bébé.

Que se passe-t-il dans le cerveau d'un bébé ?

Jamais on ne songerait à laisser un bébé au milieu de vapeurs toxiques susceptibles d'endommager son cerveau. Pourtant, nombreux sont les parents qui laissent leur bébé dans une angoisse prolongée, sans savoir que son cerveau risque d'être submergé d'hormones du stress.

Pendant longtemps, les parents ont laissé les bébés pleurer parce que, disait-on, cela « exerçait leurs poumons », ignorant à quel point leur cerveau est vulnérable au stress. Si un bébé pleure, ses glandes surrénales libèrent du cortisol, l'hormone du stress. Le taux de cortisol diminue si le bébé est consolé, mais reste élevé si on laisse le bébé pleurer. S'ils durent trop longtemps, les pleurs sont potentiellement dangereux, car le taux de cortisol peut atteindre un seuil toxique au-delà duquel les structures et systèmes essentiels du cerveau en développement peuvent rester endommagés. Le cortisol agit lentement et peut donc rester en forte quantité dans le cerveau pendant des heures, voire pendant des jours et des semaines chez des personnes en dépression.

Cette image au microscope montre la structure du cortisol, une hormone du stress.

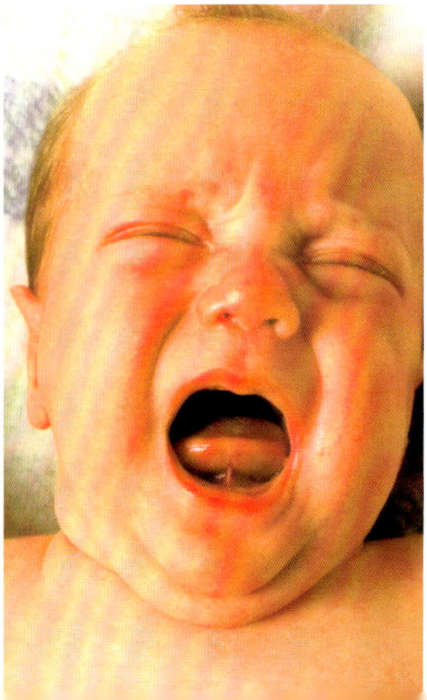

SOUS PRESSION

L'angoisse croissante d'un bébé qui pleure déclenche une réaction hormonale en chaîne. C'est d'abord le système général de contrôle hormonal de l'organisme, l'hypothalamus, situé au cœur du cerveau inférieur, qui se met en marche. Il produit une hormone qui incite l'hypophyse à sécréter une autre hormone, appelée hormone corticotrope (voir sur la page de droite). Celle-ci, à son tour, stimule les glandes surrénales (situées juste au-dessus des reins) qui libèrent alors du cortisol dans le corps, puis dans le cerveau. Ce mécanisme de réponse au stress est appelé l'axe hypothalamo-hypophyso-surrénalien (HHS).

Un bébé angoissé présente un axe HHS très actif qui libère du cortisol en continu, comme un système de chauffage qui se serait emballé.[8] Consoler un enfant, c'est trouver l'interrupteur pour stopper ce processus. Des images IRM du cerveau montrent que le stress précoce peut entraîner une hyperactivité permanente de l'axe HHS.

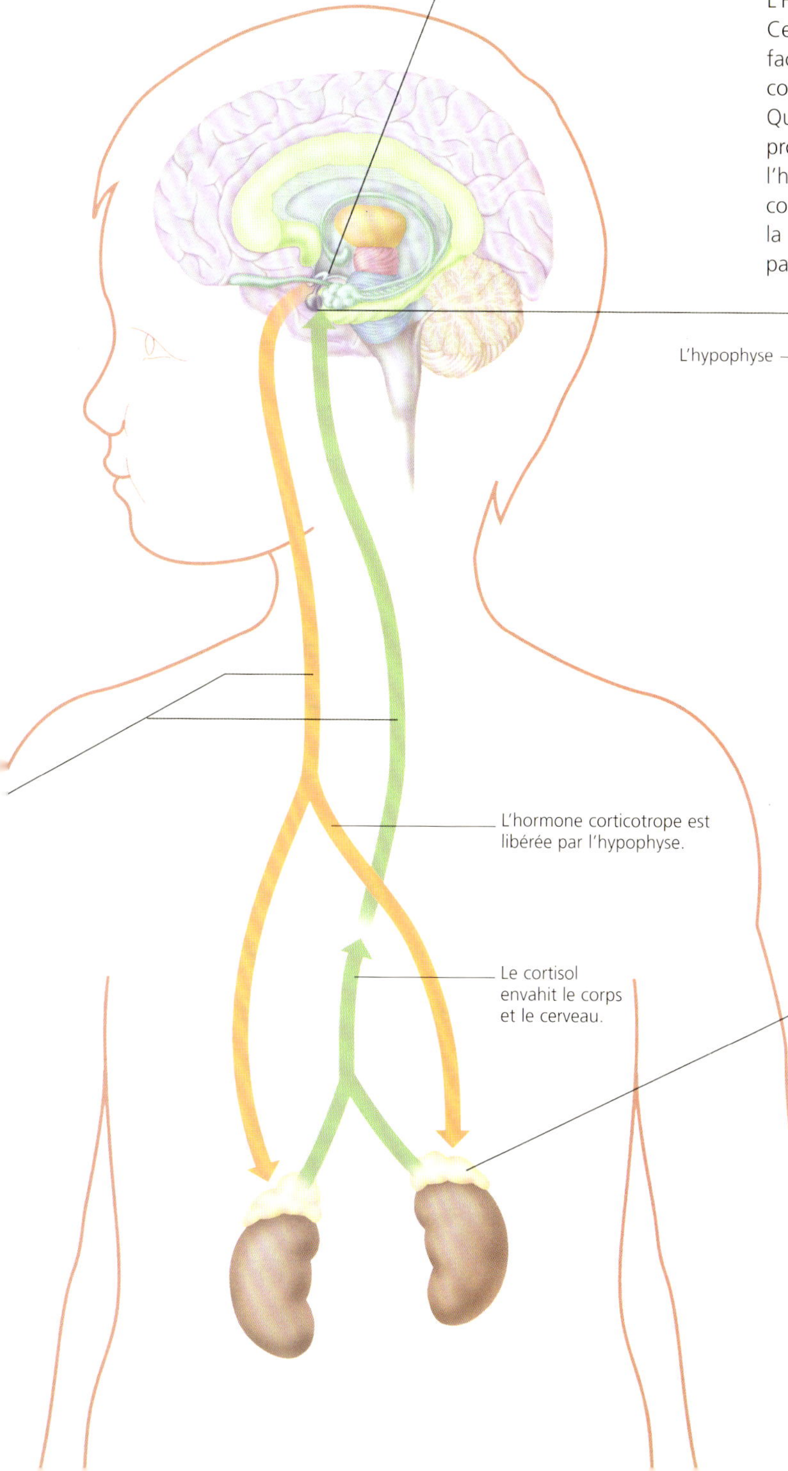

L'HYPOTHALAMUS

Cette partie du cerveau produit des facteurs de libération d'hormones qui contrôlent l'activité de l'hypophyse. Quand un enfant subit un stress prolongé sans être consolé, l'hypothalamus libère de la corticolibérine, un facteur qui stimule la production d'hormone corticotrope par l'hypophyse.

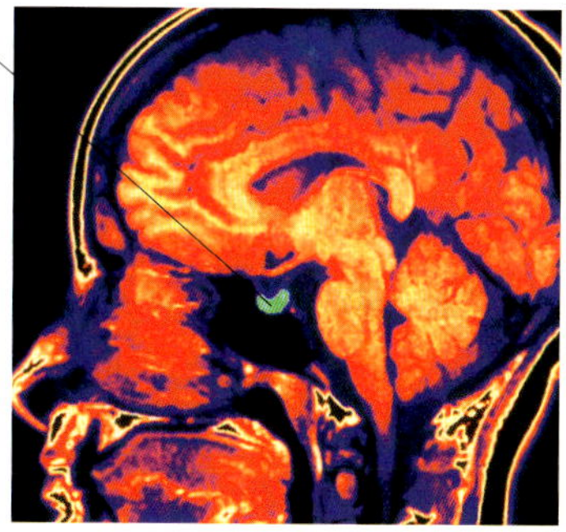

L'HYPOPHYSE

Cette glande du cerveau de la taille d'un petit pois est responsable de la sécrétion de quelques-unes de nos hormones les plus importantes. Lorsqu'elle est stimulée par la corticolibérine, elle libère l'hormone corticotrope, qui s'achemine vers les glandes surrénales.

LES GLANDES SURRÉNALES

Ces deux glandes sont situées au sommet de chaque rein. Stimulées par l'hormone corticotrope, elles produisent du cortisol. À court terme, le cortisol nous aide à calmer un état de stress en augmentant le taux de glucose dans le sang. Mais un taux élevé et prolongé de cortisol dans le cerveau peut causer la mort de cellules dans certaines de ses parties vitales.

Accumuler les problèmes

De plus en plus de scientifiques font le lien entre le stress supporté dans l'enfance et le nombre croissant d'adolescents et d'adultes qui souffrent de troubles de l'anxiété et de dépression. Ces dérèglements sont dus à une hypersensibilité du système cérébral au stress. Et nous savons désormais qu'un stress précoce peut altérer durablement les mécanismes de réponse au stress dans le cerveau d'un enfant.

Sous l'emprise du stress

Des mécanismes de réponse au stress hyperréactifs peuvent s'assimiler à un système d'alarme défectueux se déclenchant pour un rien. Le cerveau de l'enfant réagit au plus petit facteur de stress comme s'il s'agissait d'une terrible menace. Ainsi, un enfant très exposé au stress peut devenir plus tard sujet à la dépression, aux troubles de l'anxiété, aux maladies liées au stress ainsi qu'à l'alcoolisme.[9] C'est le cas notamment des enfants qu'on a laissé pleurer quand ils étaient bébés, et qui ont connu une enfance stricte, sans marques d'affection compensatoires.

Le stress précoce peut provoquer la mort de cellules dans une des structures vitales du cerveau

Il s'agit de l'hippocampe. Il est situé dans le cerveau inférieur mammalien et joue un rôle primordial dans les processus de mémorisation (voir page 19). Sur les images du cerveau d'un enfant ayant supporté des états d'angoisse importants et prolongés, on peut voir que l'hippocampe a rétréci du fait de la mort de cellules dans ses tissus. On ignore dans quelle mesure ces dommages affectent la mémoire de travail de l'enfant. Toutefois, les adultes dont l'hippocampe est réduit ont une capacité de mémorisation et de raisonnement plus faible.[10] On constate aussi que l'hippocampe d'un enfant très stressé ressemble à celui d'une personne âgée : certains scientifiques estiment ainsi que le stress précoce est un facteur de vieillissement prématuré de l'hippocampe.

SACHEZ QUE…

À l'âge adulte, l'hypersensibilité au stress est un facteur propice :

- à la peur d'être seul ;
- à l'anxiété de séparation ;
- aux crises de panique ;
- au tabagisme.

Les effets sont-ils les mêmes pour tous les enfants ?

La science n'offre pas de réponse claire à cette question. Chaque enfant étant unique, on ne peut pas prédire avec certitude les dommages engendrés par des crises de larmes prolongées. Certains enfants s'en sortiront plus tard avec une légère névrose, liée à l'altération des systèmes vitaux de leur cerveau par le stress précoce. D'autres, victimes de leur vulnérabilité génétique au stress mais aussi de certains traumatismes tels qu'un deuil ou une agression, souffriront de dépression ou de troubles de l'anxiété.

Des études sur des mammifères dont le cerveau inférieur et les mécanismes chimiques sont proches des nôtres montrent que le stress précoce perturbe profondément la biochimie du cerveau des bébés. Les systèmes encore inachevés qui gèrent la production d'opioïdes, de noradrénaline, de dopamine et de sérotonine risquent en effet d'être endommagés, entraînant de graves déséquilibres chimiques.[11]

Quand ses taux de dopamine et de noradrénaline sont faibles, un enfant peut avoir du mal à se concentrer, et ainsi présenter des troubles de l'apprentissage. De nombreuses formes de dépression et certains comportements violents sont liés à un taux réduit de sérotonine. Les opioïdes sont vitaux, car ils atténuent les sensations de peur et de stress ; de ce fait, leur absence dans certaines parties du cerveau peut se traduire par une augmentation des émotions négatives et du stress, et une diminution des émotions positives.[12]

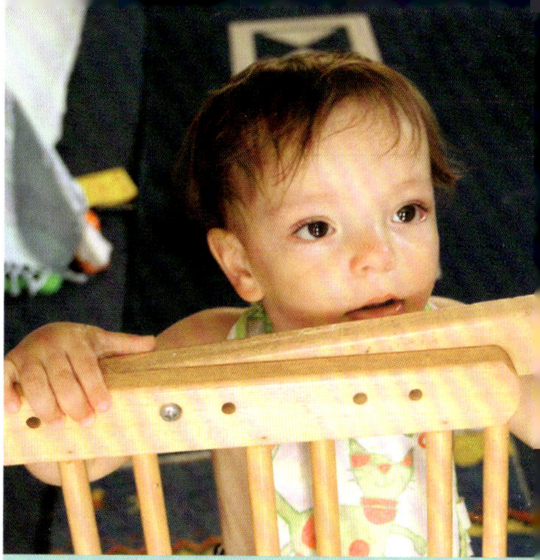

TRANCHE DE VIE

Pas de berceuse pour Tom

Le coucher a toujours été un moment difficile pour Tom, et quand il a eu dix mois, sa mère a décidé d'appliquer la manière forte.

Chaque soir, quand elle le laissait, Tom pleurait désespérément, mais elle a tenu bon. Bien sûr, au bout d'une semaine ou deux, il a fini par ne plus pleurer quand elle le couchait, ce qu'elle a considéré comme une victoire. « Il ne pleure plus jamais maintenant quand je le quitte », disait-elle. Tom était aussi séparé de sa mère durant la journée, puisqu'elle travaillait. À la garderie, il avait très peu de contacts physiques, car les animatrices ne prenaient pas souvent les enfants dans leurs bras.

Aujourd'hui, Tom est de moins en moins réceptif et sa famille commence à s'inquiéter de sa passivité. Un proche a même remarqué que c'était « comme s'il n'était plus vraiment là ». Certains pensent encore que les nouveau-nés et les enfants ne peuvent pas souffrir de dépression. Ils ont tort.

L'art de consoler

Quand un enfant a une grosse crise de larmes, son système neurovégétatif, qui contrôle les grandes fonctions organiques, est fortement déséquilibré. Il subit alors un vrai bouleversement physique et émotionnel. Un tout-petit ne sait pas maîtriser ses réactions, mais l'amour et la tendresse de ses parents peuvent l'apaiser.

ZOOM SUR LE CERVEAU

Il existe une substance anxiolytique essentielle dans le cerveau, appelée acide gamma amino-butyrique (GABA) : elle fait baisser naturellement les taux trop élevés de cortisol (voir page 40) et calme le système d'alerte du cerveau inférieur (amygdale). On sait que le fait de laisser de jeunes mammifères seuls ou en état de détresse peut entraver le déploiement des gènes du GABA dans le cerveau. La sensibilité au stress risque alors d'être exacerbée, entraînant un comportement général nerveux. À long terme, une mauvaise diffusion du GABA peut provoquer troubles de l'anxiété et dépression. Sans un système anxiolytique efficace, l'être humain risque de se sentir :

- psychologiquement fragile ;
- plus enclin à la peur et à la colère que la situation ne le demande ;
- moins apte à se calmer ;
- facilement déstabilisé par des facteurs de stress mineurs.

Une altération du système GABA, causée par un trop grand nombre de moments de stress sans consolation durant l'enfance, facilite l'utilisation de l'alcool pour réduire le stress chez l'adulte parce que cela régule artificiellement le système du GABA dans le cerveau.[15]

Que se passe-t-il quand un enfant pleure ?

Lorsqu'un enfant pleure beaucoup, de façon désespérée, cela perturbe énormément son système neurovégétatif, ou système nerveux autonome (qui continue à se développer après la naissance). Durant la crise de larmes, l'axe d'éveil de ce système, ou axe sympathique, est suractif, tandis que l'axe parasympathique, calmant, est sous-actif. Le corps de l'enfant se prépare ainsi à l'action – l'attaque ou la fuite – et libère beaucoup d'adrénaline. Le rythme cardiaque augmente, la tension artérielle s'élève, l'enfant transpire, ses muscles se tendent, sa respiration s'accélère et son appétit se bloque (le système digestif économise le sang et l'énergie pour préparer les muscles à l'action).[13]

Il ne tient qu'aux parents de rétablir l'équilibre. En effet, une attitude réconfortante active le nerf vague (voir ci-contre), constitutif de l'axe parasympathique du système neurovégétatif, dont le rôle est de ralentir et de détendre l'activité organique autonome. Plus l'enfant reçoit de réconfort, plus son système nerveux autonome se rééquilibre vite, et plus les effets sont durables.[14]

Les dangers de l'hyperexcitation

Lorsqu'on console un enfant angoissé, on régule son système nerveux autonome. La recherche a montré que si un enfant tourmenté ne reçoit pas un réconfort adapté dans la douceur et le calme, ce système peut, avec le temps, maintenir le corps en hyperexcitation.[16] Cela peut rendre la vie tout simplement épuisante et provoquer à long terme toutes sortes de maux : troubles de la respiration (asthme), de l'alimentation, de la digestion, du sommeil, maladies cardiaques, hypertension, crises de panique, tensions musculaires, maux de tête et fatigue chronique.[17] Certaines études, dites « cerveau-intestins », font le lien entre un stress précoce non apaisé et le syndrome du colon irritable. Dans une récente enquête, moins de 50 % des hommes et un peu moins de 30 % des femmes interrogées déclaraient avoir une activité intestinale normale.[18]

Beaucoup de parents ignorent que le système neurovégétatif se développe encore après la naissance, ce qui le rend très sensible au stress. Laisser un nourrisson « se calmer tout seul » peut donc avoir des conséquences néfastes et durables sur son organisme. Un bébé ne peut pas rétablir l'équilibre de son système neurovégétatif, seuls ses parents peuvent le faire.

« Beaucoup de parents ignorent que le système neurovégétatif se développe encore après la naissance… »

ZOOM SUR LE CERVEAU – LE NERF VAGUE

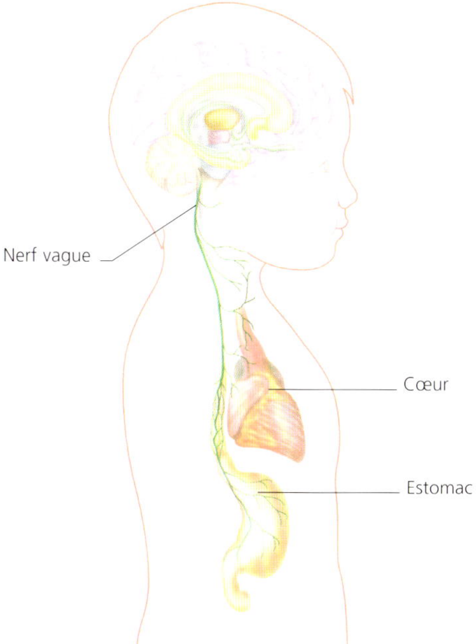

Le fait de consoler un enfant qui hurle permet d'activer son nerf vague, qui provient du tronc cérébral. Ce nerf, surnommé à juste titre le « vagabond », régule le fonctionnement des principaux organes du corps. Tandis que le réconfort apporté à l'enfant commence à produire son effet, le nerf vague remet rapidement de l'ordre dans les systèmes vitaux de l'organisme perturbés par le stress : il rééquilibre le système digestif, le rythme cardiaque, la respiration et le système immunitaire.

Un des plus beaux cadeaux que l'on puisse faire à un enfant est de l'aider à tonifier son nerf vague, afin qu'il puisse jouer efficacement son rôle apaisant et régulateur. La recherche a montré qu'une bonne tonicité du nerf vague se traduit par un meilleur équilibre émotionnel, une réflexion plus claire, un pouvoir de concentration accru et un système immunitaire plus efficace.
Les gens avec une bonne tonicité vagale sont généralement agréables à vivre.

Comment calmer un bébé

Pour être capable d'activer l'axe calmant du système neurovégétatif d'un enfant, il faut d'abord se relaxer. Les techniques de respiration peuvent être utiles à cette fin. Au bout de quelques respirations profondes, l'organisme commence déjà à s'apaiser : le corps envoie des messages au cerveau pour qu'il cesse de diffuser des hormones du stress. En cas de difficultés, on peut suivre des cours de méditation pour apprendre différentes techniques respiratoires.

Il ne faut pas essayer de calmer un bébé tout en faisant autre chose. Pour qu'il retrouve son équilibre physique et émotionnel, il doit pouvoir sentir que son angoisse est l'unique chose qui nous préoccupe.

Si un bébé pleure et qu'il n'a pas besoin d'être changé ou nourri, le simple fait d'être en contact avec l'un de ses parents devrait l'apaiser. Parfois le résultat est immédiat, mais il arrive que cela prenne du temps, car le parent utilise son propre système neurovégétatif pour aider le bébé à réguler le sien, encore très immature.

Faire en sorte d'activer la sécrétion de substances antistress dans le cerveau du bébé

Trois sources d'apaisement provoquent la libération d'ocytocine dans le cerveau d'un bébé, ramenant ainsi à la normale le taux d'hormones du stress : le toucher et le massage, la succion et la chaleur.

• **Le toucher et le massage**. La plupart des bébés cessent de pleurer quand on les prend dans les bras. Le contact corporel régule leur système neurovégétatif en activant l'axe parasympathique, calmant, et en libérant de l'ocytocine.[19]

Avant de masser un bébé (voir ci-contre), mieux vaut suivre des cours pour apprendre à le faire. Des mauvais gestes peuvent en effet provoquer l'effet inverse de celui désiré et accroître les pleurs.

• **La succion**. Il faut aider le bébé à trouver son poing ou son pouce. On peut aussi lui proposer son doigt. La sucette ne doit être utilisée qu'en dernier recours : interdiction absolue de s'en servir comme bouchon quand le bébé n'en a pas besoin, car la bouche est essentielle à la communication et à la formation des premiers sons, ainsi qu'à l'exploration orale (porter un jouet à la bouche). La sucette peut en outre devenir une contrainte, car l'enfant risque de ne plus vouloir s'en passer.[20]

• **La chaleur libère l'ocytocine. Il faut maintenir la température de la pièce à** 21°C/70°F. L'un des parents peut tenir le bébé tout contre lui en peau à peau ou emmitouflé dans une couverture légère. Si le nouveau-né est vraiment très énervé, il est conseillé de prendre un bain chaud avec lui.

« La plupart des bébés cessent de pleurer quand on les prend dans les bras. Le contact corporel régule leur système neurovégétatif. »

Quelques autres méthodes à essayer

• **Mouvements et bercement.** Les bébés adorent les mouvements réguliers et plus particulièrement être promenés dans les bras, dans une poussette ou en voiture. On pense que ces déplacements rythmés lui rappellent le ventre maternel. Attention toutefois à ne pas le bercer trop fort pour ne pas risquer de faire éclater des vaisseaux sanguins dans son cerveau.[21]

• **Un fond sonore.** Le bruit de la machine à laver ou du sèche-linge rappelle au bébé les sons qu'il entendait dans le ventre de sa

« Tes caresses m'aident à me calmer. »

On peut masser un bébé environ deux semaines après sa naissance. C'est un bon moyen de le réconforter, tout en renforçant le lien affectif. Il faut choisir un bon moment : le bébé doit être éveillé et détendu, et le parent relaxé.

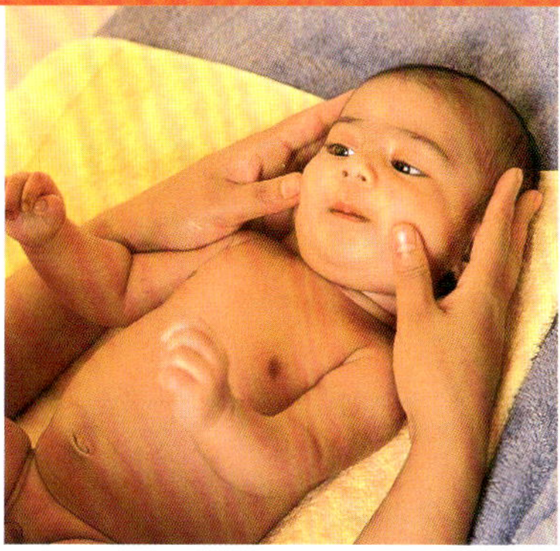

Allonger le bébé sur une serviette moelleuse et s'assurer qu'il n'a pas froid et qu'il est à l'aise. Commencer par masser le sommet de sa tête, puis masser légèrement ses joues, et ensuite ses épaules.

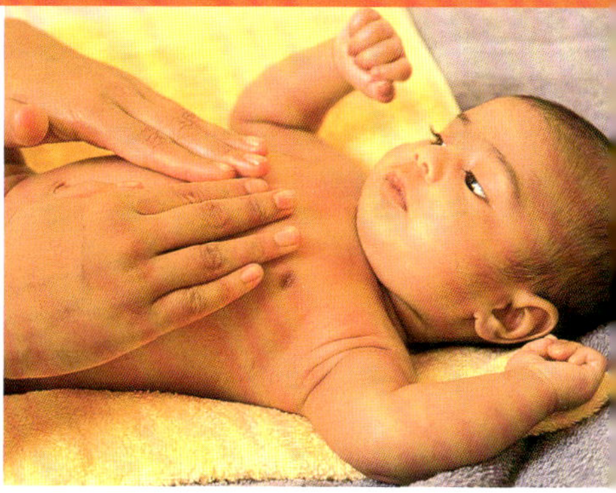

Masser doucement son corps, de haut en bas. On peut en même temps lui parler et échanger des regards. S'il n'est plus réceptif, ne pas insister, et réessayer un autre jour.

mère. On peut aussi lui passer un enregistrement des battements de cœur maternels, mais cette méthode n'est efficace que si elle est employée dès la naissance.

• **Lui apporter de la nouveauté.** Cela active la sécrétion de dopamine dans son cerveau. Il ne faut pas oublier qu'un bébé peut pleurer parce qu'il s'ennuie. Il faut penser à prendre avec soi de petits jouets, comme des marionnettes à doigt, pour distraire bébé au cours d'un trajet.

• **Évitez de trop le stimuler.** Si un enfant paraît surexcité, il faut s'isoler avec lui dans une pièce calme et peu éclairée.

Les bébés « inconsolables »

Près d'un nouveau-né sur cinq est hypersensible durant les premières semaines. Cela peut provenir d'une disposition génétique, d'un stress subi dans le ventre de la mère ou d'une naissance difficile. Des études ont montré que si une femme est régulièrement stressée au cours des trois derniers mois de sa grossesse, des taux élevés de cortisol et de glutamate peuvent atteindre le cerveau du fœtus en traversant le placenta. Il est donc capital d'être le plus au calme possible pendant une grossesse. Si des parents sont très stressés après sa naissance, leur bébé risque aussi de pleurer plus facilement. Dans tous les cas, s'il est « inconsolable », un nourrisson aura besoin d'énormément de réconfort, comme ses parents auront besoin du réconfort de leur entourage.

Veiller à ne pas rester seul et désemparé avec un bébé qui hurle

Il faut le mettre dans sa poussette et aller dans un parc, dans un café ou retrouver d'autres parents. L'isolement est très mauvais pour l'équilibre chimique du cerveau. Le taux de sérotonine (qui stabilise l'humeur) peut baisser de façon spectaculaire et provoquer des pulsions agressives. Le taux de dopamine (substance excitante) peut aussi chuter, entraînant un sentiment de totale incapacité devant la détresse de son bébé.[22]

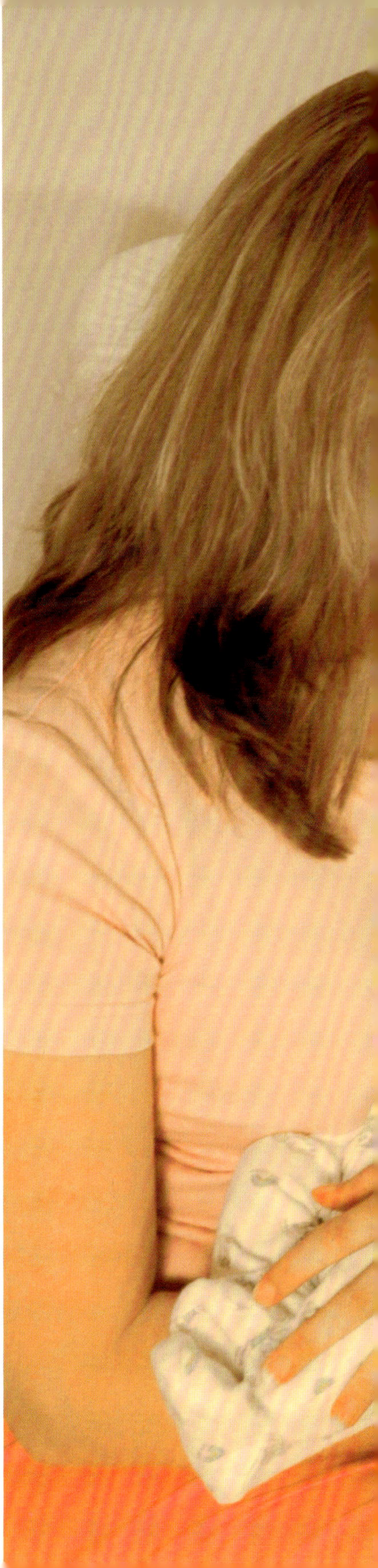

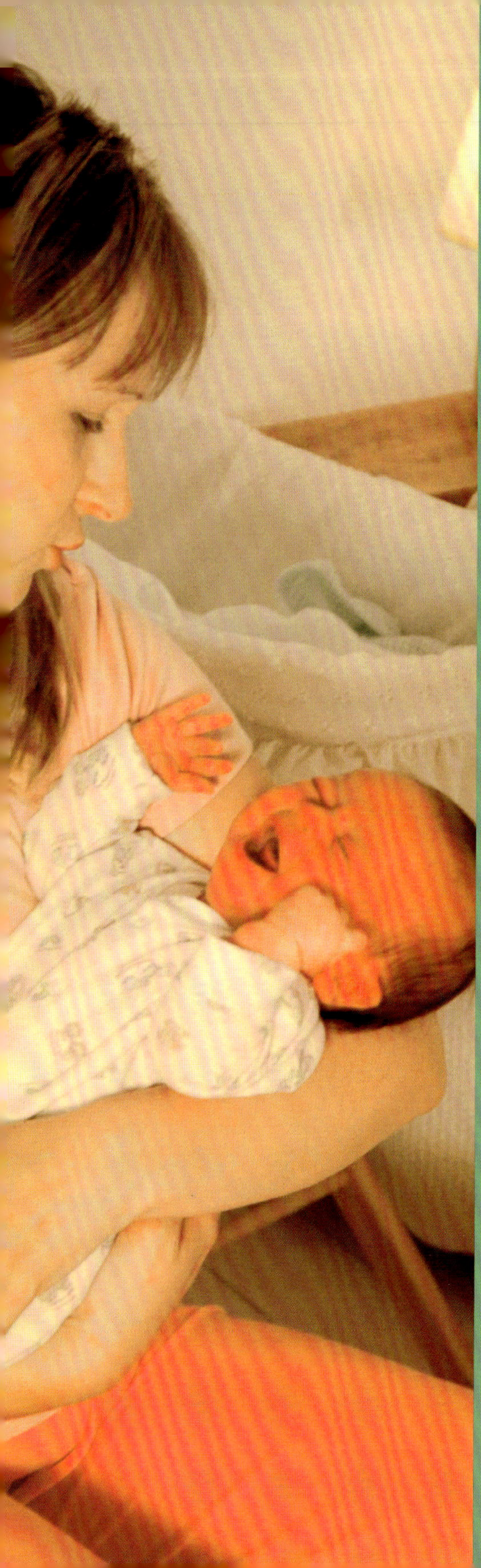

J'ai tout essayé et je suis démoralisé. Que dois-je faire à présent ?

Soyons réaliste. Personne ne peut nier qu'il est parfois totalement épuisant d'essayer en vain de calmer un bébé qui refuse tout simplement d'arrêter de pleurer. Quand on a tout essayé, on se sent parfois impuissant et découragé, et on a envie d'éclater en sanglots. Voici quelques paroles de réconfort :

- Ce n'est qu'un mauvais moment à passer. En général, cette phase ne dure que les trois premiers mois, même si beaucoup de parents éreintés pensent que cela ne finira jamais.
- Quand on calme un bébé, on lui fait le plus beau cadeau qui soit, en investissant sur l'avenir. Le fait de l'aider à réguler aujourd'hui ses systèmes physiologiques et émotionnels lui permettra plus tard de bien gérer son stress.

Pourquoi ai-je tellement envie de crier quand mon bébé hurle ?

Les émotions d'un bébé sont si brutes et primitives qu'elles peuvent facilement déclencher les trois systèmes d'alarme de notre cerveau inférieur et provoquer COLÈRE, PEUR ou PANIQUE/DÉTRESSE. De plus des taux élevés d'hormones du stress dans notre cerveau peuvent bloquer la sécrétion de dopamine et d'opioïdes. Les parents, eux aussi, ont besoin de réguler leurs émotions. Il faut parler de ses angoisses, pleurer dans les bras de son conjoint ou se faire aider par un thérapeute (voir pages 281-85).

Absences et séparations

Entre 6 et 8 mois, un bébé commence à ressentir l'angoisse de la séparation, qui se manifeste souvent, sous diverses formes, jusqu'à l'âge de 5 ans. Très vite, un bébé panique dès qu'il ne voit plus ses parents. Il faut prendre ses réactions très au sérieux, car sa famille représente pour lui tout son univers et garantit sa sécurité.

CHEZ LES ANIMAUX

Flint, huit ans, un des chimpanzés en liberté observés par la biologiste Jane Goodall, est devenu dépressif et apathique à la mort de sa mère. Trois semaines plus tard, il mourait à son tour. Jane Goodall a découvert qu'après la mort de sa mère, un bébé chimpanzé, même autonome pour sa nourriture, est parfois incapable de se remettre de son chagrin et peut se laisser mourir. Le système émotionnel à l'origine de la PANIQUE/DÉTRESSE dans le cerveau inférieur du chimpanzé est pratiquement le même que celui de l'homme.

Un peu de compréhension

Votre bébé n'est pas « capricieux » ou « collant ». Son système PANIQUE/DÉTRESSE, situé dans le cerveau inférieur (voir page 19), est génétiquement programmé pour être hypersensible. Aux premiers âges de l'évolution humaine, il était très dangereux pour un nouveau-né d'être loin de sa mère : pleurer pour alerter ses parents était une question de survie. Les lobes frontaux, une fois développés, inhibent naturellement ce système et les adultes apprennent à contrôler leur angoisse, en lisant ou en regardant la télévision par exemple.

Quand nous nous éloignons, comment un bébé peut-il savoir que nous allons revenir ?

Il ne suffit pas de le lui dire, car les centres verbaux de son cerveau ne sont pas encore activés. Quand il commence à ramper ou à marcher, il faut qu'il puisse nous suivre partout, oui, même aux toilettes.

Le fait de le tenir à l'écart et de l'enfermer dans un parc n'est pas seulement cruel, cela peut aussi compromettre sérieusement son avenir. Il risque en effet de céder à la panique : son cerveau va alors libérer une spectaculaire et dangereuse quantité d'hormones du stress. Ces accès d'angoisse peuvent entraîner une hyperactivité du système émotionnel responsable de la PEUR, qui rend sujet aux phobies, aux obsessions et à un comportement craintif. Progressivement, à force de voir ses parents à ses côtés, un bébé se sent plus en sécurité et comprend que si sa mère est aux toilettes, elle ne devrait pas tarder à réapparaître !

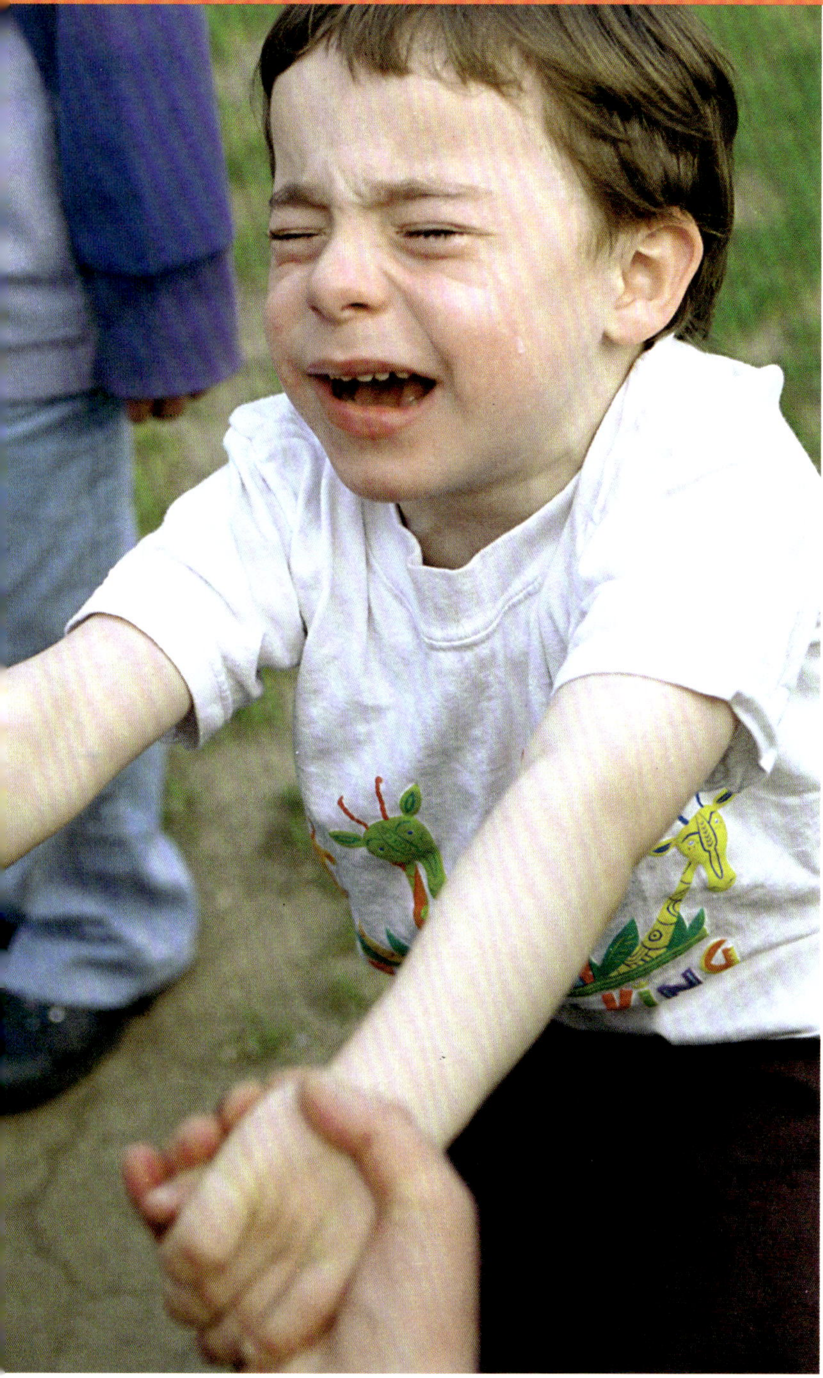

« J'ai très mal quand tu t'en vas. »

Quand une personne qu'il aime s'absente et que l'enfant est trop petit pour comprendre, cela peut lui être extrêmement douloureux. Comment, en sachant cela, peut-on demander à un enfant, à qui sa maman manque tant, d'arrêter de « faire le bébé » ? C'est pourtant bien souvent ce que les adultes font. Mais lorsqu'on prie un enfant angoissé par l'éloignement de ses parents de ne pas « faire l'idiot », on sous-estime totalement l'énorme pouvoir des réactions hormonales de son organisme.

ZOOM SUR LE CERVEAU

Cette image du cerveau d'un orphelin roumain montre ce qui se passe dans le cerveau d'un enfant ayant reçu les soins nécessaires mais ayant été privé d'amour, d'affection et de réconfort.

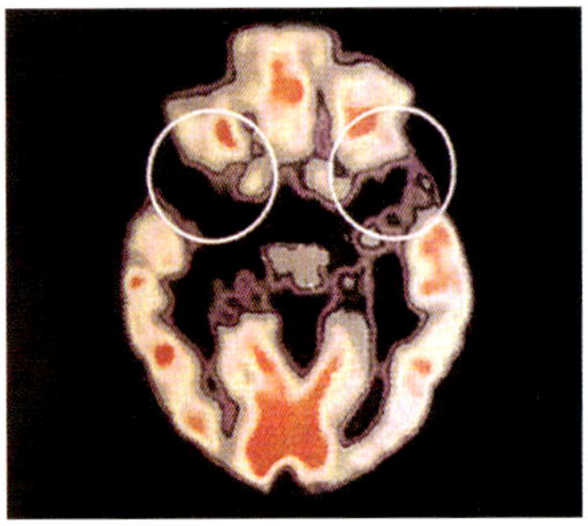

Les zones en noir correspondent aux zones inactives des lobes temporaux, essentiels pour le traitement et la régulation des émotions. Une inactivité du lobe temporal peut se traduire par une faible intelligence sociale et émotionnelle.

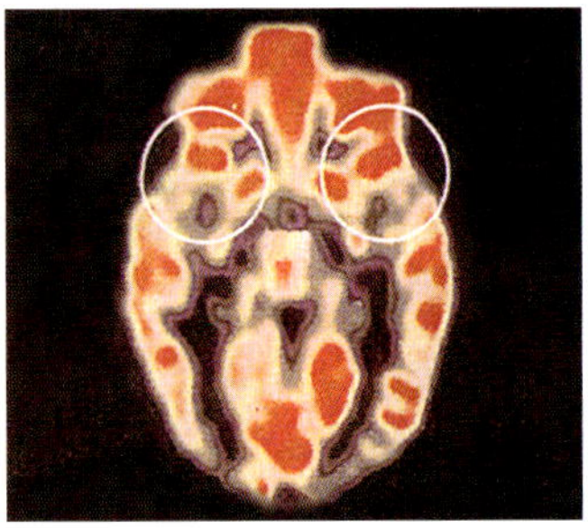

Cette image représente le cerveau d'un enfant qui a bénéficié de l'amour de ses parents. Ici les zones noires sont peu nombreuses, ce qui signifie que les lobes temporaux sont pleinement actifs.[25]

La séparation fait presqu'aussi mal aux tout-petits qu'une douleur physique

Lorsqu'un enfant souffre de l'absence de ses parents, les régions de son cerveau qui sont activées sont les mêmes que quand il ressent une douleur physique.[23] Ainsi, le sentiment de perte est pour lui très proche de la sensation de douleur. Le consoler quand il s'est éraflé le genou, mais pas quand il est angoissé par une séparation, n'a donc aucun sens. Malheureusement, c'est encore ce que font de nombreux parents. Ils n'admettent pas que la souffrance émotionnelle de leur enfant est tout aussi réelle que sa douleur physique. C'est pourtant un fait scientifique avéré.

Nous poussons parfois nos enfants à être autonomes trop vite

Par peur sans doute de notre propre dépendance, nous avons tendance à nous séparer très tôt de nos enfants en les envoyant en colonie dès leur jeune âge par exemple. Un enfant de huit ans peut encore ressentir très facilement l'angoisse de la séparation et avoir du mal à rester longtemps loin de ses parents. Avant de décider de la raison, de la durée et de la fréquence d'une séparation, ainsi que de la personne qui s'en occupera, il faut toujours envisager la souffrance que la séparation peut provoquer chez l'enfant. On sait que la diffusion du GABA dans le cerveau (voir page 44) est particulièrement sensible aux changements d'environnement, et des études ont clairement établi le lien entre une séparation précoce et l'altération de ce mécanisme anxiolytique.[24]

Même de courtes séparations sont risquées

On a découvert que le fait de confier un enfant à une personne qui lui est étrangère, même pendant une période limitée, affecte durablement son axe HHS (voir page 40). Or ce mécanisme, susceptible d'être grandement endommagé par un stress précoce[26], est amené à jouer plus tard un rôle-clé dans la gestion du stress. D'autres études ont fait le lien entre la séparation prématurée et la dépression. On s'est aperçu que chez les grands mammifères, les petits privés de leur mère cessent de pleurer, mais adoptent un comportement dépressif. Ils ne jouent plus avec les autres et ignorent les objets qui les entourent. Au moment du coucher, on constate un regain d'agitation et de pleurs. Si la séparation se prolonge, les petits se replient encore plus sur eux-mêmes : ils peuvent devenir apathiques et souffrir d'une grave dépression.

Dans les années 1960, l'observation d'un groupe d'enfants confiés pendant plusieurs jours à des personnes qu'ils ne connaissaient pas a montré qu'ils entraient littéralement en deuil et qu'ils souffraient encore de ce traumatisme bien des années plus tard. Les enfants avaient été placés dans des structures d'accueil adaptées alors que leur mère était à l'hôpital pour accoucher. Leurs pères leur rendaient visite, mais la plupart du temps, ils avaient affaire à des adultes qu'ils ne connaissaient pas.

Un petit garçon, séparé de sa mère pendant 11 jours, a cessé de manger, pleurant sans arrêt et se roulant par terre de désespoir. Six ans après, il était encore très en colère contre sa mère. La plupart des autres enfants qu'on avait laissés plusieurs jours sont restés inconsolables. Beaucoup fixaient, parfois pendant des heures, la porte par où leur mère était sortie, refusant de jouer pour pouvoir la surveiller. Cette observation, en grande partie disponible sur films, a permis notamment de faire bouger les choses pour favoriser les visites des enfants à l'hôpital.[27]

Mais le stress n'est-il pas utile ?

Certains spécialistes prétendent que laisser pleurer un enfant (dans son lit, notamment) permet de le « vacciner contre le stress ». Mais attention, il s'agit seulement d'exposer l'enfant à un stress modéré pour l'aider à y faire face progressivement. Par exemple, pour familiariser un bébé avec la piscine, on le fait rentrer progressivement ; au début il a un peu peur, puis il adore cela. Ceux qui soutiennent qu'un bébé en pleine crise de larmes ne vit qu'un stress modéré se méprennent gravement.

« Je suis accro à mon papa. »

Le fonctionnement chimique du cerveau crée une dépendance naturelle aux relations affectives. Quand on s'occupe d'un enfant, qu'on l'aime, qu'on le console, qu'on le berce et que cela nous ravit de jour en jour, on tisse avec lui un lien affectif très fort. Ainsi, chaque fois qu'on lui témoigne de la tendresse, son cerveau libère des opioïdes et de l'ocytocine, ce qui le rend parfaitement heureux et serein.

Faire garder un enfant

De très nombreuses études ont permis de constater qu'un enfant qui fréquente un centre pour la petite enfance ou l'école maternelle avant l'âge de 5 ans améliore ses performances cognitives (son QI). Malheureusement, on ne peut tirer les mêmes conclusions concernant son équilibre et son intelligence émotionnelle (son QE), bien au contraire.

SACHEZ QUE...

Toutes les garderies et les maternelles devraient, selon moi, recruter des « assistantes émotionnelles » pour leur calme et leur attitude chaleureuse.

Ces assistantes devraient le plus souvent présenter une prédominance d'opioïdes et d'ocytocine dans leur cerveau, engendrée par une éducation attentive, ou consécutive à une psychothérapie.

La quasi-phobie du contact physique à l'école (de peur d'être accusé d'attouchements sexuels) fait un tort considérable aux enfants. Il faudrait un règlement clair et bien pensé afin que les adultes puissent sans crainte consoler et prendre les enfants dans leurs bras pour activer leurs mécanismes naturels d'apaisement.

Un problème avec le stress

Le taux de cortisol suit naturellement une courbe décroissante ; élevé le matin, il baisse peu à peu au fil de la journée. Pourtant, des études menées sur des enfants de moins de 5 ans fréquentant la garderie, le centre de la petite enfance ou l'école maternelle montrent que leur taux de cortisol augmente en journée. En outre, dès que les enfants retrouvent leurs parents, ce taux chute de façon spectaculaire. Dans une étude, 75 à 100 % des enfants ont connu une hausse de leur taux de cortisol en arrivant à la garderie. Ces résultats sont inquiétants, car ils prouvent que les mécanismes de réponse au stress peuvent être hyperactifs dès le plus jeune âge.

On s'est aussi aperçu que les enfants qui jouaient avec leurs camarades avaient un taux de cortisol moins élevé que ceux qui jouaient plutôt seuls. La recherche a aussi révélé que, quand le parent ou une autre figure d'attachement était autorisée à rester avec l'enfant au moins les quatre premiers jours, il n'y avait pas de changement inquiétant du taux d'hormones de stress chez l'enfant. Donc, il faut insister pour rester ![28]

Les parents pensent souvent que leur enfant s'épanouit à la garderie ou à l'école, mais il a parfois un taux d'hormones du stress très élevé

On sait qu'un enfant peut avoir l'air d'aller très bien alors qu'en fait il est angoissé. Une étude a même révélé que les enfants d'un an qui ne pleurent pas quand leur mère quitte la pièce ont un taux d'hormones du stress aussi élevé que ceux qui pleurent. Autrement dit, ces enfants ont déjà appris à refouler leurs senti-

« Je n'ai pas envie d'être ici. »

Même un enfant de 4 ans peut avoir un taux élevé de cortisol quand il est à l'école. Il est donc important de bien réfléchir avant de décider du temps que son enfant passera à la garderie ou à l'école dans la journée. Mieux vaut ne pas le laisser trop longtemps avant qu'il ait intégré la division du temps et qu'il puisse comprendre que l'on viendra le chercher à telle heure. Pour les tout-petits, les journées sont parfois difficiles, car ils n'ont aucune notion du temps et donc du moment où leurs parents reviendront.

ments, ce qui est plutôt préoccupant, car de jeunes enfants qui ne montrent pas qu'ils sont perturbés risquent de ne pas recevoir l'aide et le réconfort dont ils ont besoin.[29]

Les enfants qui fréquentent la garderie ou la maternelle peuvent s'avérer plus difficiles en grandissant

On commence à connaître les répercussions de l'augmentation du taux de cortisol chez les enfants placés en crèche ou à la maternelle. Ainsi on observe que les enfants qui passent beaucoup de temps en garde dès leur plus jeune âge ont, en grandissant, dès l'âge de 2 ans, des difficultés relationnelles avec leurs

« Les enfants qui jouent avec leurs camarades ont un taux de cortisol moins élevé. »

Q Je dois parfois m'absenter pendant une semaine pour mon travail. Cela peut-il affecter mon enfant ?

Tout dépend de la personne qui garde l'enfant. S'il est confié à quelqu'un qu'il connaît et qui est attentionné, comme l'un des conjoints ou un membre de la famille, tout ira bien. Si, au contraire, il est confié à une personne incapable de lui apporter un soutien émotionnel, les recherches montrent qu'il peut très mal réagir.

parents et sont plus agressifs et moins conciliants.[30] Ceci est encore plus visible chez les bébés qui ont été placé en garde au moins 20 heures par semaine pendant leur première année.

L'assistante maternelle attentionnée

La solution peut être de confier son enfant à une assistante maternelle qui lui accorde une réelle attention : il ne s'agit pas de s'occuper de l'enfant seulement quand il manifeste ouvertement qu'il a besoin d'aide. Des chercheurs ont découvert que lorsque les assistantes maternelles se préoccupent moins d'un enfant pour faire autre chose car elles pensent qu'il se sent bien (puisqu'il ne pleure pas), le taux de cortisol de l'enfant monte en flèche.[31] Il faut donc choisir une gardienne ou une assistante maternelle qui a de l'empathie pour les bébés, qui sait les accompagner dans leurs accès de joie comme d'angoisse, et qui préfère leur parler que de lire un magazine ! Lors du premier entretien, mieux vaut prendre le temps, au moins une demi-heure, d'ob-

« Il faut choisir une gardienne ou une éducatrice qui a de l'empathie pour les bébés et qui sait les accompagner dans leurs accès de joie comme d'angoisse. »

« J'ai besoin d'être consolée. »

Anna déteste quand sa maman s'en va. Celle-ci a beau la rassurer en lui disant qu'elle va revenir à la fin de la journée, rien n'y fait, elle continue de pleurer.

L'assistante maternelle d'Anna, Laure, aide la fillette à se remettre de son chagrin. Elle la prend tout de suite dans ses bras, et lui laisse tout le temps qu'il faut pour pleurer le départ de sa maman.

Les sanglots d'Anna s'apaisent, elle se sent en sécurité. Son taux de cortisol retombe et elle peut commencer à se détendre et à jouer. Laure reste avec elle pour s'assurer que tout va bien.

CHEZ LES ANIMAUX

Le contact physique est très important pour un bébé privé de sa mère. Des recherches sur le comportement des singes ont montré qu'en l'absence de leur mère, les petits préféraient se consoler en s'agrippant à un substitut de tissu plutôt que de manger.[32]

server la manière dont elle se comporte avec votre enfant. Les impressions personnelles valent toujours mieux que des tonnes de références. L'atmosphère est-elle chaleureuse, joyeuse, entre l'assistante maternelle et l'enfant ? Si c'est le cas, il y a des chances pour que cette personne soit capable d'activer chez l'enfant la sécrétion d'opioïdes et de dopamine, qui sont nécessaires au développement du cerveau social et émotionnel.

L'enfant a besoin de se réfugier dans des bras familiers quand ses parents ne sont pas là

Il y a une différence énorme entre confier son enfant à une personne qu'il ne connaît pas et lui permettre de pleurer le départ de sa maman auprès d'une assistante maternelle calme, aimante et chaleureuse, avec qui il se sent en sécurité. Si un enfant ne dispose pas d'une personne « refuge », la sécrétion d'hormones du stress peut être anormalement forte dans son cerveau. Les hormones d'éveil du bien-être sont alors neutralisées et l'enfant se sent très mal. Si leur enfant pleure encore quand ils sont sur le point de partir, les parents doivent le mettre dans les bras de son assistante maternelle, car elle est normalement capable de le consoler et de lui redonner le sourire. L'attention de l'assistante maternelle fait alors baisser le taux de cortisol et favorise la sécrétion des hormones du bien-être.

Il pourrait y avoir un lien entre séparations précoces et dépression

Le cerveau d'un enfant angoissé par la séparation réagit de la même façon que celui d'un adulte en dépression nerveuse, une maladie qui prend des allures d'épidémie mondiale.[33] Puisqu'il n'existe pas de gène de la dépression, il nous faut regarder plus attentivement du côté des effets à long terme provoqués par le stress subi dans l'enfance.

Des études étonnantes ont été menées sur la chimie cérébrale des bébés singes séparés de leurs parents. Le chercheur Harry Harlow s'est aperçu que les petits privés de mère devenaient très angoissés et déprimés. Beaucoup de ces petits sont devenus à leur tour des parents maltraitants et négligents. Dans le pire des cas, certains ne se sont pas occupés de leurs propres enfants.

« Maman est partie, mais je n'ai pas peur. »

Cette petite fille se sent en sécurité, car les adultes qui la gardent savent qu'ils doivent l'aider à gérer le fait d'être séparée de ses parents. Quand elle joue et semble tranquille, ils lui prêtent autant d'attention que si elle pleurait ou était contrariée. Ils savent qu'une attitude chaleureuse et réceptive à ses émotions et des marques de tendresse empêcheront son cortisol d'augmenter pendant l'absence des personnes qu'elle aime.

Instinct de refuge

Les jeunes mammifères (animaux et humains) s'accrochent à un adulte sécurisant chaque fois qu'ils se sentent en danger. Certains parents humains s'en irritent, mais pas les parents animaux. Nous seuls, dotés d'un cerveau supérieur, essayons de savoir s'il faut empêcher un enfant de se réfugier ainsi.

Quand un enfant s'accroche à ses parents, il essaie de ralentir sa forte sécrétion d'hormones du stress. Il tente aussi d'activer dans son cerveau la diffusion des hormones qui génèrent des sensations de bien-être (voir page 86). Il ne peut pas y parvenir sans l'aide de ses parents, qui sont sa base de sécurité neurochimique. Un enfant n'est pas « méchant » et ne cherche pas à accaparer l'attention quand il se colle contre ses parents. Il se sent menacé et il a besoin qu'on lui porte secours pour rétablir son équilibre chimique émotionnel cérébral.

Ce que la science nous apprend

Des études ont montré que les mères qui ont pris le temps de consoler à chaque fois leur bébé en pleurs sont récompensées, puisque à partir d'un an, leur enfant pleure beaucoup moins que ceux qu'on a laissés pleurer.[34] Bien que certaines personnes pensent qu'un enfant devient collant s'il est trop cajolé ou trop gâté, rien ne prouve que l'attachement excessif d'un enfant résulte d'un trop-plein d'affection ou d'attention de la part de ses parents.

Au contraire, son attitude serait plutôt liée au fait que ses parents n'aient pas su prendre en compte ses besoins affectifs. Ils ont pu vouloir le rendre autonome trop tôt (en le repoussant quand il avait besoin de s'accrocher à eux), à une étape de son développement pendant laquelle sa dépendance est génétiquement programmée.

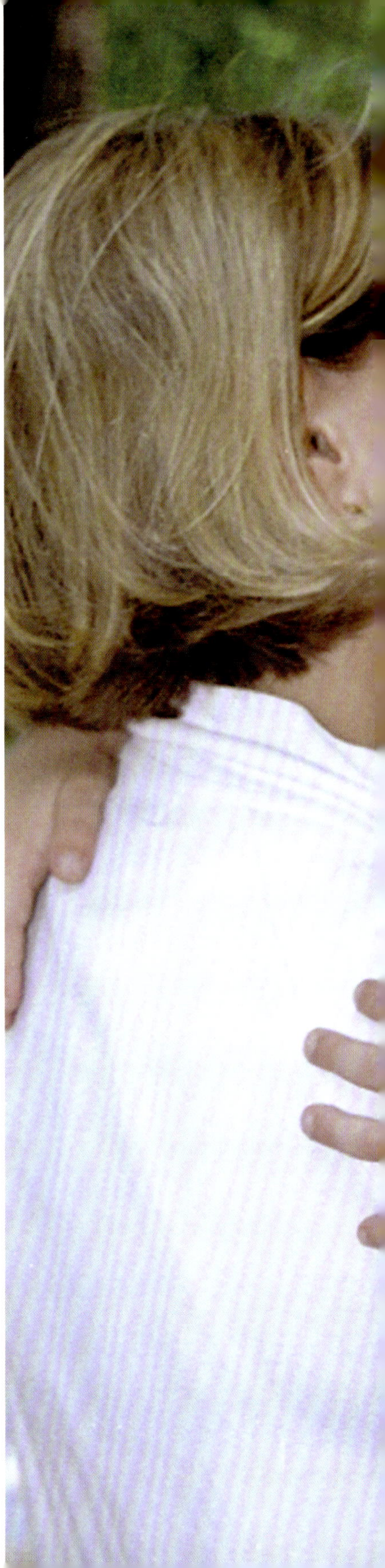

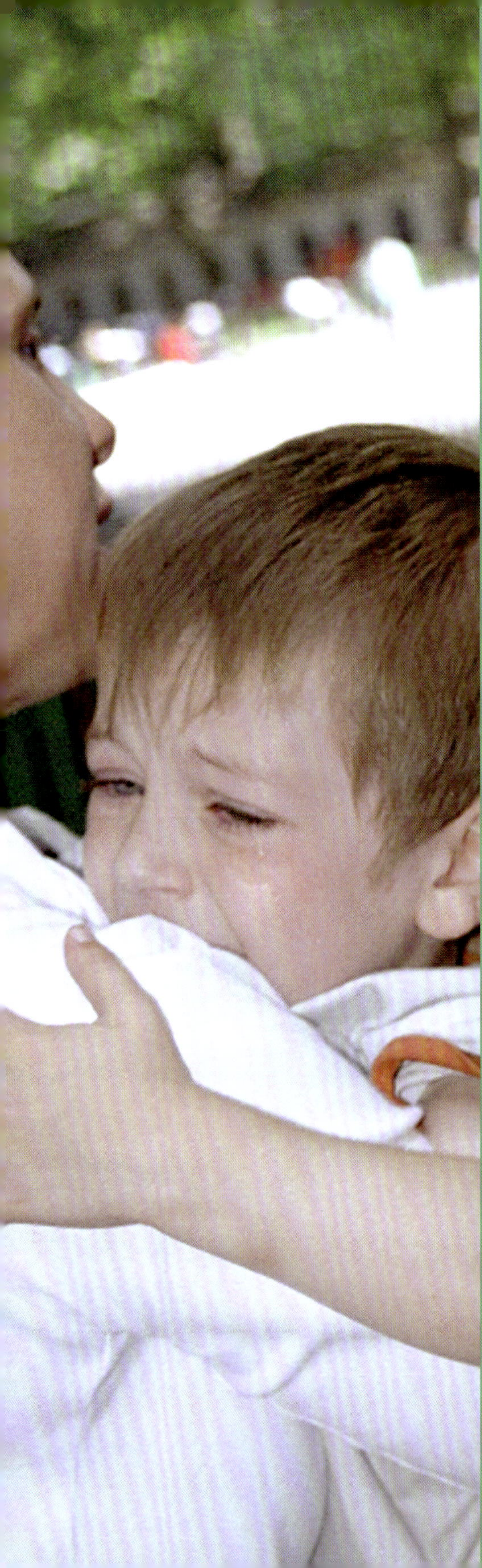

Que dois-je faire si mon enfant s'accroche à moi devant l'école ?

La dernière chose à faire, c'est de partir précipitamment en le laissant hurler ; cela ne ferait qu'empirer la situation en activant fortement ses mécanismes de réponse au stress.

• Il faut essayer de passer un moment de qualité avec lui avant de le quitter, par exemple en le serrant tout contre soi. Cela active la sécrétion d'ocytocine et d'opioïdes dans son cerveau et l'aide à se calmer. Une fois seul, il gardera en mémoire l'image rassurante de ce moment privilégié plutôt que celle de notre fuite.

• On peut activer son système RECHERCHE (voir pages 94-95), par exemple, en l'accompagnant jusqu'au bac à sable et en l'encourageant à partir à la découverte. Mieux vaut dans ce cas prendre le temps de lui présenter un ou une camarade de jeu.

• On peut aussi s'arranger avec le professeur des écoles, si l'enfant l'apprécie, pour qu'il le prenne dans ses bras, puis essaye de le distraire – en lui montrant un papillon par exemple – afin d'activer ses lobes frontaux. On peut alors partir tranquillement, en sachant qu'il a reçu sa dose essentielle d'opioïdes.

• Si un enfant pleure chaque fois qu'on le laisse, la solution peut être de lui donner quelque chose qui évoquera notre présence, comme un foulard imprégné de notre odeur ou quelques mots doux enregistrés qu'il pourra écouter chaque fois qu'il en aura envie.

« Quand ils se sentent en sécurité, les enfants s'ouvrent naturellement au monde. »

SACHEZ QUE...

Être patient et compréhensif avec un enfant angoissé par la séparation lui offre la chance de devenir un adulte indépendant. Si à chaque fois qu'il cherche à s'accrocher à nous, nous le prenons dans nos bras, il se sentira de plus en plus en sécurité dans son environnement. En grandissant, il commencera naturellement à se détacher de nous et à partir à la découverte du monde pendant des périodes de plus en plus longues. Il aura envie de passer plus de temps avec ses amis, rassuré de savoir que ses parents seront toujours là pour recharger ses batteries émotionnelles afin qu'il puisse repartir de nouveau.

Quand cet instinct de refuge s'atténue-t-il ?

Les parents ont parfois l'impression que jamais leur enfant ne pourra se séparer d'eux sans se mettre à pleurer. Mais a-t-on jamais entendu parler d'un adolescent qui éclate en sanglots chaque fois que ses parents vont au cinéma ? Plus un enfant grandit, moins le système PANIQUE/DÉTRESSE de son cerveau inférieur est sensible, en grande partie parce qu'il est inhibé par un cerveau supérieur de plus en plus mature. Puis, à la puberté, les flux de testostérone et d'œstrogènes finissent par le neutraliser. Affirmer qu'il ne faut pas encourager un enfant à se coller contre ses parents, sous peine de le rendre trop dépendant, n'a donc aucun sens d'un point de vue physiologique.

Si l'on n'assouvit pas le besoin qu'éprouve un enfant de s'accrocher à ses parents, celui-ci peut développer une indépendance factice. En effet, si on le repousse constamment ou si on lui reproche de « faire le bébé », il finit par avoir honte de lui. Pour faire face à ce sentiment douloureux, il peut se convaincre qu'il n'a plus besoin de ses parents et s'endurcir au point de s'enfermer dans une sorte de torpeur émotionnelle. Un tel comportement peut être la source de nombreuses souffrances dans sa vie d'adulte, liées à des relations amoureuses difficiles ou à la peur d'établir des liens affectifs avec autrui (voir *Chimie de l'amour et de la joie*, pages 84-125).

Rappelons-nous qu'accueillir et consoler un enfant qui se réfugie auprès de nous revient à préparer son futur équilibre mental et affectif ; les marques d'affection favorisent la sécrétion régulière d'ocytocine, dont les effets anxiolytiques sont durables. Et n'oublions pas qu'il est prouvé que les petits de certains mammifères, s'ils reçoivent des soins affectueux, gèrent mieux le stress, sont moins peureux, psychologiquement plus forts, et vivent même plus longtemps !

À retenir

• Les parents ont parfois appris à refouler leur instinct protecteur, et les enfants à refouler leurs pleurs... la science nous montre aujourd'hui ce qu'il leur en coûte.

• Des crises de larmes prolongées chez un enfant risquent d'altérer ses fonctions vitales et de le rendre plus tard sujet à la dépression, aux troubles de l'anxiété et à diverses maladies physiques et mentales.

• Un enfant qu'on laisse pleurer est un enfant qui apprend qu'on l'abandonne au moment même où il a besoin d'aide.

• Les premières séparations dans la vie d'un enfant sont à prendre très au sérieux. Si elles sont inévitables, l'enfant doit être confié à un adulte bienveillant et très attentionné.

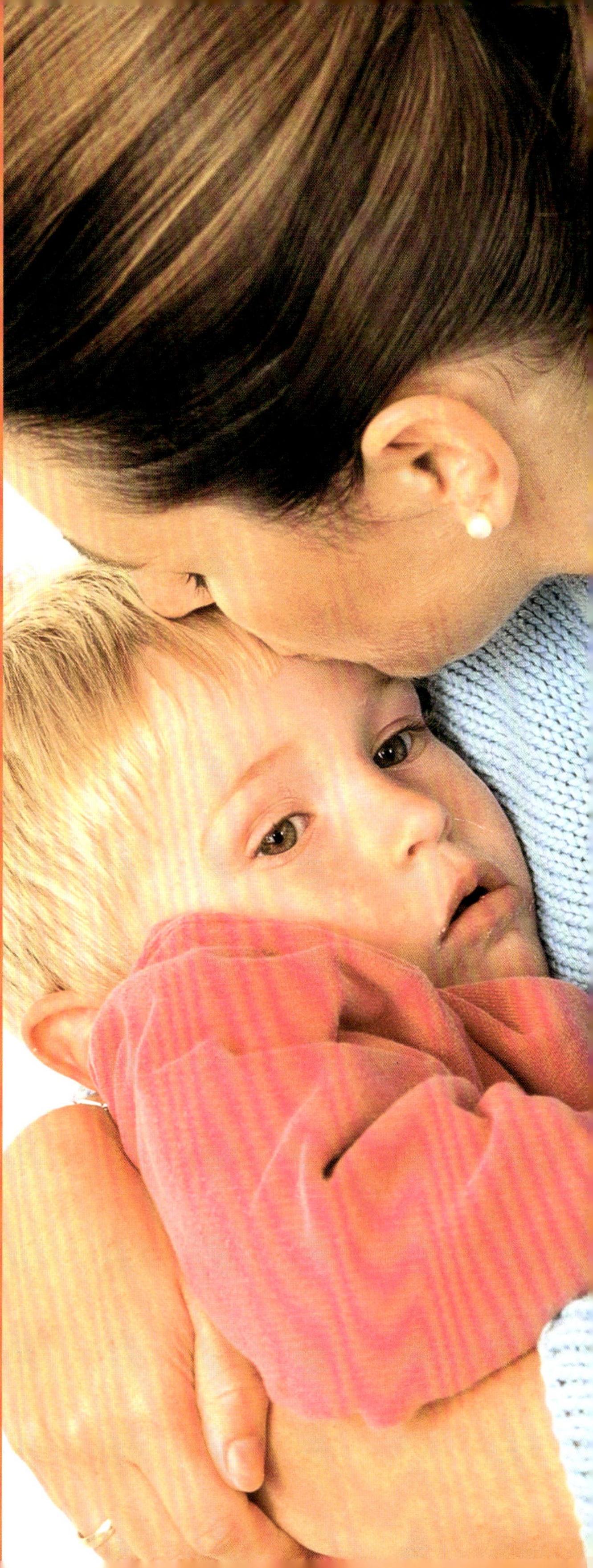

Sommeil et coucher

Doit-on lui apprendre à s'endormir seul ou dormir avec lui ? Le débat fait rage depuis des décennies et enflamme parfois les esprits. Sans doute, les pleurs de l'enfant lorsque la porte de sa chambre se referme empêchent-ils plus qu'on ne le pense les parents de réfléchir calmement à la question. Ce chapitre présente les dernières conclusions scientifiques sur l'endroit et les conditions favorables au sommeil d'un enfant, mais aussi sur la mort subite du nourrisson. J'espère qu'il aidera les parents à prendre des décisions averties au moment du coucher et au cours de la nuit.

Aider un enfant à s'endormir

Au moment de coucher un enfant, une seule chose importe: lui faire comprendre qu'il n'a rien à craindre. On empêche ainsi la diffusion des hormones du stress dans son cerveau, ce qui fait qu'il se sent en parfaite sécurité et peut s'endormir. Quelques recettes peuvent être utiles pour rassurer son enfant, que l'on ait décidé de dormir avec lui ou de l'habituer à dormir dans son propre lit.

SACHEZ QUE...

Si un bébé a du mal à trouver le sommeil, un contact physique avec l'un de ses parents peut l'aider à se détendre, surtout s'il est très jeune. Avec un bébé plus âgé, l'idéal est de s'allonger auprès de lui jusqu'à ce qu'il s'endorme.
S'il dort encore dans un petit lit, il suffit de rester à côté et de garder une main apaisante sur lui.

Les enfants et le sommeil

Tout d'abord, les bébés sont de piètres dormeurs. Si l'on reconnaît enfin ce fait, peut-être cessera-t-on de se culpabiliser devant un bébé qui ne dort pas. Les études comportementales sur le sommeil des nouveau-nés et des tout-petits nous apportent quelques éclairages.

- **Les bébés ont tendance à se réveiller plus souvent que les adultes**, car leur cycle moyen de sommeil n'est que de 50 minutes, contre 90 minutes pour le nôtre.
- **Les troubles du sommeil persistants ou récurrents** sont très courants chez les enfants en bas âge.
- **On estime à environ 25% les enfants** âgés de moins de cinq ans souffrant d'un trouble du sommeil.
- **Près de 20%** des parents affirment que leur enfant pleurait et était irritable au cours des trois premiers mois de sa vie.[1]

Un cerveau apaisé à l'heure du coucher

Au moment de coucher un enfant, le principal objectif doit être de calmer son état d'hyperexcitation, en activant la sécrétion d'ocytocine, aux vertus apaisantes, et de mélatonine, l'hormone responsable du sommeil. La meilleure façon d'y parvenir est d'instaurer un rituel. Si des gestes précis déclenchent une première fois la libération de substances apaisantes, il y a des chances pour qu'ils aient le même effet à chaque fois.

Avant tout, rester calme

Impossible d'apaiser un enfant si le taux d'hormones du stress est très élevé dans notre propre cerveau. Le ton de la voix est essentiel pour détendre un enfant et, si nous sommes tendus, énervés ou en colère, il le ressentira. Notre stress et notre colère déclenchent presque automatiquement les systèmes d'alarme du cerveau de l'enfant, qui font qu'il se sent bien trop en danger pour s'endormir. En revanche, si notre cerveau libère de grandes quantités d'opioïdes, si notre voix est douce et apaisante, cela rassure l'enfant qui ne tardera pas à devenir aussi calme que nous.

Lui raconter une histoire dans son lit

Le fait que l'enfant soit blotti contre nous pour écouter l'histoire libère de l'ocytocine dans son cerveau et favorise ainsi son sommeil. Par ailleurs, l'attention dont il fait preuve active ses lobes frontaux (voir page 18), qui inhibent naturellement les pulsions motrices, comme l'envie de sauter sur le lit, par exemple.

L'atmosphère doit être apaisante, grâce à une lumière tamisée (l'obscurité libère la mélatonine) ou à des bougies. Une musique douce peut aussi contribuer à faire baisser le taux de substances excitantes.

Surveiller ce qu'il mange avant d'aller dormir

Il faut éviter l'apport de protéines (viande ou poisson) deux heures avant le coucher, car elles activent la sécrétion de dopamine (un stimulant cérébral). Le chocolat est également à proscrire, puisqu'il contient de la caféine. Mieux vaut privilégier les aliments à base d'hydrates de carbone (banane), qui favorisent la sécrétion de sérotonine, propice à l'endormissement.

Éviter d'activer le système PEUR de son cerveau inférieur

Il faut installer une veilleuse dans la chambre d'un enfant s'il a peur du noir, et ne pas hésiter à faire appel à « la bonne fée » qui protège les enfants pendant leur sommeil.[2] Si l'on ne prend pas

« Je sais qu'il est bientôt l'heure de dormir. »

Instaurer un rituel avant le coucher, par exemple un bain suivi d'une histoire, favorise la régulation du système neurovégétatif de l'enfant. Son cerveau n'est pas encore assez mature pour réguler de façon autonome ses flux hormonaux et se préparer au sommeil.

« Une fois que l'enfant a exprimé ses craintes, il est plus facile de les apaiser. »

Il n'est pas dit que les parents d'un bébé qui a des troubles du sommeil doivent lui sacrifier toutes leurs soirées. Ils peuvent le laisser s'endormir dans leurs bras, le coucher dans son couffin ou son berceau, et repartir sur la pointe des pieds.

au sérieux les angoisses d'un enfant, son cerveau risque de sécréter trop de glutamate, de noradrénaline et de corticolibérine, et de tenir son corps en éveil. Aucune chance alors pour qu'il ait envie de dormir.

S'allonger auprès de lui le temps qu'il s'endorme

Si on adopte cette stratégie, il est formellement interdit de parler. Il faut faire semblant de dormir et se concentrer sur sa propre respiration : plus on est calme, plus cela l'apaise. Le contact peau à peau régule le système neurovégétatif de l'enfant, et renforce le lien parent-enfant. Du point de vue hormonal, la proximité physique active la sécrétion d'opioïdes et d'ocytocine, favorables à l'endormissement. Une fois votre enfant endormi, vous aurez la soirée pour vous.

Questionner un enfant qui refuse obstinément de rester seul dans sa chambre

Un enfant de trois ans, dont les systèmes émotionnels responsables de la PEUR ou de la PANIQUE/DÉTRESSE ont été activés, exprime souvent son anxiété en réclamant un verre d'eau, sa sucette ou d'aller faire pipi. Il faut lui demander de quoi il a peur et ce qu'il pense qu'il va se passer si on quitte sa chambre. Une fois ses craintes exprimées, il est plus facile de les apaiser, en lui donnant un vêtement imprégné de notre odeur, en le bordant avec soin ou en le rassurant avec des mots doux et des câlins. Il s'agit d'utiliser nos propres émotions pour activer dans son cerveau la sécrétion d'opioïdes qui inhibent naturellement l'activation du système PANIQUE/DÉTRESSE.

Tous les soirs, je suis obligé de le remettre au lit plusieurs fois. Est-ce moi qui m'y prends mal ?

Si un enfant a des difficultés à s'endormir chaque soir, il faut se poser un certain nombre de questions. Tout d'abord, sommes-nous toujours suffisamment calmes ? Le cerveau d'un enfant est extrêmement réceptif et peut capter les fortes émotions que nous nous efforçons de dissimuler.

L'ambiance de sa chambre est-elle calme et rassurante, avec une lumière tamisée favorisant la sécrétion de mélatonine, l'hormone du sommeil ? Est-il réellement fatigué ? A-t-il mangé il y a peu de temps des protéines, du chocolat, ou bu une boisson gazeuse qui le maintiendrait éveillé ? A-t-il eu une activité physique suffisante dans la journée ? Il doit jouer autant que possible à l'extérieur l'après-midi, car plus il est exposé à la lumière du jour, mieux il dort le soir.[3]

Y a-t-il quelque chose qui le perturbe à l'école ou à la maison et qui l'empêche de se sentir en sécurité ? Est-il souvent réprimandé ? Crie-t-il souvent après ses parents ? S'il sent que sa relation avec eux est bancale, il peut avoir peur de les quitter pour aller dormir.

Dormir avec son bébé

Le fait de dormir tout contre l'un de ses parents procure au nourrisson un florilège de sensations grâce aux mouvements, aux contacts, aux odeurs et aux sons. On s'est aperçu qu'un contact peau à peau pendant la nuit régule les systèmes cérébral et corporel immatures d'un bébé et peut jouer un rôle fondamental pour son bien-être mental et physique à long terme.

CHEZ LES ANIMAUX

Tous les primates, excepté les humains, dorment avec leurs petits. Il faut dire que les petits mammifères constituent une proie idéale quand ils restent dans le noir sans protection. Le fait de laisser dormir les enfants seuls est une étape récente de l'histoire de l'humanité. Pendant près de deux millions d'années, les humains ont dormi avec leurs bébés.

Les traditions ancestrales

Quatre-vingt-dix pourcents des parents dans le monde dorment avec leurs bébés. C'est comme cela depuis le début de l'humanité. Aucun autre mammifère n'isole ses petits pour dormir. Les parents du monde occidental ont dormi avec leurs bébés jusque vers les années 1850. C'est le « mythe des microbes » qui a conduit les parents à faire dormir leurs bébés dans une autre chambre, croyant que respirer l'haleine de l'autre peut rendre malade.

De nombreuses études scientifiques ont montré que le fait de dormir avec un bébé peut s'avérer très positif pour son futur équilibre physique et émotionnel. Les contacts privilégiés pendant le sommeil renforcent son organisme et le rapprochent davantage de ses parents puisque le lien affectif continue d'être tissé pendant la nuit.[4]

Un contact physique étroit avec la mère régule la température du bébé

Pour un nouveau-né, le contact peau à peau avec la mère est un rapport naturel, génétiquement programmé. Lorsqu'on pose un bébé qui vient de naître sur la poitrine de sa mère, il se produit un phénomène étonnant. Si le corps du bébé est trop froid, la température de la mère augmente de deux degrés pour le réchauffer. Si au contraire il est trop chaud, la température de la mère baisse alors d'un degré pour le rafraîchir. Cette « synchronie thermique » n'est qu'un exemple parmi tant d'autres de ce que peut provoquer un contact physique étroit entre une mère et son enfant.[5]

« Je me sens en paix et en sécurité. »

Dormir avec son bébé l'aide à réguler sa respiration. Des études ont montré que la stimulation de ses sens (comme le fait d'être bercé par les mouvements de sa mère qui marche et par les bruits qu'elle fait) apprend au fœtus à « respirer » de façon rythmique, et ce, trois mois avant sa naissance. On pense qu'en dormant avec leur nouveau-né, les parents poursuivent cette stimulation et l'aident ainsi à respirer de façon régulière tout au long de la nuit.

Dormir avec son bébé, c'est avoir encore plus de contacts physiques avec lui

Il est scientifiquement prouvé que plus un enfant est cajolé dans son enfance, plus il a de chances d'être calme et assuré une fois adulte. Le contact physique l'aide à réguler les mécanismes de réponse au stress de son cerveau qui, sans cela, risquent de devenir hyperactifs. Si tel est le cas, l'enfant éprouvera en grandissant des difficultés à se calmer tout seul en cas de stress.[6] En dormant avec leur bébé au cours des premiers mois de sa vie, les parents lui offrent huit heures de contact privilégié antistress.

Des études psychologiques ont montré que les enfants qui ont dormi avec leurs parents les premières années de leur vie ont une meilleure estime de soi, connaissent moins la peur et l'anxiété, ont de meilleures performances cognitives, souffrent moins de maladies mentales à l'âge adulte et sont plus satisfaits de leur vie.[7] Les études montrent aussi que les enfants qui n'ont

« Plus un enfant est cajolé dans l'enfance, plus il a de chances d'être calme une fois adulte. »

SACHEZ QUE…

Les heures passées chaque nuit au contact l'un de l'autre permettent à la mère et à l'enfant de renforcer leur lien affectif. Les mères ayant privilégié ces contacts se sont également aperçues qu'elles pouvaient allaiter plus longtemps.

« Même endormies, les mères sont parfaitement conscientes de la présence de leur bébé. »

jamais dormi dans le lit de leurs parents sont plus difficiles à contrôler. Ils ont tendance à se débrouiller moins bien quand ils sont seuls, ont plus facilement des accès de colère et sont craintifs. Ceci s'explique par le fait qu'ils ont reçu moins de régulation physique et émotionnelle et donc moins de libération d'ocytocine et d'opioïdes dans leur cerveau.

Est-ce dangereux de dormir avec son bébé ?

Certains parents hésitent à dormir avec leur bébé parce qu'ils craignent de l'étouffer ou même de l'écraser. Des recherches ont établi que ces peurs sont infondées, excepté si les parents fument ou s'ils sont susceptibles de plonger dans un sommeil si profond qu'il diminue leur vigilance (voir page 73).

En réalité, bien souvent, le fait de dormir avec son bébé rend la mère plus vigilante. L'étude de près de 800 heures de séquences vidéo a révélé que, même endormies, les mères semblent parfaitement conscientes de la présence de leur bébé. Aucune des mères observées n'a roulé sur son enfant, quelle que soit la distance qui les séparait.[8]

Les recherches ont également montré que lorsque parents et bébés dorment ensemble, ils ont tendance à se faire face la plupart du temps. Et puis, les nouveau-nés ne se laissent pas étouffer si facilement. Eux aussi crient et se débattent si quelque chose les empêche de respirer. Ceci dit, les facteurs de sécurité repris sur la page suivante doivent être vérifiés avant de dormir avec un bébé.

Qu'est-ce que la mort subite du nourrisson (MSN) ?

La MSN est liée à l'immaturité du rythme cardiaque, de la respiration ou de la tension artérielle du bébé durant son sommeil. En effet, son système cœur-poumons poursuit son développement après la naissance. Avant qu'il soit mature, le système respiratoire est donc très instable et le rythme cardiaque d'un bébé en parfaite santé peut être très irrégulier, ce qui l'expose à des troubles de la respiration, surtout pendant son sommeil.[9] Aujourd'hui, environ 1 bébé sur 2 000 meurt de MSN, et la plupart de ces bébés meurent avant d'avoir atteint l'âge de 6 mois. La recherche a permis de définir certaines situations à risque, notamment au cours des trois premiers mois, période où le bébé est le plus vulnérable (voir Infos-clés, ci-contre).

Dans les pays où il est courant de dormir avec ses enfants, la MSN est moins fréquente

Dans certaines régions du globe, personne ne se demande où et comment un enfant doit dormir : il dort tout naturellement avec ses parents. Beaucoup de familles n'ont en fait ni les moyens ni la place d'aménager une chambre d'enfant. C'est surtout dans les classes moyennes des pays occidentaux que les enfants dorment dans une chambre à part. Une étude a montré que seuls 4 % des bébés asiatiques dorment seuls.[10] En Chine, où on considère le fait de dormir avec son enfant comme allant de soi, la MSN est si rare qu'il n'y a même pas de nom pour la désigner. Un chercheur s'est aperçu, en effet, qu'aucun Chinois ne comprenait de quoi il parlait quand il abordait le sujet, car ils ne concevaient pas qu'un nourrisson puisse mourir soudainement sans raison apparente.[11]

Grâce à une récente étude d'envergure internationale, on a découvert que « les pays où les parents partagent le même lit que leurs enfants ont les taux de MSN les plus bas ».[11] De nombreux chercheurs pensent, par conséquent, que le taux élevé de MSN en Occident est lié à l'habitude de laisser les enfants dormir seuls pendant de longues périodes.

Facteurs de sécurité pour dormir ensemble

Si des parents veulent dormir avec leur bébé, ils ne devraient le faire que s'ils sont en mesure d'assurer toutes les règles de sécurité (ci-dessous et à droite) chaque soir. Ce qui veut dire que s'ils sont très fatigués ou s'ils ont bu un verre de vin, ils devraient mettre le bébé dans un couffin ou un berceau à côté de leur lit. Il est toujours possible de le toucher en tendant le bras.

- **Un bébé doit toujours être couché sur le dos**, que ce soit dans un berceau ou dans le lit de ses parents, et ses pieds doivent être au bout du matelas dans un berceau.
- **Pas de chambre surchauffée**. La température devrait être entre 16 et 20 °C. Ne pas deviner, mais vérifier avec un thermomètre.

INFOS-CLÉS

Pour minimiser les risques de MSN, il est conseillé de suivre quelques règles de sécurité (que le bébé soit dans un berceau ou dans le lit de ses parents).

- Un bébé doit toujours être couché sur le dos (jamais sur le ventre).
- La tête d'un bébé ne doit pas être couverte durant son sommeil.
- La température de la chambre doit être entre 16 et 20 °C, idéalement 18 °C.
- Un bébé devrait dormir dans la chambre de ses parents jusqu'à six mois.
- Si un ou plusieurs membres de la famille fument, le bébé ne doit pas dormir dans le lit de ses parents.
- Si on a consommé de l'alcool, des médicaments ou des drogues, ou si sa vigilance est diminuée par une grande fatigue, il ne faut pas dormir avec son bébé.
- Ne pas couvrir le bébé avec une couette ; utiliser une couverture qui ne monte pas plus haut que les épaules du bébé.
- Ne pas laisser un bébé dormir sur un oreiller ou à proximité d'un oreiller.
- Ne pas laisser un bébé dormir sur une peau de mouton.
- Un bébé ne doit pas dormir entre deux adultes.
- Il ne faut pas dormir avec son bébé sur un canapé, un matelas à eau ou avec d'autres enfants.
- Ne jamais laisser un bébé sans surveillance ou sur un lit d'adulte.

Des études ont montré que dans les pays du Sud-Est asiatique, la plupart des bébés dorment avec leurs parents la nuit. Selon certains chercheurs, cela pourrait expliquer en partie pourquoi les cas de MSN (mort subite du nourrisson) sont très rares au sein des populations d'Asie du Sud-Est.

• **Ne pas couvrir le bébé avec une couette** ; utiliser une couverture et veiller à ce qu'elle ne monte pas plus haut que les épaules du bébé.
• **Pas de couette ou de peluches** près du bébé. Il ne devrait jamais dormir sur un oreiller ou une peau de mouton.
• **Le matelas doit être ferme,** les bébés ne devraient pas dormir sur un matelas mou. Veiller à ce qu'il n'y ait pas d'espace entre le matelas et la tête de lit ou le mur. Pas de tour de lit à l'intérieur du lit de l'enfant : c'est une décoration et le bébé risque de se coincer la tête entre celui-ci et les barreaux.
• **Les bébés ne devraient pas dormir entre deux adultes**. Ne pas permettre aux frères et sœurs d'aller dans le lit du bébé avant qu'il ait un an.
• **Ne jamais dormir avec un bébé s'il y a un fumeur dans la famille** (ou si la mère a fumé pendant sa grossesse), ou s'il y a une raison quelconque pour que la vigilance du parent soit altérée. Cela veut dire pas d'alcool, pas même un verre de vin, pas de drogues (légales ou illégales), pas de somnifère et pas de parent épuisé. Si vous êtes encore trop anxieux et craignez une MSN tout en respectant toutes les règles de sécurité, mettez votre bébé dans un berceau à côté de votre lit. Toujours consulter si le bébé a du mal pour respirer, est pâle, a une éruption cutanée, ne réagit pas comme d'habitude, est fiévreux et transpire ou semble mal.

Dormir avec son bébé : facteurs protecteurs et bénéfices

Les médias informent régulièrement des risques qu'il y a à dormir avec son bébé, tout en évitant de parler des facteurs protecteurs démontrés par les recherches. Les parents ne reçoivent donc pas des informations équilibrées ou scientifiques. Dormir avec son bébé présente des risques si les règles de sécurité ne sont pas respectées, mais les bébés qui dorment seuls ont aussi des risques. Il est inutile de conseiller simplement : « Ne dormez pas avec votre bébé. » Les parents ont le droit de connaître aussi les facteurs de protection, pas seulement les risques qu'il y a de dormir avec son bébé, ils pourront ensuite décider en connaissance de cause.

De nombreuses recherches médicales ont montré que dormir avec son bébé, particulièrement peau à peau, peut :

• **Réguler le rythme cardiaque du bébé**, son système digestif, sa respiration et sa température.[12]
• **Réduire spectaculairement les hormones de stress du bébé** (mauvais stress) et libérer de l'ocytocine et des opioïdes dans son cerveau.[13]
• **Favoriser le développement des systèmes de réponse au stress du bébé,** l'architecture de son sommeil, ses fonctions organiques et la maturation de son cerveau supérieur, ce qui renforce les fonctions cognitives. Une étude a montré que ces effets se voient encore des années plus tard.[14]
• **Renforcer le système immunitaire du bébé,** il risque donc moins de maladies graves au cours des six premiers mois.[15]
• **Augmenter la durée du sommeil léger chez les bébés**. Ceci peut les protéger contre la MSN, puisqu'un bébé peut plus facilement se réveiller et interrompre un épisode d'arrêt respiratoire. Quand ils sont seuls, les bébés ont tendance à entrer en sommeil profond, dont il est plus difficile de se réveiller.[16]
• **Améliorer le sommeil des parents**. Si l'enfant s'agite et que le parent est près de lui, il peut rapidement le rassurer (grâce à la libération d'opioïdes déclenchée par la voix apaisante et les câlins du parent). La recherche montre qu'un individu réveillé pendant moins de 15 secondes peut généralement se rendormir très rapidement. Se lever et aller s'occuper de son bébé réveille à coup sûr ![17]

Observations dans un laboratoire du sommeil

Les observations en laboratoire du sommeil ont révélé que, quand une mère et son bébé dormaient ensemble, tous deux dormaient plus longtemps.[18] Les bébés prenaient le sein deux à quatre fois plus souvent et plus longtemps, donc recevaient plus d'anticorps de leur mère, ce qui réduit le risque d'être malade.[19] À l'inverse, si les bébés dorment seuls, l'allaitement peut être interrompu (même quand le bébé est dans un berceau à côté du lit de maman). Les bébés qui dormaient avec leurs parents ne pleuraient presque jamais (à moins qu'ils aient des sensations désagréables ou douloureuses). Les mères étaient très réactives et attentives à leur bébé. Elles vérifiaient régulièrement qu'il était en bonne position, le touchaient, le calmaient, le caressaient (tout cela dans les 15 secondes décrites plus haut). De façon étonnante, le matin, la plupart n'étaient pas conscientes d'avoir fait cela toute la nuit.

« Selon les cultures, le fait de dormir avec son bébé peut entraîner ou non des difficultés. »

CHEZ LES ANIMAUX

Les autres primates ne se posent pas la question de savoir s'ils doivent dormir ou non avec leur bébé. Ils suivent leurs instincts (les mêmes que les nôtres, sauf que nous, nous les avons refrénés). Les bébés chimpanzés dorment avec leurs parents jusqu'à l'âge de 8 ans, mais quittent le lit familial plus tôt s'il naît un autre bébé.

Si un bébé dort seul

Il existe un lien entre l'isolement et le manque de stimulations sensorielles au début de la vie et des maladies mentales ultérieures.[20] Si un bébé dort seul, sa température corporelle peut être un peu en dessous de la normale et il peut présenter des troubles du rythme cardiaque et respiratoire. Ces phénomènes disparaissent s'il est replacé contre le corps de sa mère. Après une séparation de six heures, ses hormones du stress sont deux fois plus élevées que celles d'un bébé qui est près de sa mère. Elles reviennent à la normale dès qu'il est replacé près de sa mère.[21]

Problèmes de sommeil

Si l'on ne parvient pas à dormir correctement avec un enfant, mieux vaut peut-être opter pour les autres solutions présentées dans ce chapitre. Notre sommeil est vital si nous voulons être une source de régulation émotionnelle efficace pour notre enfant dans la journée. En cas de fatigue, le cerveau est plus susceptible de libérer des substances négatives qui ne seront pas d'un grand secours pour un bébé. En dormant avec lui, nous aidons notre enfant à réguler ses systèmes émotionnels et physiologiques pendant la nuit, mais nous risquons de ne plus pouvoir le faire le jour si le manque de sommeil nous rend irritable, agité et indifférent.

Quand faut-il arrêter de dormir avec son enfant ?

Il n'y a pas de règles strictes. Au moment où l'on envisage de faire dormir son enfant dans son propre lit, il faut s'interroger sur ce qui nous motive. Peut-être est-ce quelqu'un qui nous l'a suggéré ? Si tout le monde dort bien et que l'intimité conjugale est suffisante, il n'y a aucune raison de renoncer à dormir ensemble. En essayant de se conformer à une norme fictive, on pourrait déclencher beaucoup de stress au moment du coucher.

Les études montrent que la majorité des enfants en âge préscolaire ont besoin de la présence d'un adulte pour s'endormir et que la plupart vont régulièrement dans le lit de leurs parents pour se faire consoler.[22] Ils ne font qu'obéir aux systèmes émotionnels du cerveau inférieur PEUR et PANIQUE/DÉTRESSE, très sensibles chez les jeunes enfants. Les parents doivent accepter cette étape du développement cérébral de l'enfant et ne pas tenter d'aller contre une disposition génétique.

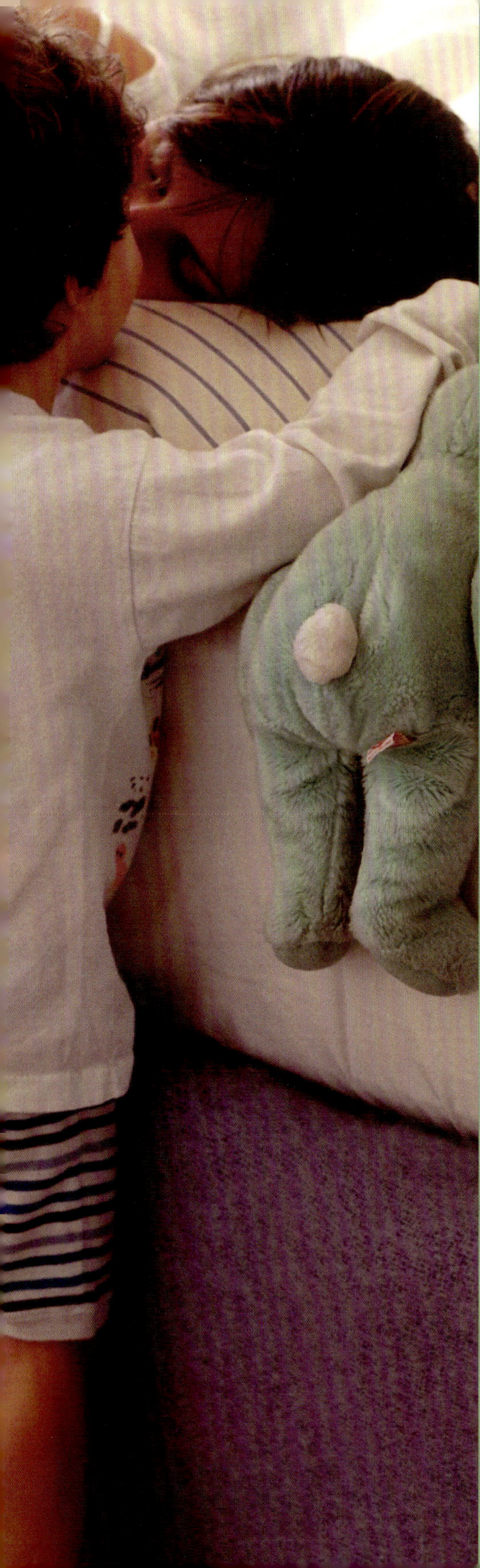

Mon bébé acceptera-t-il de dormir dans son propre lit plus tard ?

Que les parents qui ont peur que leur enfant devienne dépendant, s'accroche et veuille rester dans leur lit pour toujours se rassurent ! Le système qui génère la PANIQUE/DÉTRESSE devient beaucoup moins sensible avec le temps, en grande partie grâce au cerveau supérieur qui se développe rapidement et commence à l'inhiber. De plus, à la puberté, les flux importants de testostérone (chez les garçons) et de testostérone et d'œstrogènes (chez les filles) achèvent de neutraliser ce système. Les neuroscientifiques ne savent pas vraiment expliquer ce phénomène. Selon certains, nous serions génétiquement programmés à l'adolescence pour nous éloigner de nos parents et pour aller vers les autres. En grandissant, un enfant souffre de moins en moins d'être séparé de ses parents la nuit.

Et que faites-vous de notre besoin d'intimité ?

Il faut bien évaluer ses propres besoins et tous les bienfaits qu'apporte à un enfant le fait de dormir avec ses parents. Bien sûr, si l'on choisit de dormir avec son enfant, il y a des inconvénients, mais nombre de couples réussissent à trouver la parade. Ils ont des rapports sexuels à d'autres moments ou bien commencent par coucher l'enfant dans son lit puis le laissent venir dans le leur au milieu de la nuit pour ne pas le priver de cette régulation physiologique et émotionnelle essentielle. Mais il faut aussi savoir s'écouter si on se sent au bout du rouleau et qu'on a besoin de passer du temps sans ses enfants.

L'apprentissage du sommeil

Certains enfants vont se coucher de leur propre initiative, sans même qu'on ait eu besoin de leur apprendre à le faire ou de les laisser pleurer. Pour eux, aller au lit n'est pas un problème, car ils se sentent parfaitement en sécurité. Mais chez beaucoup d'enfants, le moment du coucher déclenche des systèmes d'alarme primitifs dans tout l'organisme. Ils ont alors besoin qu'on les aide à se calmer.

Les bébés sont programmés pour être fortement dépendants et ils ont besoin de nous pour apaiser leurs accès d'angoisse. Un enfant qu'on laisse pleurer tout seul pendant des heures finit souvent par s'endormir, mais c'est parce qu'il est épuisé ou qu'il a renoncé à appeler au secours.

Quand débute l'apprentissage ?

On décide généralement d'apprendre à un enfant à aller au lit parce que parents comme enfant ont besoin de dormir davantage. Entre 1 an et 3 ans, un enfant doit dormir 12 à 14 heures par nuit ; entre 3 et 5 ans, de 11 à 13 heures ; et entre 5 et 12 ans, de 10 à 11 heures. Le sommeil est essentiel pour la croissance, l'hormone de croissance n'est libérée qu'à ce moment-là. Le manque de sommeil peut entraîner de mauvais résultats scolaires, un manque d'attention et une hyperactivité.[20]

Pendant l'apprentissage du sommeil, il faut faire attention à ne pas laisser un enfant pleurer trop longtemps, même pour quelques nuits (voir plus loin). Quand son cerveau supérieur sera plus développé, l'enfant ne ressentira plus la PANIQUE/DÉTRESSE, mais en attendant, il est indispensable d'être à ses côtés dans ses accès de peur ou d'angoisse. Mettons-nous à sa place : comment ne pas être effrayé à l'idée d'être séparé de ses parents toute une nuit et de rester seul dans le noir ?

Certains spécialistes préconisent de laisser pleurer l'enfant « jusqu'au bout »

D'après eux, lorsqu'il aura pleuré en vain quelques soirs d'affilée, il finira par s'endormir sans faire d'histoires. Mais bien souvent, les pleurs se prolongent pendant plus d'une heure, et pas uniquement quelques soirs de suite. Si la méthode est efficace du point de vue des parents, elle n'a toutefois aucun intérêt pédagogique. Mais quelles en sont les conséquences pour l'enfant ?

Un bébé ne peut pas se calmer tout seul

Un tout-petit est incapable de recouvrer par lui-même sa paix intérieure et son bien-être. En revanche, il peut finir par renoncer à demander de l'aide et s'endormir épuisé, après d'interminables appels au secours demeurés sans réponse. S'il s'endort stressé à cause de tous ses appels désespérés, il risque de se réveiller plusieurs fois dans la nuit, comme les adultes quand ils vont se coucher alors qu'ils sont très stressés. Cela n'a rien d'un apprentissage réussi. C'est simplement ce qui se produit chez n'importe quel mammifère quand ses parents ignorent ses cris. Plus un enfant est déterminé et doué de volonté, plus ses pleurs vont se prolonger.

Il ne faut pas confondre un bébé calme et un bébé qui refoule ses pleurs quand il est séparé de ses parents. Le niveau de stress de ce dernier continue à grimper. Des études ont montré que les bébés qu'on a laissé pleurer adoptent un mode de défense primitif. Cela se traduit par une respiration et un rythme cardiaque irréguliers, avec des fluctuations parfois très importantes et par un taux de cortisol élevé. Les bébés à qui on a appris à ne pas pleurer regardent souvent dans le vide. Le neuropsychanalyste Allan Schore y voit la manifestation d'une sorte d'autoprotection et de repli sur soi.[24] Selon la théorie de l'attachement, quand un enfant commence à refouler ses sentiments au lieu de les exprimer, il s'enferme dans un processus de Protestation – Désespoir – Détachement.

Sans soutien, un bébé ne peut pas réguler son taux d'hormones du stress, modérer ses états d'excitation, ou déclencher dans son cerveau la libération d'ocytocine et d'opioïdes. Pour réussir à faire tout cela, il a besoin de notre aide et de notre pouvoir régulateur sur son organisme immature.

Un apprentissage tout en douceur

Les méthodes d'apprentissage au sommeil ne sont évidemment pas toutes mauvaises pour le cerveau. En voici quelques-unes qui sont sans danger.

Si l'on a mis son enfant au lit dans les meilleures conditions possibles, mais qu'il nous suit quand on quitte la chambre, il

ZOOM SUR LE CERVEAU

Les enfants peuvent être très sensibles à la séparation au moment du coucher. Lorsqu'un bébé a peur d'être seul, son hypophyse envoie l'hormone corticotrope vers ses glandes surrénales, qui sécrètent une grande quantité de cortisol, une hormone du stress (voir page 41). On sait que chez les mammifères, plus on laisse les petits seuls, plus leur taux de cortisol augmente[25]. Même quand les signes de détresse extérieurs comme les pleurs et l'agitation s'apaisent, le niveau de cortisol reste élevé et continue d'augmenter.

À long terme, les accès répétés d'angoisse liée à la séparation peuvent entrainer une hyperréactivité au stress. Les adultes qui en souffrent ont des difficultés à se calmer.

En revanche, un enfant que l'on rassure et cajole au moment d'aller au lit bénéficie d'un afflux d'ocytocine et d'opioïdes dans son cerveau, qui l'aident à s'endormir paisiblement.

Les systèmes concernés par la réaction au stress

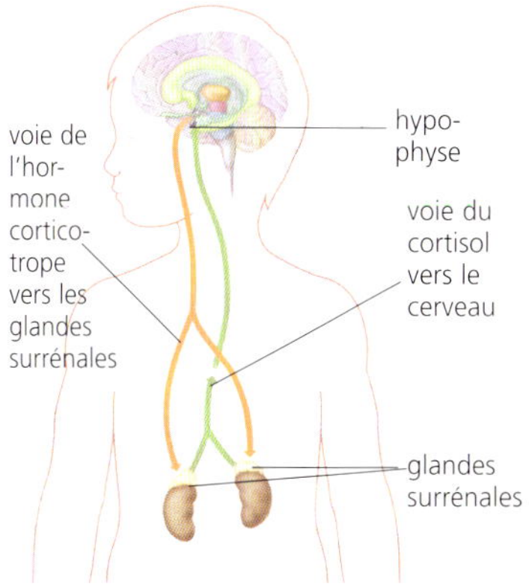

Pourquoi faut-il toujours livrer bataille au moment du coucher ?

Quand un enfant fait une scène au moment d'aller au lit, trop de parents y voient une volonté de s'affirmer, au lieu d'une simple manifestation de la panique déclenchée dans son cerveau. Quand l'enfant pleure pour que ses parents ne le laissent pas seul la nuit, il réagit comme n'importe quel petit mammifère. Il ne s'agit pas d'une tentative de manipulation, mais d'un effet provoqué par l'action puissante du système hormonal situé dans le cerveau mammalien.

Il s'accroche désespérément à moi au moment d'aller au lit. Que dois-je faire ?

Si un enfant a besoin de s'agripper à sa mère au moment d'aller dormir, il faut le laisser faire. Les enfants se conduisent ainsi quand ils se sentent en danger. Ils cherchent à inverser l'équilibre hormonal négatif de leur cerveau, car au contact de leurs parents, leur cerveau active la sécrétion d'opioïdes et d'ocytocine, qui font baisser le taux d'hormones du stress. Parfois l'angoisse d'un enfant augmente à cause d'un petit incident qui l'a perturbé. Si nous reprenons ensemble le fil de sa journée, cela l'aidera à se remémorer toutes ses émotions. Nous-mêmes, nous n'arrivons pas toujours à dormir quand des soucis continuent à nous préoccuper parce que personne ne nous a aidés à les résoudre. Et bien, c'est exactement la même chose pour les enfants.

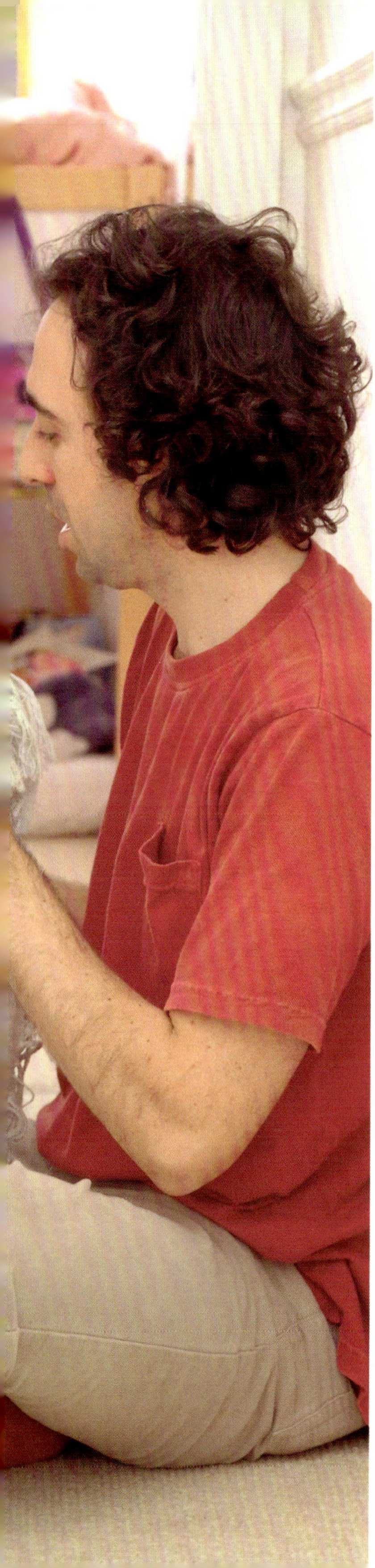

faut le remettre aussitôt au lit, en lui expliquant qu'il n'a rien à craindre et qu'on sera là à son réveil. Pas question de le laisser pleurer et de le poser dans son lit comme un vulgaire sac de patates avant de partir. Cela provoquerait une situation de rupture risquant d'activer son système PANIQUE/DÉTRESSE. Il faut lui redire qu'il est en sécurité, qu'on l'aime et lui faire un câlin. Le même processus doit être répété chaque fois que l'enfant sort de son lit.

S'il commence à être angoissé, c'est que la méthode ne lui convient pas pour l'instant (n'oublions pas que son cerveau est encore très immature et vulnérable). Dans ce cas, asseyons-nous plutôt sur son lit jusqu'à ce qu'il se sente suffisamment en sécurité pour s'endormir.

Éviter le marchandage de la porte ouverte

Cette méthode consiste à dire à l'enfant qu'on va fermer la porte de sa chambre s'il ne reste pas sagement dans son lit. Elle fonctionne parce qu'elle active le système PEUR. L'idée que la porte puisse être fermée, l'isolant entièrement de ses parents, est si effrayante pour lui que l'enfant reste au lit. Mais en ayant recours à cette technique, on peut faire monter dangereusement le taux de cortisol de l'enfant (voir pages 40-41). Pendant des siècles, on a forcé les enfants à bien se conduire en activant leur système PEUR. On sait aujourd'hui que l'activation répétée de ce système durant l'enfance peut provoquer plus tard des troubles de l'anxiété.[26]

Se laisser guider par la science pour choisir la bonne méthode d'apprentissage

Des études sur les mammifères ont prouvé que le son de la voix maternelle a des vertus anxiolytiques pour un bébé privé de sa mère.[27] On peut donc donner à son enfant une cassette sur laquelle on a enregistré quelques paroles réconfortantes, du type : « Coucou, mon ange, tu es en sécurité. Et je t'adore », ou son histoire favorite. Ainsi, si son taux d'opioïdes baisse pendant la nuit et qu'il est angoissé, il pourra toujours mettre en route le lecteur placé à côté de son lit.[28]

Les siestes sont importantes pour les tout-petits. Mais on est parfois tenté de mettre un enfant au lit juste parce que cela nous arrange. Il est inutile de forcer un enfant à faire la sieste alors qu'il n'en a plus besoin. Les enfants peuvent s'endormir partout, sur le canapé, dans une poussette ou dans la voiture, s'ils sont vraiment fatigués.

Lui donner quelque chose qui a notre odeur

L'odeur maternelle agit aussi fortement sur le cerveau de l'enfant. C'est pourquoi on peut lui donner pour la nuit un vêtement qui porte notre odeur. Le fait de placer un tissu imprégné de lait maternel dans son lit s'avère encore plus efficace pour un nourrisson. En effet, le bulbe olfactif qui perçoit les odeurs est situé juste à côté de l'amygdale, cette partie du cerveau qui déclenche de puissantes associations émotionnelles.

Créer un espace de sommeil agréable

On sait que les opioïdes peuvent être libérés dans le cerveau lorsqu'on pénètre dans un lieu familier et agréable. La chambre de l'enfant doit donc être un véritable refuge pour lui. Selon son âge, il peut participer à sa décoration en choisissant les draps, les posters, etc.

Massage, doudous et récompenses

Plusieurs études ont démontré que les enfants en âge préscolaire ayant été massés avant de se coucher ont moins de difficultés à s'endormir et un cycle de sommeil plus régulier.[29] On peut aussi encourager l'enfant à se choisir un doudou, qui favorisera la sécrétion d'hormones apaisantes. Reste la méthode de la récompense : pour chaque nuit passée dans son lit, l'enfant a droit à un autocollant, et un certain nombre d'autocollants lui permet d'avoir un petit cadeau.

À retenir

• Les bébés sont de mauvais dormeurs. S'ils ont du mal à s'endormir, ce n'est pas forcément parce que leurs parents s'y prennent mal.

• Dormir avec son bébé est une pratique courante dans de nombreux pays. Elle ne présente aucun danger, à condition d'observer quelques règles de sécurité.

• Le contact peau à peau et la proximité corporelle pendant la nuit peuvent jouer un rôle fondamental pour la santé physique et mentale d'un enfant, en régulant ses systèmes cérébral et corporel immatures.

• Laisser pleurer un enfant jusqu'à ce qu'il s'endorme l'expose à une altération des systèmes immatures de son cerveau.

• L'apprentissage du sommeil ne passe pas forcément par les larmes. La méthode douce est tout aussi efficace et inoffensive à long terme.

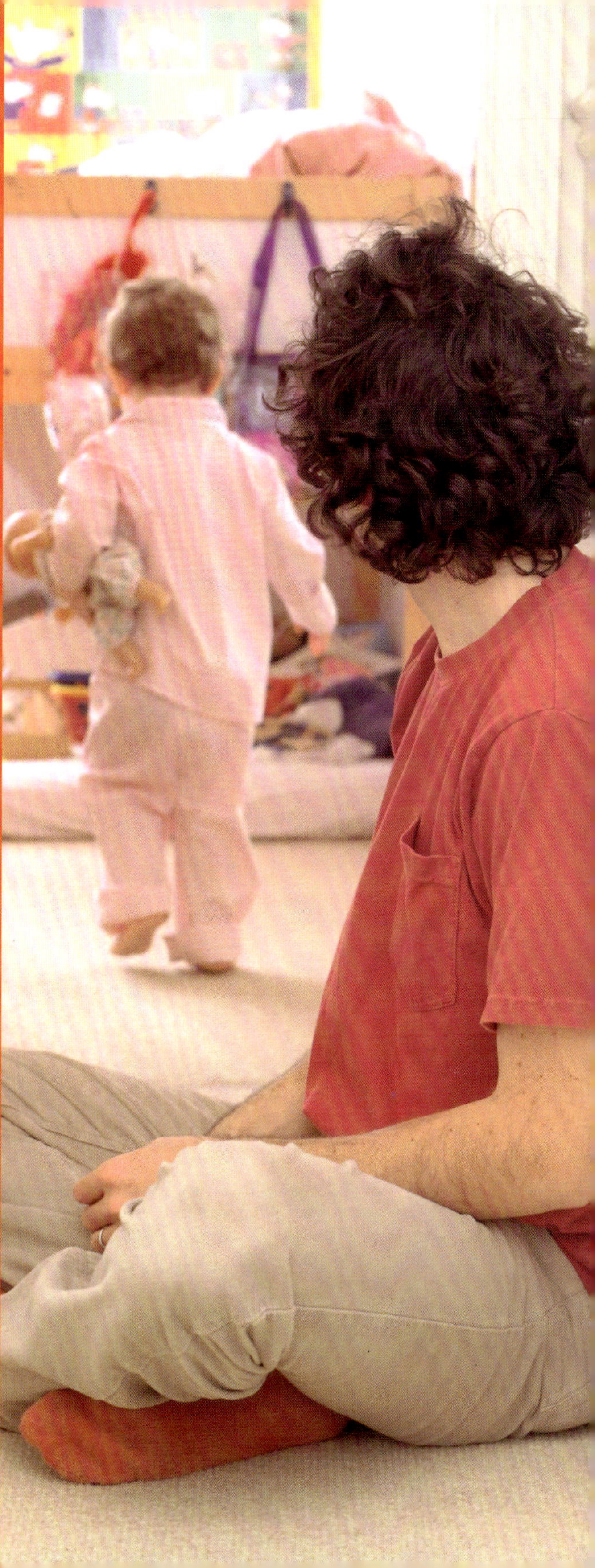

La chimie de l'amour et de la joie

Ce chapitre explique comment offrir à votre enfant la possibilité de grandir avec une merveilleuse aptitude pour la joie et la capacité d'aimer sereinement et sans souffrance. Il parle de l'amour, depuis celui qui relie un enfant à ses parents, jusqu'à celui qui se développe entre deux adultes. Aimer, c'est se sentir intensément vivant, et inversement, sans aimer pleinement, impossible de vivre pleinement. Ce chapitre explore aussi l'influence d'une éducation ludique et la façon de développer chez l'enfant une aptitude au plaisir, à l'humour et à la spontanéité ainsi que d'encourager sa capacité à « s'envoler » avec les autres dans la vie.

Le pouvoir des hormones

Les hormones et les neurotransmetteurs sont ces puissantes substances chimiques diffusées dans le corps et le cerveau et qui gouvernent nos humeurs. On connaît leur effet sur la sexualité, mais selon leur type, elles nous affectent de bien des façons différentes en jouant sur nos émotions, perceptions et réactions.

Le paradis hormonal

Comme l'explique la neuroscientifique Candice Pert : « Chacun de nous possède sa propre pharmacie interne qui fabrique à moindre coût tous les médicaments dont notre corps et notre esprit ont besoin.[1] » Les hormones naturelles et les substances neurochimiques, présentes naturellement dans le corps et le cerveau, non seulement influencent notre humeur, mais nous permettent aussi de rester en parfaite santé. Un excès de stress relationnel dans l'enfance peut nous priver de cette formidable « pharmacie intérieure ».

Quand les opioïdes et l'ocytocine prédominent dans le cerveau, le monde qui nous entoure paraît amical et accueillant

Quand elles sont libérées en même temps, ces substances neurochimiques nous procurent un profond sentiment de calme et de contentement, qui nous permet de supporter toutes sortes de stress. Si un enfant est entouré d'amour et de calme, son cerveau est à maintes reprises dominé par l'ocytocine et les opioïdes, et il se sent ainsi parfaitement apaisé, en sécurité et comblé. Il y a des chances pour qu'il soit alors plus à même de profiter de :

- sa capacité à savourer chaque instant ;
- sa capacité à vivre le moment présent ;
- sa capacité à se laisser porter et à lâcher prise.

En faisant régulièrement l'expérience de cet état neurochimique, il va commencer à voir le monde avec intérêt et émerveillement, sans se sentir menacé ou effrayé. De plus, il

SACHEZ QUE…

Un enfant vient se « recharger » lorsqu'il se précipite soudain sur les genoux de ses parents alors qu'il était en train de gambader joyeusement. Quelques secondes ou quelques minutes de répit, et il repart pour un tour. Il vient en fait « refaire le plein émotionnel[2] » pour rétablir son équilibre chimique cérébral favorable au bien-être. Si un tout-petit agit ainsi avec vous, prenez-le comme un compliment : il vous considère comme une source d'opioïdes.

devient plus résistant à la douleur et au stress qui sont inévitables au cours d'une vie.[3]

L'enfer hormonal

Si un enfant est régulièrement confronté à la peur et à la colère à cause d'une éducation trop stricte, où se mêlent beaucoup de cris, d'ordres, de reproches et de réprimandes, la sécrétion d'opioïdes et d'ocytocine dans son cerveau risque d'être bloquée. Chez un enfant privé de réconfort, de calme et de tendresse, le corps et le cerveau peuvent s'habituer à supporter des taux élevés de cortisol, d'adrénaline et de noradrénaline, libérés en masse par les glandes surrénales en période de stress. L'enfant risque alors de se sentir menacé et anxieux en permanence.[4]

Quand le cortisol est libéré en quantité trop importante dans le corps et le cerveau, le monde qui nous entoure paraît hostile et agressif

Un taux élevé de cortisol fait qu'on se sent abattu, peureux et malheureux, et que nos pensées, émotions et perceptions sont voilées par un sentiment d'insécurité et de danger, comme si tout ce que nous devions faire était insurmontable.

L'adrénaline et la noradrénaline affectent aussi fortement notre humeur. De plus, elles incitent le cœur à battre plus vite et plus fort, le foie à produire du glucose, les réserves de graisse à libérer des graisses et les muscles à mobiliser leurs réserves énergétiques. Quand ces hormones sont à leur niveau optimal, nous avons l'esprit vif et les pensées claires, mais en quantité excessive, elles génèrent l'angoisse ou la colère, ou les deux à la fois. Nous éprouvons un vif sentiment de danger, réel ou imaginaire, et notre corps entre en hyperexcitation, activant toutes les pulsions d'attaque ou de fuite (repli sur soi) du cerveau inférieur. La recherche montre que les toutes premières expériences éducatives d'un enfant influencent fortement la façon dont ses hormones du stress seront libérées plus tard.[6] Si elles le sont en trop grande quantité, l'enfant risque de vivre un véritable enfer :

ZOOM SUR LE CERVEAU

Les opioïdes sont des substances neurochimiques aux multiples fonctions, parmi lesquelles le soulagement de la douleur. L'endorphine, notamment est une « morphine endogène », naturellement fabriquée par le corps. Les opioïdes nous apportent aussi un sentiment de bien-être diffus.

L'ocytocine est capitale pour qu'un enfant se sente apaisé et en sécurité, car elle inhibe les mécanismes de réponse au stress (voir page 40). Libérée par l'hypophyse, elle déclenche une réaction chimique en chaîne, au cours de laquelle les glandes surrénales sont amenées à ralentir la sécrétion de cortisol.[5]

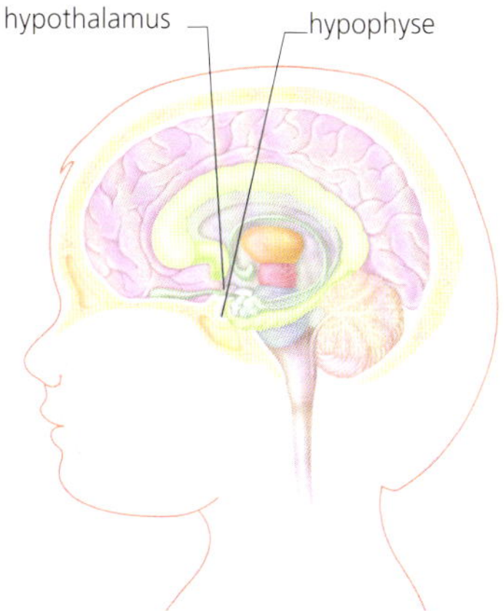

Les opioïdes, libérés par un groupe de cellules situé dans l'hypothalamus, possèdent des récepteurs dans tout le cerveau. L'ocytocine est sécrétée par l'hypophyse.

CHEZ LES ANIMAUX

Des études sur les mammifères nous renseignent sur les conséquences des contacts physiques sur les petits.

- Plus les mères sont physiquement proches de leurs petits, moins ceux-ci sont peureux en grandissant, et tout au long de leur vie. À l'inverse, les bébés qui ont peu de contacts physiques avec leur mère se montrent plus craintifs une fois adultes.
- Plus la mère est démonstrative avec ses petits, plus ceux-ci deviennent psychologiquement stables. Adultes, ils sont confiants, et ce sont des parents attentifs, avec des enfants plus calmes.
- Les bébés ayant bénéficié de contacts physiques vieillissent mieux, avec moins de dégénérescence cérébrale. Ils sont aussi moins anxieux et plus curieux quand ils changent d'environnement. Enfin, ils gèrent mieux le stress.[9]

plongé dans un état d'hyperexcitation permanent, il se sentira constamment menacé. Ce sentiment d'insécurité peut même finir par gagner sa perception de lui-même et des autres. Il vivra alors dans un perpétuel état de méfiance et adoptera l'une des deux principales attitudes qui y sont associées : l'isolement ou l'attaque.[7]

Des contacts tendres et chaleureux

Il est malheureusement impossible d'injecter de l'ocytocine à un enfant ou un adulte (elle ne monte pas jusqu'au cerveau) ou d'en ingérer (elle disparaît lors de la digestion). En réalité, seule une relation tendre et affectueuse peut entraîner la sécrétion de cette substance dans le cerveau humain. En résumé, si nous voulons que nos enfants grandissent dans la paix et la sécurité, en se sentant bien dans leur peau et à l'aise avec les autres, nous devons sans arrêt les couvrir d'affection, les cajoler et les réconforter.[8]

Un tendre rapprochement physique parents-enfant, quel qu'il soit, peut être bénéfique

Lui faire des câlins, des bisous, le serrer dans ses bras, le masser (voir page 47), l'endormir en le tenant tout contre soi sont autant de gestes bienfaisants pour un enfant. Ces moments privilégiés qu'il passe en tête-à-tête avec un parent tendre et aimant activent les opioïdes et l'ocytocine dans son cerveau. Lorsqu'il est allongé contre notre corps apaisé, les opioïdes et l'ocytocine envahissent peu à peu son cerveau. C'est un moment délicieux pour lui comme pour nous. Mais pour cela, il est essentiel que nous soyons calmes, afin que les opioïdes et l'ocytocine prédominent dans notre propre cerveau. Il faut surveiller notre humeur, car si nous nous allongeons angoissés ou tendus à côté de notre enfant, nous ne réussirons qu'à provoquer chez lui la sécrétion d'hormones du stress.

Ne pas oublier de cajoler les plus grands

Les effets du toucher sur le cerveau des plus grands sont tout aussi puissants. Si on cultive les moments de tendresse jusqu'à l'adolescence (à condition, bien sûr, que l'enfant soit demandeur), cela peut faciliter les rapports souvent difficiles durant cette période. Cela vient du fait que l'ocytocine libérée au moment des câlins renforce et prolonge le lien parental (voir aussi page 99).[10]

« Ces substances chimiques qui agissent sur les émotions sont un véritable don de la nature. »
Professeur Jaak Panksepp

« Prends-moi dans tes bras. »

Seul un contact corps à corps provoque la sécrétion des substances anxiolytiques. Bien souvent, un bébé continue à hurler dans son siège quand ses parents tentent de le consoler en le berçant. Mais à peine le prennent-ils dans leurs bras qu'il se calme en quelques secondes.

L'amour de A à Z

Nous avons tous un système génétiquement installé dans le cerveau qui nous donne la capacité d'aimer ; c'est le système SOINS (attachement). Mais ce système dépend des expériences vécues, ce que signifie que la façon dont il va s'exprimer (ou non) dépend du type d'expérience que nous faisons, en particulier de celles que nous faisons pendant l'enfance.

SACHEZ QUE...

C'est souvent dès le plus jeune âge que l'on apprend à construire des relations amoureuses. L'amour et la tendresse des parents constituent en effet un modèle pour les enfants. Sur cette photo, Lisa, quatre ans, est très tendre avec son petit frère, car elle reproduit l'attitude que ses parents ont eue envers elle.

Deux manières d'aimer

Un amour peut être serein ou tourmenté. S'il est serein, il est associé à un profond bien-être. L'être aimé nous sécurise et donne du sens à notre vie sans qu'on l'idéalise pour autant, et notre relation est basée sur la confiance. À l'inverse, une histoire d'amour tourmentée atteint des sommets d'exaltation mais peut être gâchée par la jalousie, des accès de rage ou la peur de la dépendance et de l'abandon. On fait alors difficilement confiance à la personne aimée, d'où un incessant besoin d'être rassuré et un comportement possessif, qui risquent de détruire la relation ou de nous pousser à la fuir. La manière dont on aime son enfant, et tout ce que cela implique dans son cerveau, préfigure la façon dont il aimera lui-même.

Dans ce chapitre, je parlerai de la science de l'amour entre parents et enfant, et de la façon dont cela se répercute sur la capacité de l'enfant à former des liens gratifiants plus tard. Dans les pays occidentaux, près de deux mariages sur trois finissent par un divorce et la moitié de tous les couples qui vivent ensemble (sans être mariés) se séparent avant le cinquième anniversaire de l'enfant.[11] La moitié de tous les enfants connaîtront la séparation de leurs parents avant d'avoir 16 ans.[12] Cela signifie que des millions de personnes savent ce que c'est qu'aimer dans la tourmente et/ou ont souffert de faim émotionnelle dans leurs premières relations.

Ce chapitre a pour but d'aider les parents à éviter que leur enfant ne souffre de cette manière plus tard. Ses premières expériences avec eux auront une énorme influence sur la manière dont les systèmes génétiquement inscrits dans son cerveau pour l'amour et la chaleur humaine se déploieront.

La science et la psychologie d'une relation sereine

Que ce soit entre un enfant et son parent, ou dans un couple adulte, avoir une relation sereine signifie que la plupart du temps l'autre nous donne un profond sentiment de sécurité dans le monde, une grande sensation de bien-être et une véritable compréhension. Nous savons que la personne que nous aimons ne cherchera pas à nous effrayer, ne nous manquera pas de respect, et si elle nous blesse ou nous met en colère (ce qui arrive inévitablement dans des moments d'incompréhension), nous savons qu'elle écoutera notre point de vue et cherchera une voie de conciliation. Quand nous aimons profondément nous nous sentons intensément vivants. Donc, que se passe-t-il dans le cerveau qui permet d'être ainsi, et quel lien cela a-t-il avec l'éducation par les parents ?

Activation du système SOINS (attachement)

Quand un enfant vit une relation affective sereine, le système SOINS (attachement) situé dans son cerveau inférieur est activé de façon répétée et constante. De plus quand il ressent de la colère, de la peur ou de la détresse, ses parents l'aident à faire face ; ils l'apaisent et le calment, ils l'écoutent, sans lui répondre « ce n'est pas grave ». L'enfant transporte alors son parent dans son esprit comme une « base de sécurité » et sait que s'il est blessé, effrayé ou malheureux, son parent réagira de façon sensible, accordée. De plus, les enfants à l'attachement sécure savent que quand ils se sentent joyeux, excités ou fiers, leurs parents les rejoindront dans ces états pleins d'énergie avec des paroles, du dynamisme et un ton de voix adaptés. En bref, un attachement sécure, c'est « rencontrer l'enfant dans sa souffrance et rencontrer l'enfant dans sa joie ».[13]

Aimer sereinement active des cascades de délicieuses substances de bien-être dans le cerveau, dont les opioïdes (voir page 87). Comme je l'ai décrit, c'est quand ces cascades sont déclenchées encore et encore que nous nous sentons chauds, expansifs, forts, et que tout va bien. Ce sentiment est encore plus intense si nous sommes physiquement affectueux avec ceux que

SACHEZ QUE...

En grandissant, un enfant capable d'aimer sereinement pourra :

- bien choisir ses partenaires, en allant vers les personnes qui lui conviennent et en évitant les autres ;
- construire des relations amoureuses durables et épanouissantes ;
- faire preuve de tendresse, de gentillesse, de compassion et de passion ;
- être à l'écoute des autres, les calmer, les réconforter et les soutenir ;
- donner de lui à la personne qu'il aime ;
- être à la fois un amoureux et un amant ;
- entretenir une relation amoureuse grâce aux compliments, à l'enthousiasme, aux petites surprises, et aussi en partageant ses pensées et ses sentiments les plus intimes, même quand cela est difficile.

« Des relations sereines nous procurent également une sensation de paix intérieure. »

nous aimons ; le toucher dans ce contexte libère de l'ocytocine (voir page 88) qui sensibilise le système opioïde. L'ocytocine et les opioïdes sont des substances anti-agressivité et anxiolytiques, donc quand elles sont libérées, nous ne nous sentons pas anxieux ou inquiets et nous ne sommes pas en colère. De plus, quand elles sont activées chez notre enfant, il construit aussi sa résilience et son aptitude à gérer les inévitables moments douloureux et stressants de sa vie.[14]

La chimie d'un attachement sécure enrichit la qualité de vie

Un attachement sécure donne à notre enfant :

• **La capacité d'admirer et de s'émerveiller, de savourer et de profiter du moment.** En vivant régulièrement des états de bien-être neurochimiques, notre enfant accueillera le monde avec intérêt et émerveillement et pas avec inquiétude ou peur. L'activation du système SOINS dans une relation parent-enfant nous permet de vivre des états d'admiration et d'émerveillement, de nous sentir à l'aise et détendus, et ainsi de recharger nos batteries.

• **La capacité de donner de la tendresse et de la compassion.** Quand le système SOINS travaille de façon coordonnée avec le cerveau supérieur, nous ressentons de la compassion et de l'empathie et nous agissons avec générosité. S'ils ont été élevés de façon sécure et affectueuse, certains primates, comme nous, aident d'autres animaux en détresse. Le neuroscientifique Jean Decety, par exemple, a montré qu'un rat sans souci choisit de libérer un rat piégé plutôt que de manger un morceau de chocolat (une friandise pour les rats !). Et après avoir libéré son camarade piégé, il partage le chocolat avec lui.[15]

• **Une force psychologique.** Les scientifiques ont montré que la force psychologique aussi est médiée par les opioïdes. Les enfants à l'attachement sécure tirent bénéfice de la résilience, ce qui signifie qu'après le choc d'une mauvaise nouvelle, ils peuvent se calmer et réfléchir (après la dérégulation initiale qui perturbe tout le monde). L'attachement sécure signifie aussi avoir la capacité de chercher l'aide d'une autre personne, plutôt que de se

Une capacité d'émerveillement est essentielle si nous voulons passer de l'ordinaire et du quotidien au prodigieux et à l'extraordinaire. C'est aussi la clé pour reconnaitre la beauté des personnes, de la musique, de la nature et des créations humaines époustouflantes. L'émerveillement nous montre ce qui est possible… et est donc l'antidote des sentiments de défaite ou de désespoir.

« J'adore être avec toi. »

La force émotionnelle et la qualité de l'amour qu'on porte à son enfant ont une influence directe sur les relations qu'il entretient avec les autres. Si on se montre naturellement et spontanément affectueux, l'enfant sera amené à se conduire de la même façon avec les autres. Si on est enchanté à sa simple vue, et qu'on le lui montre, il sera lui aussi capable d'éprouver du plaisir à être avec les autres. Si on lui montre son amour en s'amusant et en jouant avec lui, il se construira de façon à pouvoir apporter de la gaieté dans ses propres relations sociales.

La solidité du lien d'amour serein qu'un enfant développe avec son parent est directement liée aux nombreux moments passés ensemble qui déclenchent la sécrétion d'opioïdes, d'ocytocine et de prolactine dans son cerveau. Un parent qui prend son enfant dans ses bras aimants quand il pleure, et qui le jette en l'air quand il est joyeux, et qui le couvre de délicieux chatouillis et de bisous sur le ventre, prépare la formation d'un lien profond d'amour. Ces simples réactions activent fortement les substances du lien.

CHEZ LES ANIMAUX

Écureuil, lapin, félin ou humain, tous les mammifères bénéficient d'un extraordinaire système de production d'opioïdes dans leur cerveau. Nous sommes donc tous capables de ressentir un bien-être et une satisfaction intenses. Des découvertes essentielles ont été faites dans le domaine des substances neurochimiques responsables du lien affectif. Des chercheurs ont comparé des mammifères ayant une faible et une forte production cérébrale d'ocytocine. Les premiers n'ont pas réussi à établir des relations suivies et ont préféré vivre seuls. Une fois leurs ébats amoureux terminés, ils ont abandonné leur partenaire.

Les autres ont montré une nette préférence pour un partenaire. Ils ont également paru aimer être ensemble et se sont avérés moins agressifs. En injectant de l'ocytocine dans le cerveau des animaux agressifs et isolés, les chercheurs ont constaté une baisse importante de leur agressivité.[19]

tourner vers les drogues, l'alcool, la nourriture, les cigarettes ou l'automutilation pour se calmer.

- **La popularité et la confiance sociale.** La recherche montre que les humains et les animaux préfèrent passer plus de temps avec ceux qui ont une forte activation de leurs molécules de bien-être. Les personnes qui activent les opioïdes dans notre propre cerveau nous donnent un sentiment de bien-être et de chaleur, elles font briller notre soleil.[16]
- **Une meilleure santé physique.** L'enfant a plus de chance d'avoir une bonne santé puisque son système immunitaire profite de cet attachement sécure.[17]

La science et la psychologie d'une relation tourmentée

Par contre, que ce soit entre un enfant et son parent ou dans un couple adulte, une relation tourmentée est gâchée par la peur et la souffrance psychologique. Les systèmes stimulés dans ce cas sont la COLÈRE, la PEUR et la PANIQUE/DÉTRESSE (voir page 29). Le parent ou l'enfant peut détruire l'amour qu'il y a entre eux, ou s'encourir. Ni le parent, ni l'enfant n'ont les moyens ou la motivation pour réparer la relation et se reconnecter après les inévitables malentendus et blessures survenant dans toute relation intime. Une relation tourmentée se caractérise par des menaces de séparation ou des séparations, et libère de façon répétitive des hormones de stress qui mènent à des problèmes de santé, de la tristesse et une vie plus courte.[18]

Quand la relation avec son parent maintient l'enfant dans un amour tourmenté, il est probable qu'il vivra aussi ses relations adultes de la même façon. L'enfant peut :

- **Être incapable** d'avoir des relations amoureuses durables, qui vont au-delà de la lune de miel ;
- **Être instable** en amour : capable de devenir proche de quelqu'un très vite, il s'en éloigne tout aussi rapidement ;
- **Aimer de façon si étouffante** qu'il fait fuir tout le monde, y compris ses enfants ;
- **Avoir ses sentiments amoureux gâchés** par des rapports de pouvoir et de contrôle, de soumission et de domination ;

• **Découvrir que son amour suscite la peur** de l'autre, ou rester dans une relation destructrice ;
• **Ne jamais oser aimer.**

« Il y a des mécanismes biologiques derrière les comportements humains les plus sublimes. »
Antonio Damasio

L'éducation se répercute sur la façon d'aimer

La façon dont le parent aime son enfant influence énormément la façon dont il aimera à l'âge adulte, sereinement ou dans la tourmente. Les interactions parent-enfant ont un impact à long terme sur les systèmes génétiquement inscrits dans le cerveau inférieur : SOINS (attachement), RECHERCHE, JEU (amour serein) ou COLÈRE, PEUR et PANIQUE/DÉTRESSE (amour tourmenté). Bien entendu, l'amour d'un enfant pour un parent n'est pas automatique, aucun parent ne peut commander à son enfant de l'aimer.

ZOOM SUR LE CERVEAU

Le système SOINS (attachement) s'étend dans tout le cerveau inférieur. En font partie :
• le gyrus cingulaire antérieur ;
• certaines zones de l'hypothalamus ;
• l'aire tegmentale ventrale (ATV).
Les opioïdes, sécrétés par diverses régions du cerveau, dont le gyrus cingulaire antérieur et l'hypothalamus, ainsi que la prolactine et l'ocytocine, libérées par l'hypophyse, sont les principales substances chimiques de ce système.

Lorsque nous sommes passionnément amoureux, l'ATV produit de la dopamine dont l'effet est proche de celui de la cocaïne et stimule un réseau de voies nerveuses dans le cerveau inférieur et les lobes frontaux. L'ATV pourrait jouer un rôle dans les comportements affectifs.

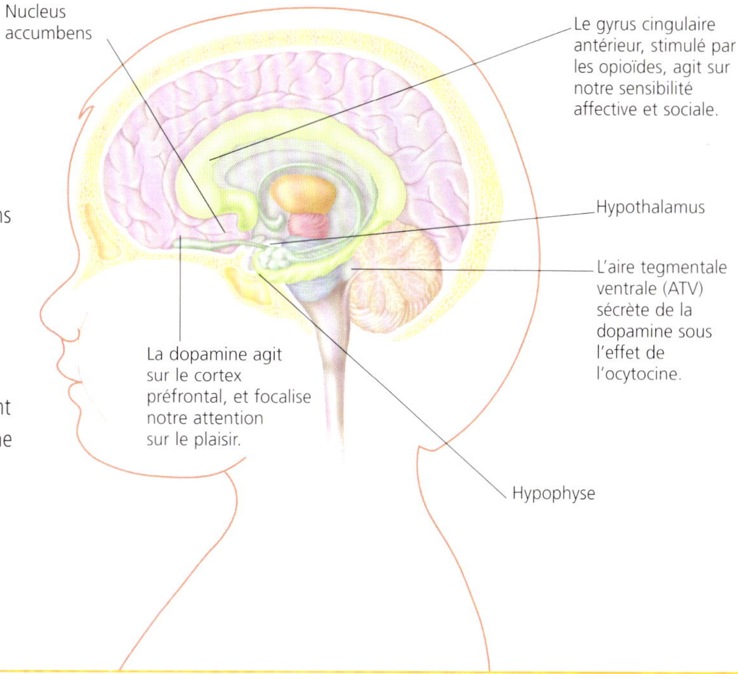

Préparer son enfant à des relations sereines

Comment s'assurer que son enfant aura des relations sereines et non tourmentées ? Certains parents pensent erronément que pour qu'un enfant soit attaché de façon sécure, il suffit de l'aimer. Ce n'est pas si simple. Un attachement sécure signifie que l'enfant a confiance dans la capacité de l'adulte à réagir de façon sensible et accordée chaque fois qu'il ressent un besoin émotionnel.

En apportant à un enfant beaucoup d'affection, à travers les jeux et les câlins, on renforce le lien affectif qui unit le parent et l'enfant. Un tendre contact physique active la production d'ocytocine et d'opioïdes dans son cerveau : il se sent alors apaisé et confiant en l'amour qui lui est porté.

La science des réactions émotionnelles accordées

Les réactions émotionnelles accordées, ou synchronie maternelle, ont lieu chaque fois que les parents lisent avec précision et empathie les signaux envoyés par leur bébé ou leur enfant ; on dit qu'ils sont « accordés ». La recherche montre que parents et nourrissons s'influencent l'un l'autre dans des interactions face-à-face à des intervalles aussi courts qu'un tiers de seconde ![20] Un enfant ressent cela comme un lien profondément vivifiant avec son parent. Pour offrir des réactions émotionnelles accordées, il faut être attentif et penser toujours à la façon d'aborder son enfant, se rappeler qu'il a besoin d'empathie. Sommes-nous trop rudes, trop intrusifs, ou trop anxieux ? Est-ce que notre voix est trop dure, trop irritée, ou peu enthousiaste pour féliciter notre enfant ? Il faut penser à tout cela, quoi qu'on fasse, par exemple en changeant son lange, en l'habillant ou en jouant avec lui. Avec un enfant plus âgé, il faut réfléchir à notre façon de le discipliner, de le féliciter, de l'aider dans ses relations d'amitié. Dans les premières années, quand un enfant a besoin après besoin après besoin, il est important de voir cela comme une recherche d'attachement (qui demande une régulation émotionnelle) et pas comme une recherche d'attention (qui est parfois punie).

L'importance de réparer la relation

À lire tout cela, beaucoup de parents vont se sentir coupables : on dirait qu'il faut des qualités surhumaines d'attention sensible et d'empathie, et que cela ne tient pas compte de toutes les pressions sur le parent actuel. Voici de quoi les rassurer ! Le psychologue développemental américain, Ed Tronick, a mené une recherche essentielle. Il a posé à des parents dont les enfants étaient attachés de façon sécure cette question : combien de fois devez-vous vous accorder à votre bébé ou à votre enfant pour avoir un enfant attaché de façon sécure ? Il a trouvé qu'un tiers du temps, ces parents étaient très bien accordés et un tiers du temps ils ne l'étaient pas, mais ils réparaient cela en réalisant qu'ils étaient mal accordés (c'est ce qu'on appelle la « réparation interactive », voir page 159). Le reste du temps, ils n'étaient pas bien accordés. Cependant, deux tiers du temps, c'était suffisant pour que l'enfant soit attaché de façon sécure et donc profite de la vie de toutes les manières décrites plus haut.[21]

Que se passe-t-il dans le cerveau des parents qui permettent à leur enfant d'être attaché de façon sécure ?

La recherche montre que si des parents sont capables d'offrir un attachement sécure, les systèmes de récompense sont activés dans des zones de leur cerveau appelées le nucleus accumbens et l'aire tegmentale ventrale (voir page 95). L'enfant réalise combien il fait plaisir à son parent et les substances chimiques de récompense stimulent aussi les mêmes zones de son cerveau[22] et cela devient un cycle mutuellement gratifiant.

Les parents qui permettent à leurs enfants de s'attacher de façon sécure sont aussi capables la plupart du temps de libérer des substances calmantes de bien-être qui vont calmer et réguler leur enfant. Il se produit aussi une activation des zones de leur propre cerveau associées à la théorie de l'esprit, à la régulation émotionnelle et à l'empathie (cortex préfrontal). En d'autres mots, la science nous montre que les parents gardent l'esprit de leur enfant à l'esprit.[23] Par contre, des parents qui sont souvent mal accordés sont sous l'effet des hormones du stress quand ils sont avec leurs enfants.[24] C'est particulièrement le cas pour des parents avec un niveau élevé d'excitation (parents intrusifs) ou un niveau trop faible (une mère dépressive).

TRANCHE DE VIE

Un père et son fils Éric, 3 ans, sont dans un restaurant chic. Éric fait joyeusement rouler son petit train dans son assiette de spaghettis. Son père lui dit durement : « Arrête ça tout de suite. » Cela effraie Éric mais il est attaché de façon sécure, donc il se précipite dans les bras de son père pour être réconforté. Papa s'excuse et dit : « Je suis désolé. Je voulais que tu enlèves ton jouet de ton assiette, mais je n'aurais pas dû te le dire avec une voix qui t'a fait peur. » Éric arrête de pleurer et s'assied en souriant.

« La théorie de l'esprit est la capacité d'attribuer, à soi comme aux autres, des états mentaux, croyances, intentions, désirs, connaissances, et de comprendre que d'autres personnes ont des croyances, désirs, intentions et points de vue différents des nôtres. »

L'importance du jeu

Certaines personnes de notre entourage sont particulièrement agréables à côtoyer. Leur vitalité, leur nature expansive, leur chaleur sont communicatives et tout le monde se sent comme illuminé par leur présence. Par comparaison, les autres semblent un peu écrasés et contractés, vivant pour l'essentiel dans une gamme étroite d'émotions sûres. Ils peuvent être très gentils mais nous ne pouvons pas vraiment « nous envoler » avec eux. Nous ne pouvons pas ressentir ces moments partagés de joie intense avec eux, ces moments qui nous font nous sentir incroyablement vivants.

SACHEZ QUE...

Les premières conversations. Certains parents aiment leur enfant immédiatement dès sa naissance. D'autres ont besoin d'un peu de temps, souvent parce qu'ils trouvent qu'un bébé ne devient intéressant que quand il commence à parler. Mais ils ignorent sûrement qu'on peut avoir de magnifiques conversations avec un tout petit bébé (voir page 110) : leur enfant passe alors à côté de merveilleuses occasions de développer son cerveau.

La première histoire d'amour

Aimer un enfant est un cadeau fabuleux, et c'est encore plus extraordinaire quand celui-ci commence aussi à nous aimer. Dans ce chapitre, nous verrons comment construire avec un enfant une relation forte et épanouissante, remplie d'affection et d'instants magiques. Dans l'avant-dernier chapitre, *Pour une meilleure relation* (voir pages 242-59), je vous proposerai des activités qui vous aideront à construire et à entretenir votre relation à travers le jeu. Il est important aussi de savoir que faire si la danse émotionnellement accordée se passe mal ; pour cela, allez voir pages 114-17.

À partir de deux mois et demi, la vision d'un bébé s'aiguise, et il devient possible de passer avec lui de longs moments, les yeux dans les yeux. En effet, les bébés sont fascinés par les visages, ce qui n'est pas le cas avec les objets. Les expressions de joie de notre visage disent à notre bébé combien il est adorable.

Ces tête-à-tête sont fondamentaux pour la construction de l'estime de soi

Les enfants qui ont la chance, dès le plus jeune âge, de vivre de tels moments d'intimité avec leurs parents, s'enrichissent affectivement. C'est parce qu'il est capable de provoquer chez nous un sourire qu'un bébé prend conscience qu'il est charmant et digne d'être aimé, car il peut nous amuser et nous rendre heureux. Les enfants qui n'ont pas bénéficié d'échanges affectifs privilégiés auront probablement beaucoup de mal, plus tard, à se sentir bien dans leur peau.

Des études montrent que les sociétés et les familles dans lesquelles les marques d'affection sont courantes rencontrent beaucoup moins de problèmes liés à la colère et à l'agressivité, même si dans certaines familles les câlins et les petits jeux de contact diminuent fortement quand les enfants ne sont plus des bébés. Ils diminuent encore plus après l'âge de 5 ans et aussi au moment de l'adolescence. Il est tout à fait naturel que les enfants soient plus distants avec leurs parents à l'adolescence, mais ils peuvent s'éloigner bien plus tôt si la relation parents-enfant souffre d'un manque de marques d'affection.[25]

Il est primordial d'aimer ses parents, car cet amour devient souvent un amour de la vie

Prenons l'exemple d'Emma, quatre ans. Elle est tout simplement amoureuse de son père. Alors qu'il pose des petits pots de confiture sur la table pour le petit-déjeuner, elle dit avec un réel enthousiasme : « Tu sais, ce sont les plus beaux pots de confiture que j'aie jamais vus. » L'amour qu'elle voue à son père se transforme déjà en joie de vivre.

Maintenir les marques physiques d'affection pendant l'enfance et l'adolescence

Toute forme de contact physique chaleureux entre un parent et son enfant renforce le lien entre eux. Chaque moment en tête-à-tête avec un parent aimant active les substances du bien-être (voir pages 86-89). Le contact peau à peau est à l'origine du plus puissant des liens (voir page 46).

Dire à un enfant qu'il est « trop grand pour des câlins » sous prétexte qu'il n'est plus un bébé ou qu'il arrive à l'adolescence est une grave erreur. Les enfants qui manquent de contact physique adoptent parfois une attitude défensive : ils se contractent quand leurs parents viennent par hasard les cajoler, ou ils les rejettent ouvertement. En grandissant, ils peuvent même développer des « troubles corporels ». Automutilation, tabagisme, troubles de l'alimentation, abus d'alcool, de drogues ou négligence physique sont autant de signes du manque de réconfort par le contact et de jeux parent-enfant.[26]

Comme nous l'avons expliqué, l'ocytocine ne se prescrit pas. Pour que les enfants grandissent dans le calme et la sécurité, à l'aise dans leur corps, les parents doivent leur procurer des contacts physiques rassurants et les réconforter en les prenant dans leur bras.[27]

Les moments privilégiés

Il s'agit de ces moments de partage avec notre enfant, qui sont essentiels pour qu'il se sente aimé et capable de susciter l'amour. L'émotion qui passe alors entre lui et nous est très forte, et ne doit être perturbée par aucun élément extérieur, comme la télévision ou une console de jeu. Un enfant peut par exemple se pendre au cou de sa mère et lui dire : « Maman, je t'aime. » Si elle le prend dans ses bras, en s'amusant à le faire sauter en l'air, puis qu'elle lui fait un gros câlin, l'enfant se mettra sûrement à rire comme un fou.

Il faut savoir prolonger ces moments pour profiter pleinement de la véritable intimité qui s'installe. Le geste vers l'autre doit être spontané. C'est dans ces moments que l'enfant sent qu'il peut partager ses joies et ses peines, et ce sont ces instants privilégiés qui resteront gravés dans sa mémoire.

Si nous savons être à l'écoute, les enfants ont beaucoup à nous apprendre sur le partage des émotions

Ils peuvent même tout nous enseigner en la matière, ou nous remettre en mémoire ce que nous avons oublié. Les bébés qui ont l'habitude de partager des moments privilégiés avec leurs proches deviennent rapidement des spécialistes. Beaucoup savent incroyablement bien communiquer rien qu'avec leurs yeux. Dans un restaurant, ils sont capables de capter le regard d'un inconnu et de partager avec lui un délicieux moment d'intimité, sans prêter attention à la foule qui les entoure. En revanche, si l'on a soi-même du mal à établir des relations intimes, à cause de l'éducation qu'on a reçue par exemple, notre enfant ne pourra pas compter sur nous pour l'aider à développer ses mécanismes cérébraux liés à l'affectivité.

Les moments de partage sont plus fréquents dans certaines familles que dans d'autres. Dans certaines maisons, on perd tout simplement l'habitude de se réunir pour passer un bon moment ensemble. Cela arrive souvent quand les enfants grandissent :

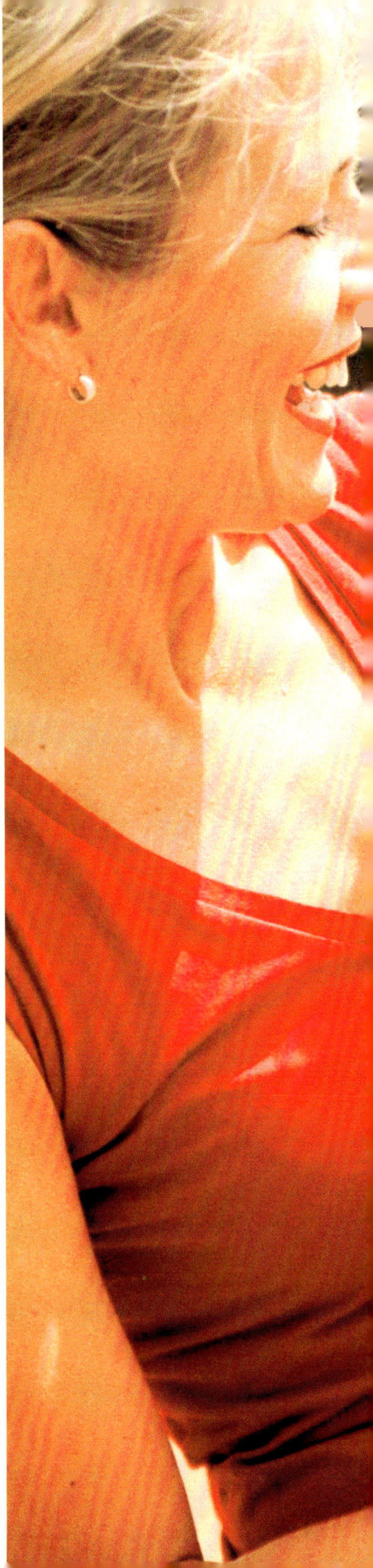

Combien de moments privilégiés partagez-vous avec votre enfant ?

Vous pouvez l'évaluer vous-même en répondant à ce questionnaire. La dernière fois que vous avez passé plusieurs heures avec lui, comment cela s'est-il déroulé ?

- Vous lui avez spontanément fait un câlin ou avez eu des gestes affectueux pour lui. Il vous a spontanément fait un câlin ou donné un baiser, ce qui vous a rempli de joie.
- Vous l'avez spontanément félicité pour une chose qu'il avait faite.
- Vous avez joué avec lui à des jeux de contact ou de bagarre (voir page 106).
- Vous avez échangé avec lui des regards pleins d'affection et d'amour, ou vous avez partagé ensemble un fou rire.
- Vous avez partagé un moment de calme (blottis l'un contre l'autre sur le canapé à lire un livre par exemple).
- Vous avez profité des séparations et des retrouvailles pour partager vos émotions.
- Il a eu besoin de vous dire quelque chose d'important, ou il a simplement eu envie de parler avec vous, et vous l'avez écouté avec attention.

Si une ou plusieurs de ces situations se produisent souvent, vous pouvez vous féliciter ; les rapports que vous entretenez avec votre enfant l'aident à apprendre à aimer sereinement. Si ce n'est pas le cas, inutile de vous affoler. Il est toujours temps de changer les choses (voir pages 260-85).

ZOOM SUR LE CERVEAU

Quand un enfant vit des moments privilégiés avec ses parents, son cerveau sécrète des opioïdes, et parfois aussi de la dopamine quand l'instant partagé présente un caractère nouveau. Des études ont établi un lien entre l'équilibre psychologique et la production cérébrale d'opioïdes. Quant à la dopamine, elle est essentielle pour qu'un enfant profite pleinement de la vie. L'enfant reçoit donc à la fois de l'affection, du bien-être et de la force vitale !

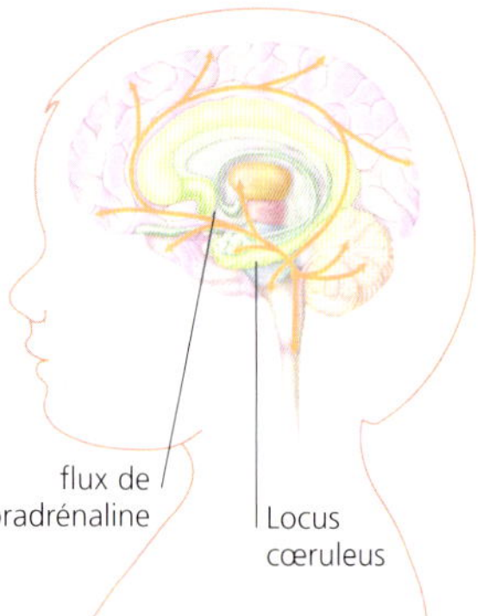

Le locus cœruleus (noyau bleu), situé dans une zone profonde du tronc cérébral, est activé quand quelque chose d'important se produit, un moment de partage avec ses parents par exemple. Il envoie alors un flot de noradrénaline dans le cerveau, ce qui favorise la fixation des évènements, des pensées ou des impressions dans la mémoire. Ces souvenirs heureux accompagneront l'enfant tout au long de sa vie, et lui feront comprendre qu'on peut s'amuser avec lui et que c'est agréable de partager de bons moments avec les autres.

chacun vaque alors à ses activités dans son coin. Il suffit parfois d'un rien pour faire changer les choses. Mais s'il semble impossible de faire marche arrière, mieux vaut demander conseil ou faire appel à un thérapeute familial.

Jouer à la bagarre pour apprendre à aimer sereinement

Le système du cerveau inférieur qui inspire le JEU est tout simplement fabuleux. Il est extrêmement puissant et son rôle est fondamental pour le développement de l'intelligence sociale et émotionnelle, ainsi que pour l'équilibre psychologique en général (voir page 29). Le système JEU est à l'origine de la joie sociale. Il y a des personnes auprès desquelles nous pouvons vraiment nous sentir « transportés », en vivant des moments précieux de joie intense qui nous donnent un sentiment incroyable de vie. En général, le « transporteur » a connu dans son enfance des moments répétés qui ont activé son système cérébral JEU.

Ce système ne s'active pas quand on joue avec des jouets, mais quand une personne entame des jeux physiques avec d'autres, des jeux de bagarre ou de chahut, corps à corps (voir page 106). Plus nous activons le système JEU de notre enfant par des interactions physiques joyeuses, plus son cerveau et son système d'excitation corporelle seront préparés à vivre des états intenses de joie sociale et d'excitation plus tard dans la vie. Cela n'arrive pas tout seul.

La façon dont le système JEU se développe dépend des relations que nous avons connues, en particulier dans l'enfance. De nombreuses personnes peuvent ressentir le plaisir et la jouissance, mais pas la joie de vivre intense parce que leur système JEU n'a pas été suffisamment activé dans leurs relations avec des adultes quand ils étaient enfants.

Activer la joie

La joie est un état physiologique. Si nous ressentons de la joie, cela veut dire que, parallèlement à l'activation des « réserves de joie » du cerveau (les opioïdes en sont une des substances, voir pages 86-87), le système nerveux autonome ou SNA (le système d'excitation du corps, voir page 44) a libéré un taux optimal d'adrénaline, qui envahit tout l'organisme. Cela fait naître cette sensation que nous avons quand nous rions de tout notre cœur dans des états de plaisir partagé. Cela se traduit notamment par une accélération du rythme cardiaque et de la respiration ainsi que par une perte de l'appétit.

Pour éprouver de la joie, la dopamine et les opioïdes doivent être diffusés en même temps dans le cerveau. Si cela s'est produit de façon répétée dans son enfance, une personne pourra acquérir de nombreuses autres qualités humaines, comme la spontanéité, l'envie et l'espoir de poursuivre un rêve, la faculté de s'émerveiller et d'apprécier la beauté et les cadeaux de la vie. Cette chimie particulière du cerveau renforce aussi la résistance au stress et rend les petits soucis de la vie beaucoup plus supportables. S'il a acquis une base solide, l'enfant a toutes les chances de conserver tout au long de sa vie l'espoir, l'optimisme, et une attitude positive face à la vie.

Il y a aussi de bonnes hormones du stress

Certaines hormones du stress sont libérées par le système JEU aussi, mais pas celles qui entraînent la mort cellulaire et d'autres dégâts (voir pages 31-32). Le « stress » de la joie survient parce que c'est un état d'hyperexcitation, donc un enfant a besoin que ses parents le rejoignent dans la joie pour le réguler émotionnellement. Cela s'appelle la « régulation de l'excitation ». Les opioïdes du système JEU libèrent la dopamine (une substance de récompense) et nous donnent la sensation d'être intensément vivants, complètement éveillés et remplis d'énergie. La dopamine active la curiosité, l'énergie et la volonté (voir *La chimie du dynamisme et de la volonté*, pages 126-43).

Souvenons-nous des personnes qui ont partagé avec nous des moments joyeux quand nous étions enfant. Rappelons-nous de ces moments où nos parents jouaient avec nous et riaient avec nous. Ce sont tous ces moments privilégiés de joie partagée.

SACHEZ QUE…

Les séparations et les retrouvailles ne sont pas toujours mises à profit pour créer de vrais instants de partage. Ce sont pourtant des moments très significatifs pour un enfant, car ils lui permettent de mesurer l'amour qu'on lui porte. Nous a-t-il manqué ? Est-on vraiment content de le revoir ? Un spécialiste en neuroscience insiste sur les dommages cérébraux que peuvent causer ces échanges si les parents n'y prêtent qu'une attention mineure.[28]

Montrera-t-on suffisamment d'entrain, d'amour et de spontanéité la prochaine fois que notre enfant se précipitera pour nous dire bonjour ? Le prendra-t-on dans nos bras en affichant un sourire épanoui ?

À tout âge, les enfants aiment les jeux de contact, de bagarre, jouer au chat et à la souris ou qu'on leur fasse des papouilles sur le ventre.

Les jeux de contact

Il s'agit de jeux physiques, de contact corporel. Les jeux de contact influencent le cerveau de l'enfant en favorisant le lien, le bien-être et le rire, et de nombreux scientifiques disent qu'ils réduisent aussi la dépression.[29] Pendant des siècles, on a su que jouer est essentiel pour un enfant mais maintenant nous avons des preuves scientifiques étonnantes pour soutenir cette évidence. Les jeux de contact :

- **Favorisent la croissance et la maturation** des lobes frontaux du cerveau supérieur (concernés par le fonctionnement cognitif, l'intelligence sociale, la concentration, l'attention et la capacité de bien gérer le stress).[30]
- **Permettent de s'arrêter pour regarder, entendre** et sentir les signaux sociaux les plus discrets autour de nous.
- **Activent des mécanismes antistress**, favorisant la santé dans le cerveau et le corps (le système JEU).
- **Réduisent l'impulsivité, l'hyperactivité** et le trouble déficitaire de l'attention avec hyperactivité (TDAH) et augmentent la capacité de comportements bien centrés, dirigés vers un but, ce qui peut durer toute la vie.
- **Développent les capacités cérébrales de régulation émotionnelle** et d'inhibition des pulsions agressives primitives (par exemple vouloir « frapper » quelqu'un avec ses mots ou ses poings).[31] Les animaux avec lesquels on a joué montrent moins d'agressivité à l'âge adulte que ceux avec qui on n'a pas joué.
- **Réduisent le sentiment de souffrance psychologique** à cause de la libération d'opioïdes. Si notre enfant regrette l'absence de quelqu'un ou si nous devons partir travailler loin de chez nous (ce qui provoque un retrait douloureux d'opioïdes dans son cerveau), les jeux de contact peuvent réduire la douleur.
- **Aident le système JEU du cerveau** à travailler de façon bien coordonnée avec les lobes frontaux.

Les jeux de contact entre parents et enfant favorisent même la production de facteurs de croissance dans le cerveau supérieur

La recherche sur les animaux a montré que les jeux de contact libèrent un facteur de croissance (le facteur neurotrophique

« On s'amuse super bien ensemble ! »

La joie est le fruit d'une relation avec l'autre. Quand le corps est en éveil, avec un taux d'adrénaline optimal, et que le cerveau est idéalement parcouru de dopamine et d'opioïdes, on se sent intensément vivant, avec de l'énergie à revendre. « Quand un maximum de synapses à dopamine sont actives, on a l'impression de pouvoir déplacer des montagnes.[32] »

Selon l'éducation que l'on a reçue, on a tendance à se laisser gagner par l'excitation, ou bien à s'en défendre. Le comportement parental, en effet, détermine le développement du cerveau et du système neurovégétatif de l'enfant, le prédisposant ou non à supporter plus tard d'intenses moments de joie et d'excitation.

ZOOM SUR LE CERVEAU

Les jeux de contact intensifient l'activation d'un « engrais » très important pour le cerveau supérieur (lobes frontaux), appelé BDNF (facteur neurotrophique issu du cerveau). Celui-ci aide à programmer les régions des lobes frontaux qui agissent sur le comportement émotionnel. Après une séance de jeu, l'expression génique du BDNF augmente dans les lobes frontaux.[33]

En faisant régulièrement des jeux de contact avec un enfant, on favorise le développement de son cerveau supérieur, dont les fonctions sont essentielles ; il permet notamment à l'enfant de mieux gérer son stress et ses émotions.

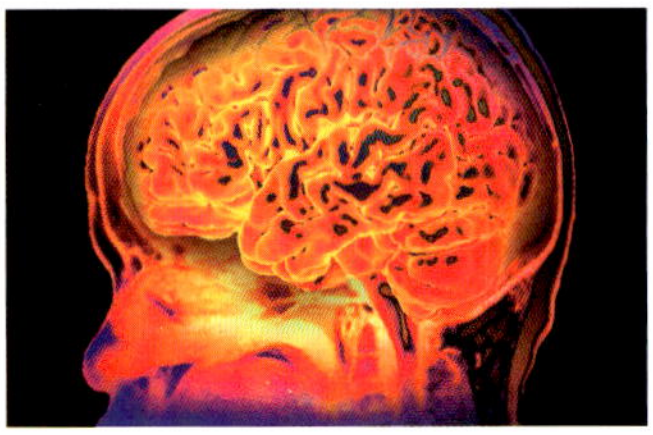

Les zones des lobes frontaux qui régulent les émotions (à gauche sur cette image) sont stimulées par les jeux de contact.

issu du cerveau ou BDNF), un « engrais » cérébral, dans les lobes frontaux. Le BDNF est une protéine qui « fertilise » les synapses (structures qui permettent à un neurone, ou cellule nerveuse, de transmettre un signal électrique ou chimique à un autre neurone), protège les cellules cérébrales et, dans certaines régions du cerveau, régénère les cellules cérébrales, aidant ainsi au développement neuronal.[34] Le BDNF renforce aussi le développement des systèmes de noradrénaline et de dopamine dans le cerveau de l'enfant (systèmes essentiels pour que l'enfant puisse se concentrer sur ses apprentissages). Ces systèmes sont sous-développés chez de nombreux enfants qui présentent un trouble déficitaire de l'attention avec hyperactivité (TDAH). À cause de cela, on a montré que les jeux de contact peuvent être aussi efficaces pour certains enfants que de faibles doses de méthylphénidate (Ritaline©) qui peuvent être prescrites dans cette pathologie[35] (voir aussi pages 111-12). Les jeux de contact peuvent même entraîner une nouvelle croissance de l'hippocampe (voir page 19). Cette partie du cerveau est souvent lésée par le stress chez les enfants qui ont eu une vie difficile.[36] Des études longitudinales de longue durée sur des humains ont montré que des sensations positives répétées sont directement reliées à la résilience en cas de dépression ou d'anxiété plus tard dans la vie et entraînent une augmentation de la santé physique globale et une diminution de la mortalité en général.[37]

Les jeux relationnels ont aussi des effets anxiolytiques naturels et comme ils stimulent fortement la libération d'opioïdes, ils provoquent une sensation de profond bien-être. Ils renforcent également les mécanismes de régulation des émotions dans les lobes frontaux, permettant aux enfants de mieux gérer leurs émotions. On a ainsi constaté que des enfants placés en orphelinat faisaient des progrès spectaculaires en suivant des programmes faisant intervenir ce type de jeux.

Les jeux de contact peuvent se faire entre un adulte et un enfant. Ils déclenchent souvent chez l'enfant une vive joie et des éclats de rire. Il s'agit, par exemple, de le lancer en l'air ou de le faire tournoyer. Cela peut aussi consister en de petits jeux en tête-à-tête qui impliquent des contacts physiques, comme quand on fait croire à son bébé qu'on va le dévorer tout cru en lui mordillant les pieds. On peut également jouer au « colis postal », en se passant l'enfant de bras en bras.

Est-ce que les jeux de contact entre enfants ont le même effet que les jeux entre adulte et enfant ?

Tout ceci peut aussi se passer dans des jeux de contact entre enfants mais je pense que c'est beaucoup plus puissant dans le contexte d'une relation d'attachement avec un adulte assurant la régulation des émotions. Les jeux de bagarre entre enfants peuvent les amener à se rouler par terre, à se renverser et à se battre pour s'amuser, des mouvements tellement incontrôlés qu'un adulte doit parfois intervenir pour éviter que les enfants se blessent. Donc il est nettement préférable que les enfants jouent de cette manière avec un adulte parce que les réactions adultes, avec un fonctionnement du lobe frontal plus avancé, seront plus accordées que celles d'un enfant. De plus, le jeu durera plus longtemps sans interruption.

« Un cerveau social peut-il se développer entièrement sans jeux ou restera-t-il socialement rabougri pour la vie ? »
Professeur Jaak Panksepp

« Je m'amuse tellement ! »

Rouler ensemble sur le tapis, rire ensemble peut transporter votre enfant dans un état de joie incroyable dont il se rappellera à l'âge adulte.

SACHEZ QUE…

Une joie intense libère des substances bienfaisantes dans le cerveau, mais elle active aussi fortement les fonctions organiques et la sécrétion d'hormones du stress. Ainsi, pour qu'un enfant ne se sente pas submergé par le « stress de la joie », ses parents doivent l'aider à y faire face. Il s'agit pour cela de réagir à ses accès de joie par un enthousiasme comparable au sien. S'il accourt vers vous en brandissant, ravi, son nouveau dessin, ou s'il s'amuse en faisant du trampoline, essayez de lui montrer, par une expression faciale, le ton de votre voix, ou par un geste ou une attitude appropriés, que cela vous rend aussi très joyeux. Si vous êtes en train de jouer avec lui et que vous devez soudain répondre au téléphone, sa joie va retomber ; mais son excitation physique peut perdurer, ce qu'il ne saura pas gérer seul et qui risque de provoquer larmes et nervosité.[14]

Les jeux de contact avec les parents sont essentiels pour l'estime de soi de l'enfant

Tout comme avec les bébés, partager de fréquents moments de joie avec ses parents assure à l'enfant qu'il est aimé, attachant et capable de donner de la joie. Les moments de jeu à deux sont des moments de véritable rencontre, des moments à la charge énergétique intense. Tous deux se rejoignent spontanément, librement, avec amour et plaisir. Quand une petite fille de 2 ans jette subitement ses bras autour de sa maman en lui disant : « Viens jouer », celle-ci la plaque sur le canapé comme au rugby tout en riant en réponse. Ces moments formeront des souvenirs très importants qui transmettent une signification psychologique à propos d'elle-même. Les réactions de sa mère lui disent qu'il est plaisant d'être avec elle, qu'elle est quelqu'un d'agréable et profondément aimée.

De plus, le locus cœruleus dans le tronc cérébral est activé quand quelque chose d'important arrive à un enfant et inonde le cerveau de noradrénaline (voir page 102). C'est sans doute à cause de l'activation de la noradrénaline qui engrange de nouveaux souvenirs que ceux-ci sont si chers pour tous les adultes qui ont eu la chance de les connaître.

Que se passe-t-il quand les enfants ne s'amusent pas assez de cette façon ?

On commet une grosse erreur en sous-estimant l'importance de ces échanges. Il est prouvé que les petits mammifères qui ne jouent pas assez avec les autres rattrapent le temps perdu en jouant plus violemment, et souvent à des moments inappropriés[38] ; leur instinct de jeu devient plus ou moins incontrôlable. C'est ce qui se produit chez les enfants qui souffrent d'un trouble déficitaire de l'attention avec hyperactivité (TDAH, voir page 111). Des chercheurs ont découvert que des élèves privés de récréation avaient développé des symptômes de TDAH, et étaient devenus incapables de rester assis et de se concentrer.[39]

Quelle est la fréquence idéale pour ces jeux de contact ?

Les neuroscientifiques qui étudient le jeu estiment que les nourrissons ont besoin d'environ une heure par jour de jeu relation-

« C'est bon pour mon cerveau ! »

Incroyable mais vrai, se rouler dans l'herbe avec un copain est une activité essentielle pour le développement du cerveau d'un enfant. En effet, ce type de jeu permet non seulement de libérer les pulsions motrices primitives (courir, grimper, etc.), mais il favorise aussi le développement du cerveau supérieur. Plus tard, ces deux garçons sauront sans doute mieux gérer leur stress et leurs émotions.

nel avec un parent, ou un autre enfant ou un adulte. Il peut s'agir de plusieurs moments successifs sur la journée, un moment avant le petit-déjeuner, un autre au moment du retour de la crèche ou de l'école, un autre plus tard dans la soirée et encore une fois avant d'aller dormir.[40]

Il serait bon que les crèches et garderies soutiennent le jeu relationnel et permettent des jeux de contact autant que d'autres jeux. Une autre bonne idée serait des lieux de jeu dans le quartier. Les parents qui n'ont jamais connu de jeu relationnel avec leurs propres parents pourraient y voir d'autres parents partager ces jeux avec leurs enfants.

« Des enfants privés de récréation ont développé des symptômes de TDAH. »

« Les six premiers mois de la vie d'un enfant sont sans doute la période où il est le plus sociable. »

Des bébés joyeux

Certains pensent qu'on ne peut pas établir de véritable dialogue avec un bébé tant qu'il ne sait pas parler ou marcher. Pourtant, les six premiers mois de sa vie sont sans doute la période où il est le plus sociable.[41] Juste après sa naissance, en effet, il s'intéresse beaucoup plus aux visages qu'aux jouets, et dès ses 3 mois, il est possible d'engager avec lui une fabuleuse conversation, à travers les sons, les mots, et toute une série de mouvements et d'expressions du visage.

Malheureusement, bien des parents passent à côté de ces indispensables tête-à-tête la première année, et privent leur enfant d'un exercice fondamental pour son développement cérébral et pour l'activation régulière de ses réserves de joie.[42] Alors, la prochaine fois que vous passerez un bon moment entre

« J'adore parler avec toi ! »

Jérôme tient Marie, âgée de 3 mois, à une courte distance de son visage et entame un dialogue en tête-à-tête avec elle. Dès leur naissance, les bébés sont réceptifs aux visages familiers.

Les bébés mettent plus de temps à réagir qu'un adulte ou un enfant. Jérôme attend donc patiemment que Marie prépare sa réponse.

Ce peut être un sourire, une expression mimétique, un signe de la main ou un cri de joie. Puis, Marie s'arrête et attend la réponse de Jérôme.

Les réserves de joie du cerveau de Marie sont accessibles et les connexions nécessaires s'établissent. Ce bébé profite pleinement du moment.

adultes, pensez aussi à parler à votre bébé ! Il sera bien plus content de « participer » à une conversation joyeuse que de jouer tout seul dans sa poussette.

Toutefois un tête-à-tête avec un bébé n'obéit pas aux mêmes règles qu'un dialogue entre adultes. Le bébé doit être bien réveillé et ne pas avoir faim. Regardez-le dans les yeux et laissez-lui le temps de répondre à sa façon (voir ci contre). Soyez à son écoute : il va trouver ces échanges très stimulants et aura souvent besoin de faire des pauses. Tous les bébés ont besoin de détourner le regard de temps à autre, le temps de reprendre leurs esprits.

Comme l'a constaté Beatrice Beebe, spécialiste du comportement infantile, certains parents ne comprennent pas toujours que leur bébé a besoin d'une pause et cherchent à recapter leur attention à tout prix. L'enfant tente alors de se dérober en tournant la tête d'un côté puis de l'autre, et finit par rompre le contact en regardant dans le vide. Non seulement cela bloque la sécrétion des substances du bien-être, mais active fortement celle des hormones du stress.[43]

Des moments de jeux physiques le soir après l'école peuvent être un moment particulier pour l'enfant comme pour le parent. Ils ne renforcent pas seulement le lien entre eux, mais apportent aussi des sensations étonnantes de charge énergétique intense.

Est-il hyperactif ou ne joue-t-il pas assez ?

Un enfant hyperactif avec un trouble déficitaire de l'attention (TDAH) est agité, impulsif et ne parvient pas à fixer son attention. Il a du mal à se concentrer, à rester attentif à ce qu'il fait, à suivre des instructions, à s'organiser et à écouter. Il court souvent dans tous les sens et grimpe partout, comme si on lui avait greffé un petit moteur. Il s'ennuie facilement et s'énerve très vite quand il n'arrive pas à faire quelque chose. Il gigote et se tortille en permanence, et peut s'en prendre violemment aux autres enfants. Un enfant souffrant de TDAH parle beaucoup et il a du mal à ne pas couper la parole aux autres ou à ne pas s'immiscer dans les conversations.

Le TDAH est principalement dû au fait que les lobes frontaux ne sont pas encore complètement activés. On l'a vu, les jeux de bagarre favorisent le développement des lobes frontaux, et aident donc les enfants hyperactifs à inhiber leurs « instincts moteurs » primitifs et à mieux gérer le stress.[44]

Les médicaments ne sont pas une solution

Ignorant que certains jeux favorisent le développement des fonctions régulatrices des lobes frontaux, certains pensent que le seul remède à l'hyperactivité est un traitement à base de méthylphénidate, commercialisé sous le nom de Ritaline©. Le méthylphénidate est une amphétamine comme la cocaïne, et a des effets secondaires notoires : maux de tête, nausées, insomnie et perte de l'appétit. Parents et enseignants observent souvent chez les enfants sous Ritaline© une perte de l'envie et même de la capacité de jouer. L'arrêt du traitement produit parfois un « effet rebond » avec agitation, dépression et épuisement. De plus, de récentes études ont montré que lorsqu'on administre du méthylphénidate à des mammifères prépubères, cela réduit durablement l'activité dopaminergique de leur cerveau. Ce médicament, en effet, exerce une forte pression sur le système dopaminergique en développement. On sait que la maladie de Parkinson résulte d'une baisse du taux de dopamine dans le cerveau, mais on ignore encore si les enfants prépubères sous Ritaline© peuvent développer cette maladie prématurément.[45]

Des études menées sur des mammifères ont établi que les jeux de contact sont tout aussi efficaces que des doses modérées de méthylphénidate.[46] On constate également que de nombreux enfants cessent d'être hyperactifs en prenant de l'huile de poisson à la place des médicaments : celle-ci fait grimper le taux de sérotonine, qui inhibe naturellement l'impulsivité.

Jouer pour être heureux

Pour s'épanouir, une personne doit avoir un système JEU fonctionnel. Un enfant chez qui ce système a été activé de façon optimale a toutes les chances de pouvoir plus tard pimenter ses relations : il mettra son « instinct joueur » au service de son sens relationnel. Associé au centre langagier du néocortex, le système JEU génère en effet de nouvelles formes de jeu : humour, mots d'esprit, qui se pratiquent sur une sorte de « terrain de jeu mental ». N'oublions pas que le sens de l'humour nous est indispensable pour protéger notre équilibre psychologique dans l'adversité.

Moi qui n'ai jamais su jouer, comment l'aider ?

Quand on a du mal à jouer avec son enfant, la première chose à faire est d'arrêter de culpabiliser : ce n'est pas forcément évident pour tout le monde, surtout si on n'a soi-même jamais passé de moments privilégiés avec ses parents.

Voici quelques jeux adaptés pour un enfant de moins de 5 ans. Assis par terre en face de lui, confortablement (coussins, oreillers, etc.), on peut faire des bulles de savon ou lancer un sac de plumes en l'air pour voir qui en rattrape le plus avant qu'elles ne retombent. On peut aussi se peindre mutuellement le visage. Il est capital de garder un ton léger et enjoué. Si on reste trop sérieux, l'enfant n'aura aucune envie de jouer. (Il y a beaucoup d'autres idées dans le chapitre *Pour une meilleure relation*, page 242-59.)

Bien que le jeu soit une activité instinctive, l'enfant a besoin de se sentir psychologiquement en sécurité avec son parent pour réussir à jouer. Une fois son système JEU activé, ses cris de joie font tellement plaisir à entendre qu'on a envie de renouveler ces séances de jeu plus souvent.

Si on n'arrive vraiment pas à jouer avec lui, il faut veiller à ce qu'il joue avec d'autres personnes (adultes ou enfants) au moins une heure par jour.

Quand l'accordage n'y est pas

Que se passe-t-il quand il y a un faux pas dans la danse émotionnelle accordée que nous nous efforçons de réaliser ? Dès le début, il est important de dire qu'il n'existe pas de mère ou de père parfaitement accordé tout le temps. Comme nous l'avons déjà dit, les recherches du psychiatre américain Ed Tronick et du psychanalyste pour enfants Donald Winnicott l'ont confirmé : « Il n'y a pas de parent parfait. »

SACHEZ QUE...

Les enfants adorent les jouets qui font du bruit et de la lumière. Plus c'est bruyant plus cela leur plaît. Si un enfant est capable d'énerver et de faire crier ses parents, ceux-ci deviennent un jouet idéal pour lui ! Mais si, au lieu de s'emporter, on en profite pour partager avec lui un moment privilégié, l'afflux d'opioïdes dans son cerveau neutralisera le pic d'adrénaline qu'il a obtenu en cherchant à nous agacer.

La vie peut être dans le chemin

La réalité de la vie, c'est que les parents, ou les futurs parents, peuvent parfois être confrontés à des événements de vie terribles, choquants, et il est tout à fait compréhensible que, si cela arrive, cela retentisse pendant un temps sur leur mode éducatif joyeux. Si les circonstances de la vie sont vraiment horribles, il est probable que les systèmes PEUR et PANIQUE/DÉTRESSE du cerveau inférieur n'arrêtent pas d'être stimulés. Cela veut dire que des taux élevés d'hormones de stress chez les parents bloquent les sentiments médiés par les opioïdes envers leur enfant (des systèmes SOINS et JEU). Donc il peut arriver qu'avec notre enfant, nous ne nous sentions pas chaleureux, aimants, empathiques ou joueurs. De plus, si nous souffrons d'un choc, nous allons probablement essayer désespérément de réguler nos propres états intenses d'anxiété, de colère et de détresse, et par conséquent nous ne pouvons pas être émotionnellement accordés à notre enfant. Tous nos efforts concernent notre propre régulation émotionnelle. Ce n'est la faute de personne. C'est simplement comme ça. Quand on souffre de dépression pré- ou postnatale, tout cela s'applique aussi. C'est une réalité biochimique cérébrale. Il n'est tout simplement pas possible de se « reprendre » : on a besoin d'aide.

La façon dont nos parents nous ont élevés peut affecter la « danse »

À d'autres moments, il y a des faux pas parce que la façon dont nos parents se comportaient avec nous perturbe la façon dont nous nous comportons avec notre enfant. Souvent les parents sont déterminés à ne pas reproduire la façon dont ils ont été élevés, mais cela peut signifier partir à l'autre extrême. Si nos parents étaient trop stricts, nous pouvons finir par être trop indulgents et vice versa, si nos parents étaient trop indulgents, nous pouvons devenir trop contrôlants. À d'autres moments, il est tellement facile de suivre ce que nos parents faisaient. Quand la danse tourne mal, cela signifie souvent être trop émotionnellement distant ou trop intrusif.

Certains parents sont très à l'aise pour partager avec leurs enfants des activités stimulantes, essentielles au développement de leur système RECHERCHE (voir *La chimie du dynamisme et de la volonté*, pages 126-43), mais ont du mal de les aider à gérer leurs émotions fortes. Les jeux stimulent la sécrétion de dopamine dans le cerveau, mais pas celle des opioïdes. Or, on sait que la dopamine n'est pas une des substances-clés du lien affectif. Ainsi, savoir s'amuser avec un enfant sans être capable de lui venir en aide quand il souffre ne contribue pas à renforcer l'amour qui lie l'enfant à ses parents.

Donc, que faire ?

D'abord, reconnaitre que nous pourrions ne pas être « accordés » pour une des raisons suggérées et que ce n'est pas de notre faute. Demandons-nous :

- **Est-ce que j'ai envie de m'écarter** quand mon enfant est en détresse plutôt que de le réconforter ?
- **Est-ce que j'ai l'impression que le temps que je passe** avec mon enfant est de plus en plus stressant et de moins en moins gratifiant pour moi, et donc je m'écarte ou au contraire je suis irrité et trop souvent en colère ?
- **Est-ce que j'essaie désespérément** d'être en relation avec mon bébé/enfant alors qu'il ne semble pas vouloir ?
- **Est-ce que mon bébé/enfant évite activement** le contact oculaire ?
- **Est-ce que mon enfant me fait part** de ses soucis ou de ses problèmes ?
- **Est-ce que mon enfant préfère** être en relation avec un autre membre de la famille que moi ? Est-ce qu'il m'évite activement ? Est-ce qu'il préfère rester avec son ordinateur ou sa tablette plutôt qu'avec moi ?

La danse intrusive et comment la reconnaitre

Une éducation intrusive signifie souvent ne pas lire les signaux émotionnels d'un enfant et lui imposer nos propres besoins. Avec des bébés, ce peut être trop lui essuyer la bouche (au moment des repas) ou trop le laver, ou le prendre dans les bras quand il vient de s'installer pour jouer. Cela peut aussi être de lui donner sans arrêt des directives avec des ordres comme « fais cela », « assieds-toi ici », « joue avec ceci », « ne joue pas avec cela », etc. Cela s'appelle une « guidance forcée ». Une éducation intrusive, cela peut être aussi sermonner plutôt qu'écouter. Parfois les parents n'ont pas la place dans leur esprit pour réaliser quand ils sont trop anxieux, intrusifs, en besoin ou directifs avec leur enfant et pour sentir et penser à ce que leur enfant ressent ou à ce dont il a besoin. Certains parents ont « besoin »

« Les systèmes cérébraux d'ocytocine, d'opioïdes et de prolactine semblent être les protagonistes essentiels des sentiments subtils que nous, humains, appelons acceptation, affection, amour et chaleur. »
Professeur Jaak Panksepp

que leur enfant réagisse à eux plutôt que l'inverse, parce que dans leur propre enfance on n'a pas répondu à leurs besoins émotionnels.

• **Comment est-ce qu'une éducation intrusive affecte le cerveau des parents et des enfants ?** Il y a une plus grande activation de l'amygdale des parents menant à une hyperexcitation, qui peut déclencher de l'anxiété par rapport à leur enfant. L'enfant peut ressentir cela et se mettre en retrait. Les systèmes de stress du cerveau de l'enfant comme du parent sont activés quand ils sont ensemble. Le cortisol augmente chez les bébés et les enfants. Des taux élevés de cortisol chez un bébé peuvent entraîner des interactions plus intrusives de la mère. Sans les signaux du visage de l'enfant, le taux de dopamine et d'ocytocine dans le cerveau du parent diminue, ce qui peut amener un bébé à éviter le contact oculaire.[47]

La danse déprimée ou émotionnellement en retrait

Avec ce genre d'éducation, il y a peu d'interactions positives entre parent et enfant. Les voix des mères moyennement déprimées ont tendance à être inexpressives. Les parents parlent moins avec leurs bébés, sont moins joueurs et moins affectueux.[48] Les bébés sont léthargiques avec des signes de détresse et des comportements auto-apaisants. Les parents dépressifs peuvent être plus hostiles, punisseurs et intrusifs quand ils interagissent avec des enfants qui ne réagissent pas à leurs signaux.[49] Quand les bébés et les enfants ne sont pas capables d'entrer en relation vraie avec leur parent, ils peuvent finir par abandonner. Pour certains enfants, c'est le début d'un long et lent voyage « d'auto-aide » qui peut continuer à l'adolescence.

• **Que se passe-t-il dans le cerveau du parent ?** Les scanners de mères déprimées montrent un cortex frontal relativement peu réactif quand leur bébé pleure. Quand elles voient des images positives de leur bébé, il y a peu d'activation des amygdales, donc moins d'excitation émotionnelle.[50] De faibles systèmes de régulation du stress dans le cerveau montrent que les parents atteints ont du mal de gérer leur propre stress, donc ils réagissent excessivement ou insuffisamment quand leur bébé est en détresse.[51] Les mères souffrant d'un stress post-traumatique ont un système PEUR activé, donc elles ont tendance à s'écarter d'un bébé en détresse, devenant ainsi moins « disponibles ».[52]

• **Que se passe-t-il dans le cerveau de l'enfant ?** Les bébés sont très précisément conscients de la détresse et du stress de leur mère, en particulier dans sa voix et dans son visage, et saisissent des atmosphères en quelques millisecondes. Des changements dans la physiologie de l'enfant, sa fréquence cardiaque, son tonus vagal (voir page 45) et son taux de cortisol retentissent négativement sur son sommeil, ses repas, son apprentissage de la propreté et même son système immunitaire.[53] La partie du cerveau de l'enfant responsable des émotions d'approche (le désir d'entrer en contact et d'aller vers une autre personne) n'est pas activée chez des enfants de 11-17 mois dans des interactions ludiques avec leur mère déprimée, donc ils vont moins rechercher son attention. Les chercheurs ont montré que, quand on demande à des mères de regarder leur enfant sans aucune expression sur le visage, les enfants sont perturbés et leur niveau de stress explose.[54] Le cerveau de l'enfant peut encore montrer des taux de cortisol plus élevés entre 4 et 7 ans, ce qui peut augmenter le risque de problèmes ultérieurs de santé mentale.[55] Le manque d'interactions émotionnellement engagées avec une mère, en particulier pendant les premiers mois de la vie, peut encore se manifester par des taux élevés de cortisol chez les adolescents. Dans certains cas, cela contribue à une moindre compétence sociale et plus de problèmes de santé mentale. Les enfants de mères qui ont fait une dépression post-natale risquent aussi beaucoup plus de souffrir de dépression.[56]

Comment corriger la danse

Il n'est jamais trop tard pour changer nos systèmes biochimiques négatifs par une bonne thérapie ou des conseils, parce que les lobes frontaux d'un adulte et ses systèmes de régulation du stress ont la capacité de changer tout comme chez les enfants. Le soutien psychologique est un cadeau pour notre enfant et nous aurons quelqu'un qui peut s'accorder à nous et nous réguler émotionnellement ; il pourra nous aider à analyser et travailler nos expériences douloureuses. La recherche montre que quand un parent est aidé et s'améliore dans les trois mois, les résultats sont bons pour ses enfants.[57] Entre temps, un autre membre de la famille peut offrir un attachement sécure. Tant que notre enfant a une personne dans sa vie avec qui il peut avoir un attachement sécure, il peut être émotionnellement bien. Cette personne doit être quelqu'un que notre enfant voit très régulièrement.

TRANCHE DE VIE

Mon enfant aime sa nounou plus qu'il ne m'aime. L'activation des opioïdes dans le cerveau dicte la force d'un lien émotionnel entre un parent et un enfant. Un parent émotionnellement inhibé ne peut pas rivaliser avec une nounou très chaleureuse, physiquement affectueuse, qui régulièrement prend l'enfant dans ses bras quand il pleure (le rencontrant ainsi profondément dans sa peine) et le jette en l'air, le fait tournoyer et le couvre de papouilles (dans des états de joie partagée). Mais avec une nounou comme cela, quel cadeau pour la future santé émotionnelle de l'enfant que cette activation des systèmes SOINS et JEU dans son cerveau !

Gérer les grandes souffrances

Que faire quand un enfant est confronté au divorce, au deuil ou à l'éloignement de ses parents en raison d'une dépression, d'une dépendance à l'alcool ou à la drogue, d'une longue maladie ou de l'arrivée d'un bébé ? Nous allons voir comment gérer sa souffrance et l'aider à retrouver sa joie de vivre.

SACHEZ QUE...

Le professeur Jaak Panksepp compare la souffrance causée par la perte d'un proche ou de son affection à celle d'un héroïnomane en sevrage (l'héroïne modifie artificiellement le taux d'opioïdes dans le cerveau).

Héroïnomane en sevrage

- Souffrance psychique
- Larmes
- Perte de l'appétit
- Abattement
- Perte du sommeil
- Agressivité

Personne en deuil

- Solitude
- Larmes
- Perte de l'appétit
- Dépression
- Perte du sommeil
- Irritabilité

Nous l'avons vu dans les chapitres précédents, le simple fait d'être en présence de gens qu'on aime peut stimuler la sécrétion d'opioïdes et nous procurer une intense sensation de quiétude. Quand on perd l'amour de nos proches, ou que nous avons l'impression qu'il est menacé, cette sensation de bien-être s'évanouit.

Que se passe-t-il dans le cerveau d'un enfant qui a du chagrin ?

Le chagrin peut provoquer une chute du taux d'opioïdes dans des zones essentielles du cerveau et faire baisser les taux des autres substances du lien affectif, l'ocytocine et la prolactine. L'enfant est alors envahi par des sentiments désagréables. Quand les substances du lien affectif sont présentes en quantité normale dans le cerveau, elles réduisent l'angoisse, la peur et le stress. Mais si les opioïdes viennent à manquer, la régulation de ces émotions n'est plus assurée, et elles peuvent revenir en force.

Un gros chagrin stimule fortement le système PANIQUE/DÉTRESSE dans le cerveau inférieur de l'enfant (voir page 31). Celui-ci génère des sentiments de peine, d'abattement, de solitude et souvent de panique, pouvant activer les centres cérébraux de la douleur. Le glutamate est une des substances-clés de ce système et il joue aussi un rôle dans la capacité de réflexion. Or, un gros chagrin peut augmenter la sécrétion de glutamate : dans ce cas, les pleurs de l'enfant redoublent et toute forme de réconfort, de la musique à la compagnie d'amis, devient parfaitement inutile.[59]

Des études menées sur des primates orphelins, comme les chimpanzés, nous ont beaucoup appris sur les effets des gros chagrins d'enfance. En effet, certains meurent quelques semaines seulement après avoir perdu leur mère.[60] Ils sont en parfaite forme physique, mais leur chagrin leur est insupportable. Après le génocide du Rwanda, beaucoup d'enfants qui ont vu mourir leurs parents n'ont plus trouvé la force de vivre.[61]

L'amour peut provoquer la colère

Les crimes passionnels sont assez fréquents. Si on étudie de plus près les réactions chimiques cérébrales provoquées par le chagrin, cela n'a rien de surprenant : la souffrance entraîne une

« Le chagrin peut provoquer une chute du niveau d'opioïdes dans des zones cérébrales essentielles. »

« Tout s'écroule. »

Un enfant n'est pas obligé d'être confronté au deuil ou au divorce pour être en souffrance : le fait que ses parents soient incapables de lui montrer leur amour peut aussi lui briser le cœur. Une relation affective instable (où l'indifférence fait place à la tendresse sans prévenir) signifie que la sécrétion d'opioïdes dans le cerveau de l'enfant se fait en dents de scie. Il passe alors d'un état de bien-être créé par un afflux d'opioïdes à une souffrance due à leur disparition, ce qui attise son besoin de l'autre et le rend souvent fortement dépendant. Plus tard, il aura probablement du mal à aimer sereinement.[62]

« La société cède souvent à la facilité et a tendance à exclure les enfants qui s'enferment dans la colère parce que leur cœur est brisé. »

chute du taux d'opioïdes ; nos émotions étant en partie régulées par ces substances, on devient alors sujet à la colère ou à l'angoisse. Les opioïdes et l'ocytocine sont aussi de puissantes molécules inhibitrices de l'agressivité : quand leur niveau baisse, la colère peut augmenter. La souffrance affective active aussi la libération d'autres substances.

- **La corticolibérine.** Libérée en forte quantité, cette hormone du stress peut bloquer la production de substances d'éveil bienfaisantes comme la dopamine, la sérotonine ou la noradrénaline. Si elles viennent à manquer, ces dernières peuvent provoquer des explosions de colère ou d'agressivité.
- **L'acétylcholine.** Lorsque le niveau d'opioïdes baisse, le cerveau devient le siège de ce que l'on appelle des forces antagonistes, qui font grimper le taux d'acétylcholine. Ce neurotransmetteur aide à la concentration, mais libéré en trop grande quantité, il peut nous rendre colériques, agressifs ou irritables.

« Je veux mon papa. »

Un enseignant attentionné, qui prend le temps d'écouter et d'aider un enfant en souffrance, peut être un maillon essentiel pour son développement. Parfois, c'est plus facile pour un enfant de parler à son enseignant ou à un conseiller qu'à son père ou à sa mère, parce qu'il craint de « faire du mal à maman » s'il lui parle du « départ de papa ».

Les enfants en souffrance deviennent souvent colériques ou agressifs à cause de la modification de leur équilibre chimique cérébral

Malheureusement, la société cède souvent à la facilité et a tendance à exclure, de l'école puis de la vie sociale en général, les enfants en souffrance qui s'enferment dans la colère. Ils ont pourtant besoin d'aide, pas de punitions. Les dommages cérébraux provoqués par la perte d'un parent ou de son affection sont heureusement de plus en plus connus, ce qui, nous l'espérons, fera évoluer la société, en poussant les institutions gouvernementales à développer les structures d'accueil et de thérapie réservées aux enfants et aux jeunes.

Un enfant qui a souffert ne devient pas forcément un adulte colérique et violent

Si l'enfant peut compter sur une personne capable de comprendre sa douleur (même s'il est un expert de la dissimulation) et de le réconforter, il a toutes les chances de devenir un adulte émotionnellement stable. Il est possible d'éviter les terribles réactions chimiques cérébrales qui peuvent le mener vers la véritable violence à l'âge adulte. Le réconfort physique stimulera la sécrétion d'opioïdes et d'ocytocine, qui inhiberont les substances toxiques dangereuses.

C'est pourquoi il est vital d'apporter de l'affection aux enfants qui souffrent de la perte d'un proche (même si en apparence ils semblent bien aller). Les professeurs, notamment, doivent être particulièrement attentifs aux enfants qui ont perdu un parent ou qui semblent avoir une vie familiale difficile. Si on les aide au bon moment, on peut souvent leur éviter des années de souffrance.

Si un enfant commence à mêler amour et violence ou s'il s'enferme dans son chagrin, il peut avoir des problèmes comportementaux ou des difficultés d'apprentissage à long terme. Plus de 75 % des personnes emprisonnées ont subi des ruptures affectives dans leur enfance.

L'arrivée d'un frère ou d'une sœur

Quand un nouveau bébé fait son entrée dans la famille, son grand frère ou sa grande sœur peut avoir l'impression qu'il lui vole l'attention de ses parents. Il ne faut jamais sous-estimer la souffrance liée à cette arrivée et tous les troubles qui l'accompagnent. Un enfant peut perdre toute sa joie de vivre, persuadé que ses parents préfèrent son petit frère ou sa petite sœur.

SACHEZ QUE…

Une fois que l'excitation et la nouveauté liées à l'arrivée d'un petit frère ou d'une petite sœur sont passées, un enfant peut commencer à ressentir des sentiments douloureux et avoir l'impression :

- d'être exclu de la relation entre la mère et le bébé ;
- d'être laissé pour compte ;
- de ne pas être aussi digne de l'amour de sa mère que son « rival » ;
- d'être invisible ;
- qu'il n'y a pas assez d'amour à partager ;
- que la place qui lui est réservée dans le cœur de sa mère est incertaine, et que leur relation est bien trop fragile.

L'arrivée d'un petit frère ou d'une petite sœur peut provoquer une multitude de sentiments chez l'enfant plus grand, qui souffre entre autres de voir que son « rival » bénéficie, au même titre que lui, d'une forte relation affective avec sa mère. Le psychanalyste Otto Weininger décrit l'essence même de cette souffrance : « Deux personnes partagent ce que je veux et elles préfèrent le garder pour elles au lieu de me le donner.[63] » Grâce aux IRM, on a pu confirmer le fait que le sentiment d'exclusion pouvait activer les centres de la douleur dans le cerveau.[64] Un enfant devient souvent agressif et impulsif quand il a le sentiment d'être laissé pour compte, car sa souffrance fait baisser le niveau d'opioïdes dans son cerveau, bloque ses systèmes de régulation émotionnelle et active la sécrétion d'autres substances neurochimiques (voir pages 118-19). D'où la survenue de toutes sortes de problèmes de comportement chez un frère ou une sœur plus âgé après la naissance d'un nouveau bébé. Ces problèmes peuvent être de la régression, recommencer à mouiller son lit, des problèmes d'anxiété, de l'agressivité ou des difficultés d'apprentissage ou dans les relations avec les copains.

Aider notre aîné

Un enfant ne va pas venir vers nous en nous disant : « J'ai l'impression que tu aimes plus mon frère que moi, et ça me fait beaucoup de peine. » C'est par son attitude qu'il va exprimer ses émotions.[65] Il peut nous montrer sa souffrance en faisant mal à son frère, en étant provocant ou en affichant sa mauvaise humeur.

Pourquoi il me déteste ?

Les parents doivent impérativement prendre au sérieux la rivalité entre frères et sœurs. Les risques pour la croissance cérébrale sont bien réels si un enfant doit faire face à la haine inexplicable de son frère ou de sa sœur dès que les parents ont le dos tourné. Le cerveau est conçu pour s'adapter à son environnement, surtout au cours des premières années de vie, quand il est en pleine formation. Le cerveau d'un enfant malmené peut facilement s'adapter pour survivre dans un monde hostile (voir page 165).

Pour l'aider, il faut le surveiller très attentivement, particulièrement quand on partage un moment privilégié avec l'autre enfant et qu'il nous regarde. S'il exprime sa souffrance par de l'agressivité, il est indispensable d'en parler avec lui. Si c'est difficile, on peut l'aider en jouant avec lui avec une famille de marionnettes qui permettront de « décrire » des sentiments difficiles.

Voici par exemple comment une mère a trouvé le moyen de parler à sa fille de sa souffrance. Elle utilise des marionnettes pour empêcher Laure d'embêter constamment son petit frère Paul. Elle lui propose de choisir des marionnettes qui les représentent toutes les deux : la fillette prend un phoque pour elle et un ours brun pour sa maman. Une marionnette dans chaque main, la maman entame la conversation, en ayant demandé à Laure de lui indiquer quand le phoque exprime bien ses senti-

« Il faut être attentif à son enfant quand on passe un moment privilégié avec son frère ou sa sœur et qu'il nous regarde. »

TRANCHE DE VIE

La pierre magique

Quand Jean est en colère et qu'il est prêt à s'en prendre à sa petite sœur parce qu'elle a eu sa maman pour elle toute seule, il glisse une petite pierre spéciale dans la poche de sa maman. C'est elle qui lui a appris à faire ça lorsqu'elle s'est aperçue qu'il devenait de plus en plus agressif avec sa sœur, et qu'il ne trouvait pas les mots pour exprimer ce qu'il ressentait.

La pierre lui indique qu'il est temps qu'elle fasse un sourire ou un câlin à Jean, et lui rappelle qu'elle ne doit pas oublier de passer du temps en tête-à-tête avec lui. Chaque fois que Jean se sert de la pierre magique, elle le félicite de savoir si bien lui exprimer sa peine. Son attitude est si tendre que cela déclenche à nouveau la sécrétion d'opioïdes, d'ocytocine et de prolactine dans le cerveau de Jean. Nous l'avons vu, chez les animaux, des taux élevés d'opioïdes et d'ocytocine inhibent toute agressivité. De même, Jean cesse de malmener sa petite sœur.

ments et quand il se trompe. Le phoque : « Tu sais, ours brun, c'était mieux avant, quand bébé Paul n'était pas encore là. Tu ne t'occupais que de moi. Maintenant, c'est comme si mon cœur me faisait mal. »

Laure acquiesce fermement. L'ours répond : « Je suis vraiment désolé d'entendre que tu souffres autant, petit phoque. Tu es bien courageux de me dire tout ça. Mais tu sais, tu es mon petit phoque à moi et bébé Paul ne pourra jamais prendre la place qui t'est réservée dans mon cœur. Je t'aime énormément et je m'excuse de ne pas toujours te le montrer assez. » L'ours fait un gros câlin au petit phoque.

Cette petite démonstration va certainement stimuler la sécrétion d'opioïdes dans le cerveau de Laure, et lui procurer une véritable sensation de sécurité. Elle n'aura alors plus envie d'embêter son petit frère.

Il n'est jamais trop tard pour aimer un enfant

Il est illusoire de croire que l'on peut aimer tous ses enfants de la même façon. Notre amour n'a pas la même intensité et s'exprime différemment d'un enfant à l'autre. Si on a l'impression de défavoriser l'un d'entre eux, on doit tout faire pour renouer le lien, en ménageant chaque semaine un moment en tête-à-tête avec chacun d'eux, pour jouer ou aller au parc ou au zoo.

Il est parfois difficile d'aimer un enfant. Les parents peuvent ressentir un blocage, de la colère ou du ressentiment. Ayant été eux-mêmes défavorisés par rapport à leurs frères et sœurs, ils reproduisent peut-être inconsciemment le même schéma. Dans ce cas, il leur faut de la compassion, non des reproches. Si les substances du lien affectif n'ont pas été fortement stimulées dans leur enfance, ils peuvent tout simplement ne pas ressentir d'amour pour leur enfant. La première étape consiste donc à comprendre ce qui bloque leur système SOINS (attachement) dans leur cerveau inférieur. Cela peut venir de l'enfance, et il est alors conseillé de faire appel à un thérapeute (voir aussi *Prendre soin de soi*, pages 260-85). N'oublions pas que l'on peut commencer à aimer un enfant n'importe quand, même après des débuts difficiles.

À retenir

- Pour aimer sereinement tout au long de sa vie, un enfant doit être assuré de l'amour inconditionnel de ses parents.

- S'il est tourmenté dans son besoin d'amour, il risque d'avoir du mal à construire des relations stables.

- Les tête-à-tête et les moments privilégiés que l'on passe avec lui sont indispensables à la construction de sa propre estime de soi.

- Il faut apprendre à reconnaitre les moments où survient un conflit émotionnel qui doit être résolu, et pouvoir s'excuser.

- Prendre le temps de comprendre ses souffrances renforce le lien affectif parents-enfant.

- Un enfant en souffrance a besoin de compassion et d'écoute pour que se rétablisse l'équilibre chimique de son cerveau.

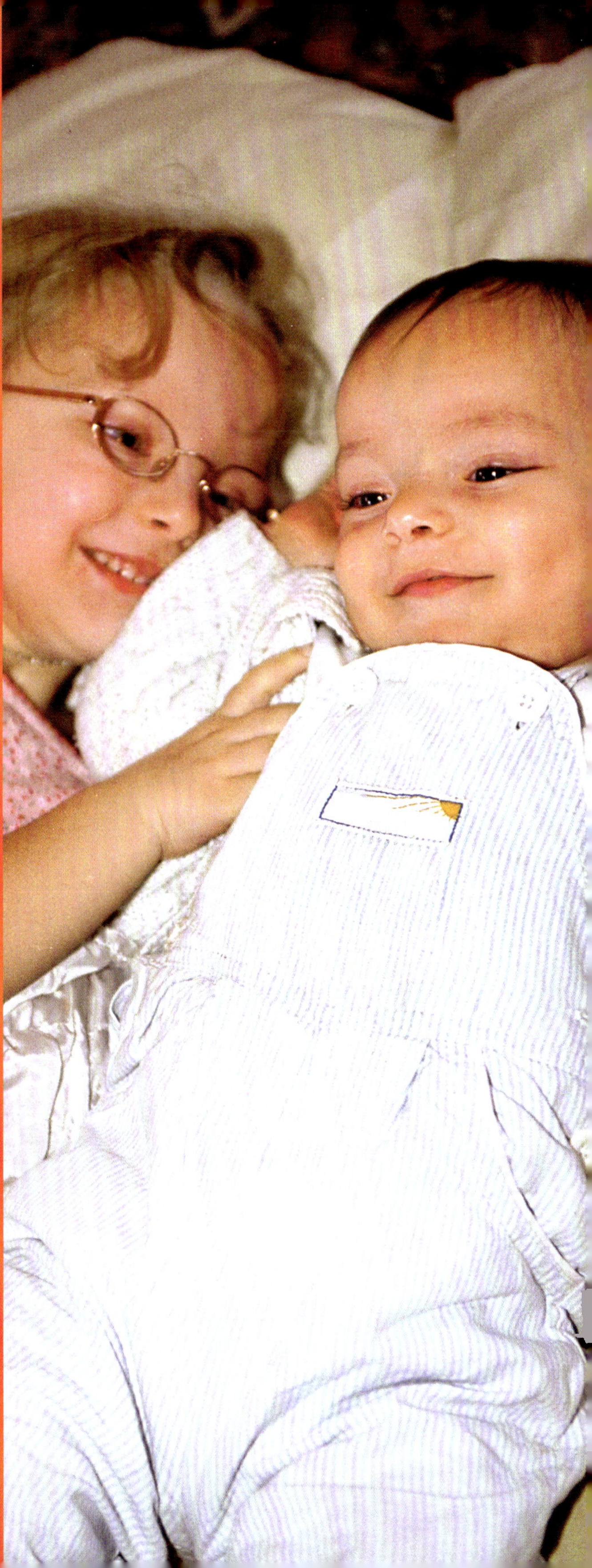

La chimie du dynamisme et de la volonté

Ce chapitre se centre sur le système RECHERCHE du cerveau inférieur de l'enfant. C'est lui qui le pousse à partir avec enthousiasme à la découverte du monde aujourd'hui et plus tard. Les parents ont un rôle essentiel dans ce système. Il doit être activé de façon optimale dans le cerveau de l'enfant pour qu'il trouve l'énergie et la volonté plus tard de faire ce qu'il veut faire et de connaître des satisfactions profondes et durables dans son travail, sa vie et dans tout ce qui l'intéresse.

Le système RECHERCHE

Le système RECHERCHE est situé dans le cerveau inférieur, ou mammalien. C'est un des sept systèmes génétiquement inscrits dans le cerveau et, quand il fonctionne bien, c'est un système qui pousse à aller de l'avant.[1] Il active l'envie d'explorer, la soif de nouveauté et une ardeur pour chercher ce que le monde a à offrir. Il stimule la curiosité, la passion et soutient la motivation pour atteindre ses objectifs.

C'est à nous d'éveiller l'intérêt de notre enfant pour le monde qui l'entoure. Encourageons-le à aller à sa découverte dès son plus jeune âge si nous voulons faire de lui un adulte plein de vie. Le système RECHERCHE « donne aux animaux et aux humains l'énergie de quitter l'endroit où ils se trouvent pour aller là où ils pourront cueillir et goûter les fruits de la vie. »[2]

Pour que notre enfant puisse réaliser ses rêves et ses ambitions et trouver le courage et l'endurance de poursuivre ses objectifs, il a besoin de ces compétences essentielles. La Harvard Business Review a placé en premier sur la liste des qualités pour réussir dans les affaires « un niveau élevé de dynamisme et de volonté ».

Les humains peuvent être étonnamment créatifs

Tous les mammifères ont un système RECHERCHE et s'ils sont émotionnellement sains, il les pousse à explorer et à s'aventurer dans le monde. Chez l'homme, le fonctionnement coordonné des lobes frontaux et du système RECHERCHE lui permet de trouver l'énergie d'être incroyablement créatif et d'apprécier véritablement des satisfactions à long terme. L'union créative entre les cerveaux supérieur et inférieur est à la base de nombreuses activités, depuis le désir d'un enfant de construire un magnifique château de sable jusqu'à l'adulte qui transforme le germe d'une idée discutée au restaurant en une entreprise prospère qui inclut de nombreuses personnes.

Bien activé dans l'enfance, le système RECHERCHE augmente spectaculairement les chances d'un adulte d'être capable :

- **de suivre ses rêves** et ses idées pour qu'ils deviennent réalité ;
- **de poursuivre un but** au-delà de son simple avantage personnel ;

• **de se sentir profondément satisfait** d'utiliser ses talents et ses capacités et de savoir qu'il a un véritable impact positif sur le monde ;
• **de nourrir des idées,** de mobiliser l'énergie et la motivation pour les mettre en pratique, mais aussi de réunir les personnes nécessaires à leur réalisation.

Tout le monde recherche chez ses proches, amis ou amants, cette capacité à « faire des miracles ». Mais surtout, chacun s'efforce de trouver en soi cette motivation et cette ardeur à aller de l'avant et à entreprendre, et cette résistance et cette détermination nécessaires pour mener ses projets à terme.[3]

La dopamine est un puissant « générateur d'énergie »

De nombreuses substances chimiques sont impliquées dans le fonctionnement du système RECHERCHE, mais la plus importante reste la dopamine (voir page 95). Elle se répand du nucleus accumbens dans l'entièreté des lobes frontaux, attisant littéralement des idées excitantes, la curiosité, l'énergie et la volonté. Par conséquent, le système RECHERCHE est particulièrement efficace pour stimuler les aires cognitives des lobes frontaux, ce qui explique que nous pouvons réfléchir à ce qui est possible et à ce que nous voulons faire maintenant et à l'avenir. C'est l'opposé même de la dépression !

La dopamine est essentielle pour le système RECHERCHE

Comme le dit le professeur Jaak Panksepp : « Quand de nombreuses synapses sont activées par la dopamine, on a l'impression de pouvoir faire n'importe quoi.[4] » La dopamine ne permet pas seulement à l'enfant d'avoir une idée géniale, mais aussi de voir comment la réaliser. Si le système RECHERCHE de l'enfant est activé de manière optimale dans le contexte de sa relation, son cerveau va s'habituer à des taux élevés de dopamine en combinaison avec les autres substances du système RECHERCHE, les opioïdes et les substances anxiolytiques et anti-agressivité (voir pages 86-89).

QUELQUES CONSEILS…

Parler à notre enfant de choses nouvelles et intéressantes peut aussi être une excellente façon d'activer son système RECHERCHE, parce que notre intérêt, notre curiosité et notre propre système RECHERCHE fortement activé vont libérer des taux élevés de dopamine dans le cerveau de l'enfant. Lors de sorties dans le jardin, prenons le temps de lui parler de ce que nous voyons. Parlons-lui de nos hobbies et de nos intérêts ; nous serons étonnés de tout ce qu'il retiendra.

« Quand nous cherchons à réaliser quelque chose et que nous y parvenons, c'est le système RECHERCHE qui insuffle de l'énergie à nos actions. »
Professeur Jaak Panksepp[5]

Entretenir le système RECHERCHE

Le système RECHERCHE est semblable à un muscle : plus on s'en sert, particulièrement dans l'enfance, plus il devient fort et plus il fait partie de la personnalité d'un enfant. Ce chapitre s'intéresse à la manière dont les parents peuvent activer au mieux le système RECHERCHE de leur enfant. Mais d'abord, je voudrais expliquer ce qui arrive quand il n'est pas « exercé ».

Le système RECHERCHE d'un enfant est très vulnérable. Les critiques, les réactions irritées devant ses besoins naturels d'exploration et sa curiosité, ou la honte d'être remballé peuvent déclencher le système PEUR dans son cerveau. Cela bloque la créativité naturelle du système RECHERCHE, et si ce n'est pas rapidement reconnu et pris en compte cela peut affecter sa capacité d'atteindre ses objectifs de vie à long terme.

Pourquoi le système RECHERCHE de certains enfants n'est pas exercé ?

Quand un enfant traîne devant la télévision pendant des heures, son système RECHERCHE est sous-stimulé. La recherche montre qu'un enfant regarde en moyenne la télévision 28 heures par semaine. Le faible taux de dopamine qui en résulte peut mener à la procrastination, à l'absence de réflexion créative et à la léthargie. Dans les pays occidentaux, on retrouve un grand nombre de jeunes entre 16 et 24 ans qui ne sont ni à l'école, ni au travail, ni en formation.[6] Il est choquant que tant de personnes n'aient pas eu de soutien suffisant de leur système RECHERCHE pour leur permettre de poursuivre leurs rêves, ou même d'avoir eu des rêves avant tout.

Comment cela arrive-t-il ?

Qu'est-il arrivé à ces jeunes désabusés ? Malheureusement, certains parents bloquent sans s'en rendre compte le système RECHERCHE de leur enfant, ne réalisant pas à quel point il est sensible ; c'est un système qui doit être traité avec le plus grand respect. Si un parent est critique ou perfectionniste, le système PEUR de l'enfant bloquera son système RECHERCHE. Ceux qui critiquent ou découragent un enfant, à la maison ou à l'école, ont un terrible pouvoir. Ce ne sont pas seulement les parents et les enseignants, mais peut-être les frères et sœurs et les proches aussi. Le système RECHERCHE d'un enfant est très vulnérable aux critiques ou aux réactions irritées d'un adulte devant des envies exploratoires naturelles. Voici quelques exemples :

- **Ordres :** « Ne fais pas ça ! »
- **Enseignement négatif :** « Tu as mal dessiné la pieuvre. Regarde tu as oublié une patte. Maintenant recommence correctement. »
- **Trop de « non » :** « Non, arrête ça tout de suite, il y a de la peinture par terre ! »
- **Critique :** « Maintenant arrête d'être aussi sale avec la peinture, tâche de travailler proprement. »

La honte d'être réprimandé déclenche le système PEUR. Quand cela arrive, toute la dopamine disparaît et est remplacée par les hormones du stress. Donc, plutôt que de dire : « Non, tu ne peux pas faire ça ! », il est préférable de rediriger l'enfant. Par exemple : « Tu ne peux pas faire ça, mais ce que tu PEUX faire c'est … » On peut aussi voir les choses autrement : « Tu ne peux pas faire un gâteau pour ta poupée ici sur le tapis, mais tu peux le faire dans la cuisine et je vais te donner un bol et une cuiller pour mélanger les ingrédients. »

Comment se sent-on avec un faible taux de dopamine ?

Un adulte ou un enfant avec un faible taux de dopamine peut se sentir déprimé, avoir une attitude de « flemmardise » dans la vie, manquer de motivation et procrastiner. Il peut être incapable de se concentrer, manquer de volonté pour mener un travail jusqu'au bout, ne pas trop savoir ce qu'il veut et abandonner souvent ce qu'il vient de commencer. Puisque rien ne les excite naturellement, les personnes avec peu de dopamine sont plus vulnérables aux moyens extrêmes d'essayer de se sentir excités comme la drogue et les comportements à risque. Les adolescents prennent des psychostimulants pour se donner le sentiment de « mener des actions vigoureusement comme s'ils avaient un circuit RECHERCHE en bonne santé » ; la cocaïne produit « un état très énergisé de pouvoir psychique et d'engagement dans le monde.[7] »

Les parents avec un faible taux de dopamine, en particulier ceux dont les propres systèmes PEUR, COLÈRE ou PANIQUE/DÉTRESSE bloquent leur système RECHERCHE, peuvent aussi

TRANCHE DE VIE

La vie qui passe

Jour après jour, Michel suit la même routine : le matin, il part travailler, et le soir, il rentre à la maison, où il regarde la télévision. Puis tout recommence le lendemain. Tous les ans, Michel part en vacances au même endroit.

Michel n'aime pas vraiment son travail, mais il ne voit pas ce qu'il pourrait faire d'autre. Quand on l'interroge à ce propos, il répond souvent : « Il faut bien gagner de l'argent ! » Un jour, Michel s'est mis à écrire, mais son roman dort aujourd'hui au fond d'un tiroir. Il n'a pas le courage de s'y remettre et de le finir. À cinquante ans, il se demande si sa vie vaut vraiment la peine d'être vécue.

La vie de Michel lui paraît terne parce qu'il n'a pas l'énergie suffisante pour la rendre plus intéressante. Son système RECHERCHE n'est pas assez actif. D'une certaine façon, on pourrait dire que Michel n'est pas encore un être humain totalement développé.

Son enfance a été très calme. En dehors de l'école, il passait la plupart de son temps devant la télévision ou à faire ses devoirs. Son système RECHERCHE n'a pas été suffisamment éveillé, ce qui l'a pénalisé pour la vie.

« On perçoit encore une certaine soif de connaissance dans les écoles primaires, mais elle fait largement défaut dans les salles de classe des écoles secondaires. »

sans s'en rendre compte bloquer le système RECHERCHE de leur enfant. Et ces parents sont souvent trop stressés ou trop déprimés pour être capables d'entreprendre des jeux avec leur enfant.

Peut-on activer le système RECHERCHE plus tard ?

Chez la plupart des personnes, il est difficile d'activer l'énergie de vie à l'âge adulte si elle n'a pas été vraiment éveillée dans l'enfance. Cependant, si une personne vit une crise ou un choc dans la vie, comme une période de maladie grave, ou la perte de son travail, ou même si elle rencontre une nouvelle personne pleine de dynamisme, cela peut agir comme un appel et la personne peut se mettre à utiliser le « muscle » de son système RECHERCHE, souvent pour la première fois. Pour beaucoup

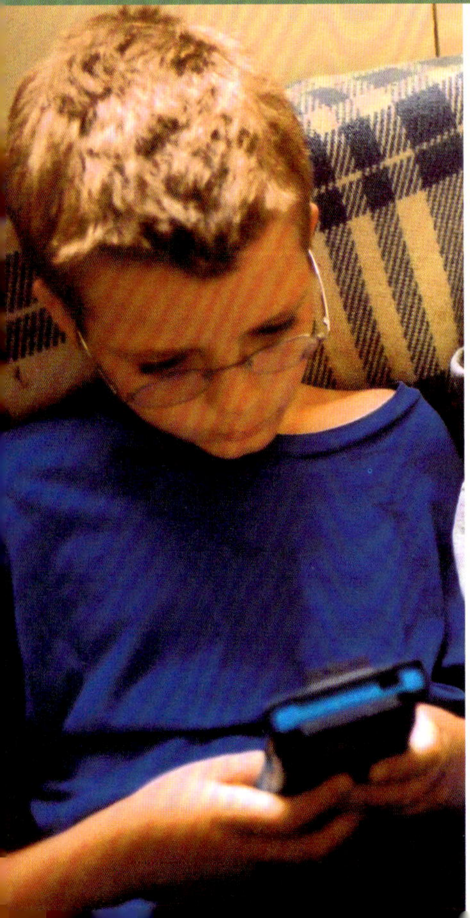

Q Dans quelle mesure les jeux vidéo et la télévision affectent-ils le cerveau de mon enfant ?

D'après les conclusions de plus de 4.000 études, les enfants qui regardent beaucoup la télévision auraient tendance à avoir un comportement violent et agressif, de moins bons résultats scolaires et des préjugés liés au sexe, à la race et à l'âge. Le fait de regarder des programmes violents tend à stimuler les centres moteurs du cerveau, ce qui signifie que l'enfant reproduit les gestes violents dont il est témoin. Certaines scènes peuvent aussi activer les zones cérébrales qui détectent le danger ; ainsi, le souvenir d'un film perturbant peut s'imprimer dans le cerveau de la même manière que celui d'un événement réel traumatisant[8] (voir pages 160-63). Jusqu'à preuve du contraire, il est moins bénéfique pour le développement du cerveau de jouer seul à des jeux vidéo que de s'amuser et de rire avec quelqu'un.

d'adultes, cependant, cela n'arrive pas et ils n'utilisent jamais bien leur système RECHERCHE.

Les parents peuvent activer le système RECHERCHE de leur enfant

Pour activer idéalement le système RECHERCHE pendant l'enfance, il faut offrir à l'enfant une vie aussi riche que possible sur le plan relationnel et environnemental (voir aussi pages 138-143). Auparavant, de nombreux parents n'avaient pas conscience de l'importance de renforcer le système RECHERCHE de leur enfant, et ceux qui le savaient pensaient que l'école pouvait s'en charger. Mais, les écoles, en particulier les écoles secondaires, suivent des programmes et ne sont généralement pas capables d'offrir les conditions optimales pour des expériences relationnelles ou pour des activités en tête-à-tête nécessaires pour stimuler l'énergie, la passion et la persévérance.

L'activation optimale du système RECHERCHE nécessite un accordage en tête-à-tête, les parents commentant, s'accordant aux émotions positives et félicitant l'enfant, ce qui lui permet de continuer à jouer pour le plaisir de jouer (voir au verso). Beaucoup de parents ne jouent jamais comme cela avec leurs enfants, et par conséquent, trop d'enfants finissent par mener une vie ordinaire et pas la vie extraordinaire qu'ils pourraient avoir.

Aider l'enfant à « chevaucher » le système RECHERCHE d'adultes importants

L'intérêt et la curiosité que l'enfant porte au monde qui l'entoure viennent de ses parents quand ceux-ci l'encouragent à explorer et à expérimenter dès le plus jeune âge, quand ils lui montrent les merveilles du monde, quand ils attirent son attention, quand ils bavardent avec lui lors de sorties au parc, dans les magasins ou en jouant à la maison. Cependant, certains parents n'arrivent pas à faire monter le taux de dopamine de leur enfant étant donné leurs propres expériences d'enfant (trop peu de soutien de leur propre créativité, trop de reproches ou de découragement). Dans ce cas, ils devraient trouver un autre adulte dans la vie de leur

TRANCHE DE VIE

S'amuser à la plage

Lorsqu'Eric emmène Lucas à la plage, il sort son journal et dit à son fils d'aller jouer tout seul. L'enfant fait glisser du sable entre ses mains, ramasse quelques galets puis va dans l'eau. Au bout d'un quart d'heure, il veut déjà rentrer à la maison. Pour que son système RECHERCHE s'active efficacement, Lucas a besoin que son père lui montre comment s'amuser sur la plage. Il a besoin d'aide pour commencer.

Une autre fois, c'est Sabine, une amie de la famille, qui l'accompagne. Elle a pris soin d'apporter une pelle et un seau. Elle montre à Lucas comment faire un château de sable et comment creuser un gros trou avec un siège pour faire une voiture. Elle a aussi apporté quelques petits camions. Tout content, Lucas trace une route autour de ses châteaux pour les faire circuler. Et tandis qu'il est absorbé dans son jeu, Sabine se détend et lit son journal.

Les enfants dont le système RECHERCHE est très actif trouvent des occasions de jouer où qu'ils soient ! Les parents, les assistantes maternelles et les enseignants devraient les encourager en leur offrant un « environnement enrichi » : des espaces, des jouets et du matériel variés, et surtout, beaucoup d'idées nouvelles.

enfant qui soit un bon activateur de dopamine et qui puisse jouer régulièrement avec leur enfant.

L'importance de « faire ensemble »

Les activités « faire ensemble » sont des activités intenses en toute spontanéité. En jouant ensemble, les parents préparent leur enfant à pouvoir « s'amuser ensemble ». Toutes sortes d'activités sont possibles :

• Faisons un château de sable ou un gâteau !
• Faisons une grotte avec les couvertures et prenons le goûter dedans !

Aider l'enfant à rester passionné

Cet état de « passion » est caractérisé par une concentration maximale, sans effort. Il survient quand une personne est profondément engagée dans une tâche et la poursuit avec tellement d'énergie que tout le reste disparaît, y compris le sens du temps et/ou la crainte d'un échec. La personne ressent un état de joie et de plaisir presque euphorique dans lequel elle réalise sa tâche sans contrainte ni effort.[9]

Si l'enfant est dans un tel état, il est important de l'aider à y rester. Une des façons les plus efficaces de le faire est de l'accompagner en commentant son activité, en le félicitant et en lui proposant des suggestions. Si, par exemple, l'enfant est en train de préparer une potion magique avec de la farine et de l'eau par terre dans la cuisine, il ne faut pas s'écrier : « Regarde les saletés que tu fais ; maintenant tu vas tout nettoyer immédiatement ! » Il est préférable de mettre quelques vieux journaux par terre et de soutenir sa passion en lui donnant quelques ustensiles comme une cruche, un bol et une cuiller et/ou plus de riz, d'eau ou de farine pour ajouter à sa potion.

« Mais pourquoi mon enfant a-t-il besoin de moi ? Il semble fort bien jouer tout seul. »

Bien entendu le jeu solitaire est très important une partie du temps. Cela donne à l'enfant la possibilité de se mettre à l'écart, de s'impliquer « sensoriellement » à son propre rythme, de développer ses propres idées et de découvrir qu'il peut réaliser certaines tâches. Il ne s'agit pas d'une alternative, les enfants ont besoin à la fois de jouer seuls, et aussi avec un adulte. L'avantage du jeu avec un adulte est la durée de l'attention, ce qui en termes de chimie cérébrale maintient le flux de dopamine dans le cerveau pour que les « états » de concentration, de créativité et d'imagination deviennent des « traits ». La durée d'attention d'un enfant de 2 ans qui joue tout seul se situe entre 15 secondes et 2 minutes. Beaucoup de jeunes enfants ne peuvent pas démarrer une activité ou rester concentrés sur cette activité pendant plus longtemps sans des suggestions, des commentaires et un accordage de l'adulte. En d'autres mots, les enfants ont besoin de « chevaucher » le système dopamine de l'adulte. Mettez un enfant de 2 ans dans un bac à sable avec un assortiment d'accessoires et il restera probablement assis là sans rien faire. Mais si un adulte l'accompagne et lui montre comment se servir des accessoires, il s'y mettra.

Regardez cet enfant de trois ans observé par ses parents dans son « petit monde » pour la première fois. Le petit garçon met en scène une conversation entre une brosse à dents, une banane et sa grenouille en peluche. Adorable ! Cependant, cela ne durera

« Et si on construisait un barrage ? »

À tout âge, les enfants aiment jouer dehors, car l'espace leur procure un sentiment de liberté. Reste à découvrir ce nouvel environnement en s'amusant.

Il faudra peut-être leur faire quelques suggestions au début : « T'es cap' de grimper là-dessus ? » ; « On dirait une cabane. » Mais ensuite, ils pourront s'amuser tout seuls pendant des heures.

Pendant plus d'une heure, ces deux garçons ont construit un barrage pour faire une mare. Complètement absorbés par leur projet, ils n'avaient plus besoin de l'aide des adultes.

« C'est rendre un grand service à son enfant que de lui offrir des occasions d'éveiller son imagination. »

probablement pas plus d'une minute. Si le parent l'écoute, développe son idée en observant, commentant, en prenant part à la conversation avec le plus grand respect et le plus grand intérêt pour ses idées, l'enfant connaîtra le sentiment extraordinaire d'être véritablement entré dans un monde fantastique parce que son parent a « voyagé » avec lui. Quel élan pour son estime de lui ! Il est démontré que l'intérêt et les commentaires apportés aux jeux des enfants développent leur attention et leurs compétences sociales, langagières et exploratoires.[10]

Les premières années, pour exercer leur imagination, les enfants ont besoin de « chevaucher » la dopamine de l'adulte, d'emprunter ses lobes frontaux sophistiqués pour développer leurs idées, arriver à soutenir leur attention, leur intérêt et leur concentration dans le temps. Donc les jeux accompagnés par l'adulte développent beaucoup plus en profondeur l'imagination, la créativité et les thèmes de jeu d'un enfant. Inversement, la recherche montre aussi que l'isolement peut bloquer le système RECHERCHE.[11] Les bénéfices tirés d'un « environnement de jeu enrichi » (voir pages 138-42) dépendent de ce type de jeu, pas d'une activité solitaire.

« Je sais le faire tout seul. »

Les bons professeurs sont ceux qui encouragent les enfants à découvrir les choses par eux-mêmes, qui leur apprennent l'autonomie et le goût du travail bien fait. Les écoles qui suivent trop strictement le programme officiel ont du mal à inculquer le goût du savoir aux enfants.

L'importance de commenter

Plutôt que de passer à côté d'un jeune enfant occupé (en pensant « ouf, au moins il s'occupe »), il est préférable d'encourager ce qu'il fait avec une stratégie de communication appelée commenter (voir pages 248-49). Il s'agit de décrire ce que l'enfant fait : « Ah, tu sens l'eau sur ta main, splich, splach ! » (faire écho aux bruits ou aux mouvements). Ou « Quelle belle pile de cailloux tu as faite. » Ne pas poser de questions (« Qu'est-ce que tu fais ? Qu'est-ce que tu dessines ? ») parce que l'enfant doit s'interrompre pour vous répondre. Comme le fonctionnement du lobe frontal de l'enfant est encore peu développé, il n'est pas grossier en ne répondant pas à la question. Simplement, il ne peut pas déplacer son attention aussi vite qu'un adulte. Commenter aide aussi à soutenir l'intérêt de l'enfant et c'est essentiel pour le développement de son estime de lui.

Commenter l'activité de l'enfant l'aide à soutenir son intérêt pour ce qu'il est en train de faire. Cela l'aide à sentir qu'il peut faire arriver des choses intéressantes dans le monde. Cela lui donne le sentiment d'être important et que ce qu'il fait vaut la peine d'être poursuivi.

Les parents devraient être un peu fous, amusants, excitants

En cas de conflit avec l'enfant, les parents peuvent le dissiper par le jeu, l'humour et en étant un peu surréalistes, en utilisant leur créativité. Cela s'appelle « inverser la transaction ». Par exemple, si l'enfant refuse d'aller au lit, on peut lui proposer d'y aller sur le dos du parent qui serait un vaisseau de l'espace, un dinosaure ou un kayak. Ne pas punir les comportements exploratoires qui occasionnent des dégâts ou des conflits, mais rediriger l'enfant vers une autre activité.

Et avec les adolescents, est-ce trop tard ?

Il n'est jamais trop tard pour éveiller le système RECHERCHE d'un adolescent désabusé, mais il faut qu'il rencontre des adultes dont le propre système RECHERCHE fonctionne très bien, qui peuvent l'inspirer pour qu'il se relance dans la vie et tout ce qu'elle peut offrir. La recherche montre que les adolescents qui ont rencontré des adultes inspirants à l'école ou en dehors ont moins de risque à 30 ans d'être sans qualification, déprimés, célibataires, séparés ou divorcés, dans un logement social, avec un faible revenu, ou délinquants.[12]

« Les personnes créatives… ne veulent pas du monde tel qu'il est aujourd'hui, mais veulent faire un autre monde. Pour y arriver, elles doivent quitter la terre pour imaginer, pour rêver et même être un peu fou… »
Abraham Maslow[13]

Le meilleur environnement

La recherche en neurosciences s'intéresse notamment aux « environnements enrichis » et étudie les effets de ces environnements sur le cerveau. Des études ont montré que des situations particulières qui intéressent l'enfant de différentes façons (voir plus bas), n'activent pas seulement de façon optimale son système RECHERCHE, mais amènent des changements incroyablement positifs dans son cerveau par-dessus le marché.

Jouer avec de la mousse peut vraiment passionner un enfant. Voyez cet enfant qui manipule, qui réfléchit et qui, de toute évidence, s'amuse ; tous ses sens sont engagés. On peut utiliser de la mousse pour le bain ou, moins cher, de la mousse à raser.

Qu'est-ce qu'un environnement enrichi ?

Un environnement enrichi intéresse complètement un enfant sur les plans :

• **Cognitif** (l'enfant réfléchit),
• **Physique** (l'enfant bouge, manipule),
• **Social** (l'enfant est en relation avec ses parents et/ou d'autres personnes),
• **Sensoriel** (tous les sens de l'enfant sont en éveil, le toucher, la vue, l'audition, l'odorat et le goût).

Des activités salissantes accompagnées par un adulte, créer un « mini » monde avec lui et le soutenir en commentant et en imitant ce qu'il fait pour maintenir la passion, voilà des environnements enrichis. Avec l'aide du parent ou de l'adulte, les quatre éléments essentiels sont en place.

Que se passe-t-il dans le cerveau ?

La recherche a montré que les tentatives d'isoler un ou deux des quatre facteurs essentiels repris ci-dessus ne pouvaient pas entraîner de changements positifs dans le cerveau. Les environnements enrichis ont des effets surprenants sur le cerveau. On a observé qu'ils :

• **Réduisent le taux d'hormones du stress.**
• **Rendent les enfants anxieux moins anxieux** (et interrompent les effets négatifs permanents des stress antérieurs, tels que le stress pré- ou postnatal).[14]

« En route pour l'aventure ! »

Il faut montrer aux enfants comment inventer de nouveaux jeux en leur proposant quelques idées et objets susceptibles d'éveiller leur imagination. Rien de tel que de partir à l'aventure sur le dos d'un balai, de chercher des elfes ou de construire un château pour les captiver. De simples « jouets » : un seau, une casserole, un bol d'eau ou un bac avec du sable, leur suffisent généralement pour se lancer. Inutile d'avoir toute une collection de jouets neufs et coûteux. Les enfants adorent « recycler » leurs vieux jouets en trouvant de nouvelles façons de s'amuser avec.

ZOOM SUR LE CERVEAU

Tout comme les engrais favorisent la croissance des plantes, les « engrais cérébraux » permettent au cerveau humain de mieux fonctionner. Les engrais cérébraux renforcent le développement du cerveau et sont essentiels pour la santé physique et mentale de l'enfant.[16] Deux de ces engrais sont le BNDF (facteur neurotrophique issu du cerveau) et l'IGF-1 (facteur de croissance 1 ressemblant à l'insuline, ou somatomédine C) ; ils favorisent la croissance des lobes frontaux et le fonctionnement du cerveau supérieur de l'enfant. La recherche a montré chez des enfants de 8-9 ans une association claire entre des taux plus élevés d'IGF-1 dans les lobes frontaux et un QI plus élevé.[17]

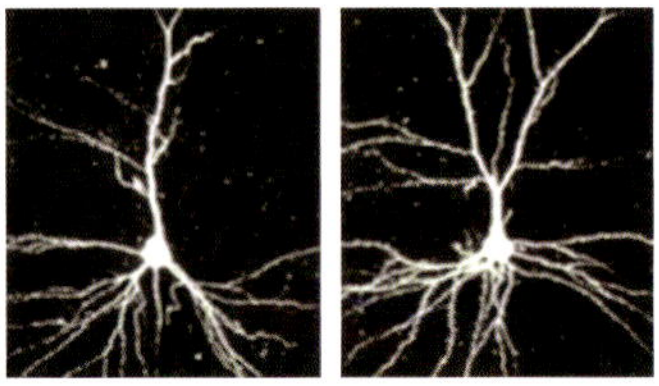

Augmentation des connexions cérébrales. L'image de gauche a été réalisée avant l'exposition d'un mammifère à un environnement enrichi. Après exposition, le nombre de connexions est significativement plus élevé (à droite).[18]

• **Entraînent la croissance de nouvelles cellules cérébrales** (neurogenèse).[15] Dans une étude fascinante, on a donné à des rats un environnement enrichi avec « des tubes pour grimper, des roues, une nouvelle nourriture et beaucoup d'interactions sociales ». Deux mois plus tard, ils avaient 50.000 cellules cérébrales en plus dans chaque hippocampe.[19]
• **Déclenchent la production d'étonnants engrais pour la croissance du cerveau** (voir à gauche).

Bénéfices à long terme

L'hippocampe est un système important associé à la mémoire (voir page 19). Il est essentiel pour la capacité d'apprendre de l'enfant. Nous savons grâce à la recherche sur les animaux que l'hippocampe va aussi montrer une augmentation de l'activation des engrais cérébraux après des jeux dans un environnement enrichi et le développement de nouvelles connexions synaptiques.[20]

La recherche a montré que des enfants carencés, à risque, qui avaient reçu une intervention sous forme d'environnement enrichi à la garderie entre 3 et 5 ans, se débrouillaient beaucoup mieux socialement, émotionnellement et scolairement à l'âge adulte que les enfants qui n'avaient pas connu cet environnement enrichi. À 11 ans, un électroencéphalogramme (pour mesurer les ondes cérébrales) et des tests de conductance cutanée (pour mesurer le degré d'excitation corporelle) ont montré une meilleure attention, une meilleure concentration et une physiologie plus calme, essentielles pour prendre des décisions, analyser des émotions et se socialiser.[21]

Créer un environnement enrichi

Pour mériter l'appellation d'environnement enrichi, une activité ou un jouet doit être nouveau pour l'enfant. Lui donner chaque jour les mêmes jouets n'entraîne pas les bénéfices décrits plus haut. La recherche sur les chimpanzés nous a appris que si on leur donne une banane, leur système de dopamine se déclenche. Si on leur en donne une autre, et encore une autre, finalement la production de dopamine devient tellement faible qu'ils ne s'intéressent plus aux bananes ! C'est la même chose avec les jouets des enfants. Nous leur apportons un nouveau jouet et ils sont impatients de jouer avec. Deux jours plus tard, ils n'en veulent plus et cela nous irrite. Tous ces efforts et cet argent mis dans ce cadeau ne semblent plus avoir de valeur pour l'enfant.

Mais proposer de nouvelles activités ne signifie pas se ruiner dans un magasin de jouets. Il existe de merveilleuses façons de créer de nouveaux jeux salissants et stimulants et des petits mondes à peu de coût. Un grand bac en plastique à fond noir suffit. Avec des animaux miniatures et des « objets trouvés » (des branches d'arbre, des cailloux, des feuilles ou même des aliments comme du riz, de la farine...) on crée un « monde » différent chaque semaine. Il ne faut pas faire de grandes dépenses. Les enfants adorent jouer avec de l'eau. On peut aussi faire un monde alimentaire avec du riz cuit et coloré avec du colorant alimentaire, ou même avec des spaghettis, ou les deux. Voici quelques idées supplémentaires :

• Une scène enneigée (avec de la fausse neige ou une mousse artificielle),
• Une scène de ferme (avec des brins de paille ou des épis de blé),
• Une scène de plage (avec du sable et des animaux en plastique),
• Un monde de dinosaures avec des cornflakes,
• Un monde de mousse ou de bain dans la baignoire avec quelques objets comme des animaux ou des jouets en plastique.

« Le véritable signe de l'intelligence n'est pas la connaissance mais l'imagination. »
Albert Einstein

Ma famille va se promener !

Les enfants adorent explorer des mini-mondes. Choisissez des jouets qui accrochent l'imagination d'un enfant et facilitent le jeu libre. Créez un « monde » dans un petit bac ou sur une petite table ou achetez un bac plus grand sur pieds pour que plusieurs enfants puissent jouer en même temps.

SACHEZ QUE...

Les boîtes à trésor sont parfaites pour les bébés de 6 à 18 mois. La psychologue pour enfants Elinor Goldschmeid a créé le terme de jeu « heuristique » pour décrire le fait d'offrir à un bébé des objets « naturels » avec lesquels jouer. Elle pensait que des objets en plastique ne stimulent pas les sens du bébé aussi bien que les objets naturels.

Il est donc conseillé de réaliser une boîte à trésor spéciale pour un jeune enfant. On peut utiliser des formes intéressantes en carton, en bois, en caoutchouc, en fourrure, en coton, et les placer dans un panier, y ajouter des pinces à linge, des ustensiles de cuisine, des sacs de haricots, des coquillages, des rubans, de la laine, des pommes de pin, des brosses, des arrêts de porte, mais il faut éviter les objets en plastique. Le parent s'assied calmement près de son bébé, d'une façon accordée et commente ce qu'il fait. Il l'observe prendre les jouets et le félicite pour ce qu'il fait.

Si en tant que parent, on se sent dépassé (« Ne me demandez pas de faire quelque chose de plus »), il est possible d'acheter des boîtes à trésor toutes prêtes.

Est-ce que les enfants ne peuvent pas tout simplement jouer ensemble ?

Certains enfants de 4 et 5 ans (en particulier ceux qui ont bénéficié d'énormément de jeu accompagné par un adulte) peuvent jouer gentiment à un « petit monde » ensemble pendant plus de 20 minutes, avant qu'un d'eux attaque l'autre, qu'il y ait une bagarre pour des jouets ou que l'un d'entre eux perde l'intérêt. Des jeux de petit monde ou des jeux salissants entre enfants sont bons pour le développement des compétences sociales, comme donner et prendre et écouter les idées de l'autre. Des enfants de plus de 5 ans peuvent aller plus loin dans un jeu imaginatif entre enfants. Ils peuvent se passionner ensemble et développer une histoire plus longtemps sans avoir besoin des parents (surtout s'ils ont connu beaucoup de jeu accompagné dans leurs jeunes années). Mais même quand les enfants sont capables de jouer ensemble avec imagination, concentration et créativité, le jeu accompagné parent-enfant ajoute une dimension différente et essentielle pour le développement du dynamisme, de la volonté et de la créativité.

Les enfants n'ont tout simplement pas le développement sophistiqué du lobe frontal d'un adulte. Le jeu accompagné par un adulte socialement intelligent fournit aux enfants un accordage fin (usage de la voix, des mots, du ton, du mouvement), un commentaire sensible, l'affirmation de leurs idées et des histoires minute après minute. En ce sens, les parents sont aussi des thérapeutes naturels par le jeu. Une étude importante a revu 93 recherches différentes de thérapie par le jeu en termes de résultats. Les meilleurs résultats ne venaient pas des études où un thérapeute jouait avec un enfant dans une salle de thérapie, mais de celles où les parents apprenaient à jouer dans l'environnement familial en se laissant guider par leur enfant (commenter ses actions, y participer, le féliciter et ainsi conserver l'implication dynamique de l'enfant dans la tâche).[22] En d'autres mots, les parents donnaient le meilleur soutien au système RECHERCHE de l'enfant.

De plus, en participant pendant ces premières années, de la naissance à 5 ans, les parents soutiennent le développement de l'imagination de leur enfant comme une compétence essentielle de vie.

À retenir

• Les premières années, un grand nombre d'activités imaginatives et exploratoires dans un contexte de jeu accompagné par l'adulte favorisent le développement du système RECHERCHE dans le cerveau de l'enfant. Quand ce système fonctionne bien, l'enfant a de l'appétit pour la vie, de la curiosité, ainsi que le dynamisme et la motivation pour transformer ses idées créatives en réalité.

• Il est facile de réprimer la volonté d'un enfant et de ruiner son besoin d'explorer en le décourageant, en lui donnant trop d'ordres et de « non », ou en utilisant une discipline stricte basée sur la peur et l'humiliation.

• Plutôt que de courir au magasin de jouets, on peut créer de nouveaux environnements enrichis chaque semaine, des jeux salissants ou des « petits mondes » avec des objets naturels, des animaux et des figurines. Cela stimulera l'enfant sur le plan cognitif, physique, social et sensoriel.

La sociabilité de l'enfant

Pour être mentalement équilibré et heureux, il est indispensable d'entretenir de véritables relations humaines. La qualité du contact que nous avons avec les autres est sans aucun doute l'un des facteurs les plus déterminants de notre bien-être. Nous ne pouvons nous développer qu'à travers des relations avec les autres.
Ce chapitre présente des notions de sciences et de psychologie pour que notre enfant puisse entretenir des relations aimantes et durables et ne finisse pas par vivre une relation destructrice ou douloureuse.

Développer sa sociabilité

Pour bien s'entendre avec les autres, il faut disposer d'une certaine intelligence sociale, qui n'a rien à voir avec les capacités intellectuelles. Certaines personnes très brillantes ont une intelligence sociale peu développée et ont du mal à entretenir des amitiés durables.

SACHEZ QUE…

Savoir interpréter les signaux affectifs des autres est une preuve d'intelligence sociale. Des études montrent que les enfants de 11 ans capables de bien réagir aux émotions de leurs camarades sont en majorité ceux dont les parents ont su prendre en compte les émotions.[1]

Ces personnes sont souvent d'un abord ennuyeux, dénuées d'humour et elles ne savent pas s'intéresser à leurs interlocuteurs ; elles leur parlent mais ne les écoutent pas. Elles seront peut-être capables de se réaliser dans leur vie professionnelle, mais pas forcément dans leur vie personnelle. Des études ont même montré que les chefs d'entreprise qui réussissent le mieux ne sont pas les plus ambitieux ou les plus volontaires, mais plutôt ceux qui sont le plus ouverts aux sentiments et aux besoins de leurs semblables. Le gène de l'intelligence sociale n'existe pas. Pour devenir un être humain sociable, un enfant a besoin d'être guidé.

De nombreuses personnes n'obtiennent pas le soutien dont elles ont besoin

Il faut toutes sortes de compétences relationnelles et une intelligence sociale pour entretenir, nourrir et développer des relations aimantes et durables. Des millions de personnes n'y arrivent pas. En d'autres mots, ce qu'elles ont appris dans l'enfance de leurs parents en termes d'intelligence sociale et de compétences sociales essentielles ne les ont pas aidées. Par conséquent, deux mariages sur trois se terminent par un divorce[2] et 50 % des couples cohabitants se séparent avant que leur enfant ait 5 ans.[3] Un quart des enfants connaît le stress d'une rupture familiale[4] et autant voient leurs parents se disputer.[5] De plus, la recherche montre que des relations intimes de piètre qualité sont très mauvaises pour la santé.[6] Mais vivre seul n'est pas la solution, parce que la solitude est si mauvaise pour le système immunitaire qu'elle est une aussi grande tueuse que l'obésité, et aussi dangereuse pour la santé que fumer 15 cigarettes par jour.[7]

Les enfants ont besoin de l'aide de leurs parents

Si les parents veulent que leurs enfants développent des compétences relationnelles, ils doivent leur servir de modèle à travers leurs relations avec leurs enfants mais aussi à travers leurs relations entre eux et avec les autres en général. Il est indispensable que les parents leur montrent comment :

- **Ils peuvent être émus** par la détresse d'un autre ;
- **Ils peuvent réfléchir plutôt que réagir** quand ils se sentent vraiment fâchés sur quelqu'un ;
- **Ils peuvent réparer des relations rompues ;**
- **Ils peuvent exprimer qu'ils sont blessés ou en colère** d'une manière qui respecte l'autre, qui ne lui fait pas honte ou ne le critique pas ;
- **Ils peuvent écouter vraiment l'autre,** d'une manière intéressée, curieuse ;
- **Ils savent réconforter** et réguler émotionnellement une personne en détresse.

Il est possible de donner à un enfant quelques clés pour développer son intelligence sociale, mais on ne peut pas tout lui apprendre, car le « ballet social » est bien trop complexe et subtil. On peut lui enseigner quelques règles simples : comment demander à quelqu'un d'être son ami, comment parler de ses sentiments, comment dire non et faire comprendre clairement et poliment ce que l'on veut. Mais l'intelligence sociale ne se résume pas à cela, et on ne peut pas apprendre à un enfant à être ému par la peine d'une autre personne : il le sera ou il ne le sera pas. De la même façon, on ne peut pas lui apprendre à être chaleureux : il le sera ou il ne le sera pas. Impossible également de lui apprendre à s'intéresser naturellement aux autres pour qu'ils se sentent mis en valeur, ou à apaiser et à réconforter quelqu'un qui a de la peine. Un enfant ne pourra acquérir ces qualités humaines que si son cerveau a développé les voies de communication et les mécanismes chimiques nécessaires et s'il réagit toujours de façon sincère. Pour cela, il doit passer par des

TRANCHE DE VIE

Dépasser la souffrance

Quand Sarah était petite, sa maman était dépressive et criait constamment sur elle. Son père n'avait pas un bon contact avec les enfants : la plupart de ses rapports avec sa fille avaient pour but de la « remettre dans le droit chemin ». Les parents de Sarah n'ont pas été capables de lui apporter l'affection nécessaire, car ils en avaient eux-mêmes manqué dans leur enfance.

Sarah a donc appris à construire ses relations sur des rapports de pouvoir, et à les associer à la peine et au rejet. Chaque fois qu'elle rencontrait des gens sympathiques, elle les faisait fuir en essayant de les manipuler. Elle ne savait simplement pas se comporter autrement avec les autres. Elle a compris qu'elle avait besoin d'aide lorsqu'elle s'est fait renvoyer d'une bonne place pour avoir malmené ses collègues. Avec son thérapeute, elle a enfin pu parler de la solitude ressentie pendant son enfance. Elle a appris à être plus douce et chaleureuse avec les autres, et aujourd'hui, elle est heureuse en ménage, avec des enfants qui se sentent aimés et en sécurité.

« Pour s'intégrer dans un groupe, il faut prendre en compte l'opinion des autres sans être trop directif. »

expériences sociales bien particulières, dont le point de départ sera la relation parents-enfant. Certains adultes ne développent jamais leur sociabilité et conservent l'intelligence sociale d'un enfant, car ils n'ont jamais partagé de moments privilégiés avec leurs parents pendant leur enfance.

La science de l'intelligence sociale

Dans le cerveau d'une personne dotée d'intelligence sociale, les parties inférieures et supérieures peuvent fonctionner en harmonie grâce à un réseau de connexions. Les parents ont un rôle important à jouer pour que ces voies de communication essentielles se mettent en place dans le cerveau de leur enfant. Si, par exemple, un enfant a connu principalement des relations émotionnelles superficielles dans sa famille, il va probablement grandir sans savoir comment développer des manières plus constructives d'entrer en relation. Si les interactions parents-enfant ont souvent été effrayantes, humiliantes ou blessantes, l'enfant peut devenir profondément méfiant et refuser toutes les ouvertures d'amitié, de gentillesse ou d'intérêt. Cela peut lui sembler trop dangereux. Si un enfant voit ses parents se disputer régulièrement, il peut penser que toutes les relations sont faites de pouvoir et de contrôle et ne réagir que par le pouvoir et le contrôle devant des personnes blessées ou en colère.

Ces deux garçons n'ont que 4 ans, mais ils maîtrisent pourtant déjà l'art d'être bien ensemble. Ils savent être à l'écoute l'un de l'autre et se répondre en temps voulu. Ils se sentent à l'aise l'un avec l'autre.

Le cerveau sensible et l'intelligence sociale

Plusieurs régions du cerveau jouent un rôle essentiel dans l'intelligence sociale : les lobes frontaux, le cervelet, le corps calleux et le gyrus cingulaire antérieur. Une éducation consciente des relations permet le développement de milliers de voies nerveuses dans ces régions du cerveau de l'enfant.

Les lobes frontaux

Il y a plusieurs zones dans cette partie du cerveau : une des plus importante est la région orbitofrontale (voir page 150). Les nouvelles connexions qui vont se tisser dans cette région vont permettre à l'enfant de déchiffrer correctement les codes

Comment l'éducation peut-elle avoir un tel impact sur le cerveau social de l'enfant ?

De fortes relations entre adultes peuvent encore favoriser le développement de leur cerveau social (cela ne se passe pas seulement pendant l'enfance). Mais il faut être ouvert au changement. Le problème est que les modes négatifs de relation établis dans l'enfance peuvent facilement être fixés.

Si un enfant grandit dans un climat familial où les rapports sont superficiels, il ne pourra peut-être jamais tisser de liens profonds avec les autres plus tard parce qu'il n'a jamais appris comment faire. Un enfant sera plus facilement réceptif aux offres d'amitié, de gentillesse ou d'intérêt si ses interactions avec ses parents sont toujours accueillies avec empathie ; sinon, il peut devenir méfiant. De plus, s'il connaît des échanges colériques avec ses parents ou s'il en observe entre ses parents pendant l'enfance, il peut croire toute sa vie que toutes les relations sont des rapports de pouvoir et de contrôle.

ZOOM SUR LE CERVEAU

L'aire orbitofrontale est une des zones-clés du cerveau en ce qui concerne l'intelligence sociale. Elle est située juste au-dessus de l'orbite de l'œil, d'où son nom. Les connexions cérébrales qui s'y établissent nous aident à avoir un bon sens relationnel.

Les connexions qui se forment dans l'aire ventromédiane sont essentielles pour l'enfant, afin qu'il puisse prendre conscience de son existence, négocier, prendre des décisions, résoudre des conflits et s'intégrer dans un groupe. De solides connexions entre l'aire ventromédiane et le cerveau inférieur nous permettent aussi d'apaiser nos émotions fortes, et de les analyser pour éviter des accès de colère, d'agitation et d'anxiété.[8]

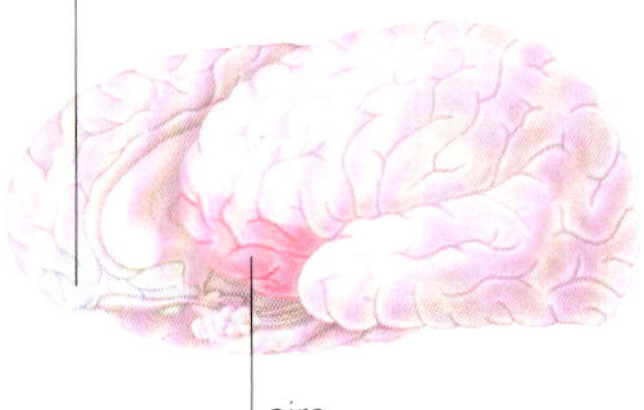

Les aires orbitofrontale et ventromédiane sont des zones des lobes frontaux impliquées dans l'intelligence sociale.

affectifs et sociaux de ses interlocuteurs et d'y réagir de façon appropriée. Il est intéressant de noter que cette zone est moins active chez les adultes et les enfants en dépression, ce qui les rend moins sociables. Les connexions entre le cortex orbitofrontal et le cerveau inférieur, appelées « voies cérébrales descendantes[9] » aideront l'enfant à maîtriser ses instincts de peur et de colère et à réguler son système neurovégétatif. Ces connexions jouent aussi un rôle essentiel dans la capacité de réparer une relation qui s'est mal passée.

Le rôle du cervelet

Cette structure est située en arrière du tronc cérébral, dans la partie la plus basse du cerveau (voir page 19). Les parents, par leur éducation, vont établir des connexions entre les lobes frontaux au-dessus et le cervelet. Celles-ci permettront à l'enfant d'apprendre à répondre à son interlocuteur au moment opportun, sur le ton et avec l'expression appropriés. Elles devraient aussi le rendre plus apte à passer d'un sujet à un autre dans une conversation. Le rôle social du cervelet n'a été découvert que récemment par les scientifiques. Les études menées sur des enfants autistes mettent presque toutes en évidence des malformations du cervelet.[10]

Le corps calleux relie le cerveau droit et le cerveau gauche

C'est la structure qui permet la communication entre les côtés droit et gauche du cerveau supérieur (voir page 18). Le cerveau gauche héberge les centres verbaux, responsables de la parole et de sa compréhension, mais le cerveau droit doit d'abord enregistrer les émotions. Le corps calleux, quand il travaille bien, nous aide à trouver des mots pour les sentiments, et donc à avoir une littératie émotionnelle. Alors que le cerveau gauche n'a que de faibles liens avec le cerveau émotionnel inférieur et avec les informations concernant l'excitation corporelle, le cerveau droit est profondément sensible et a des liens forts avec les systèmes des émotions et les « tripes ». Il saisit très rapidement les atmosphères émotionnelles. Chez les bébés et les jeunes enfants, cette structure est encore en développement, donc la communication entre les deux côtés du cerveau ne se fait pas bien, c'est ce qui explique les brusques changements de comportement des enfants.

• **Il est possible d'aider au développement de la communication entre les deux côtés du cerveau.** Il est erroné de penser que les enfants peuvent mettre des mots sur leurs émotions sans difficulté, alors que de façon générale, ils n'en sont pas capables parce que leur corps calleux n'est pas encore développé. En fait, ils tendent à « agir » leurs émotions parce qu'ils restent au niveau des sensations plutôt que de la réflexion. En aidant un enfant à mettre des mots sur ses émotions, on l'aide à développer son corps calleux. Quand des adultes n'ont pas reçu cette aide dans l'enfance, ils réagissent encore sans réfléchir en cas de stress.

Adele Faber et Elaine Mazlish, expertes en communication parents-enfant, suggèrent de donner aux enfants des mots pour exprimer leur colère envers leurs frères et sœurs plutôt que de réprimer cette colère.[11] Par exemple, si Thomas, 4 ans, frappe son

« Les enfants qui n'ont pas rencontré d'empathie ne peuvent pas prêter attention à la détresse d'un autre enfant. »

« Réconcilions-nous. »

C'est tout un art pour les parents d'aider leurs enfants à résoudre leurs conflits alors qu'ils sont soumis à tant d'instincts primitifs.

Ce gentil papa console deux fillettes de 2 ans en leur expliquant qu'il comprend combien c'est difficile pour elles de partager la petite voiture.

Quelle fierté pour les parents de pouvoir montrer aux enfants que les pires conflits peuvent être résolus.

ZOOM SUR LE CERVEAU

Le corps calleux est un étonnant réseau de fibres qui rendent possible la communication entre les deux hémisphères cérébraux. Il intervient largement dans l'intelligence sociale, puisqu'il transmet en quelques millisecondes les informations relatives à tout ce qui nous arrive d'un côté à l'autre du cerveau. C'est grâce à lui que nous pouvons ressentir et analyser chaque événement vécu.

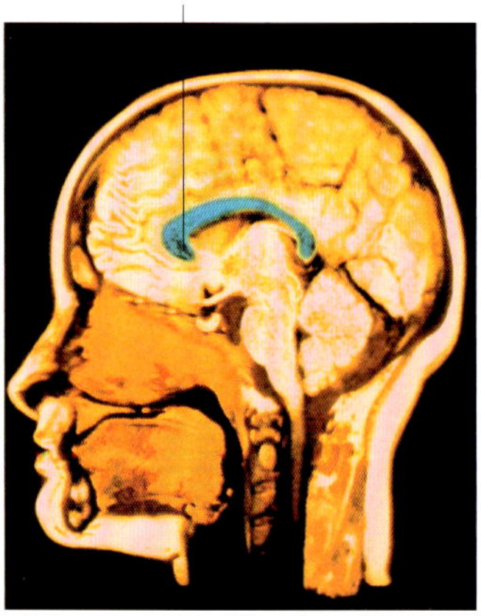

Une image cérébrale (IRM) permet de distinguer clairement le corps calleux (en bleu). Cette bande de tissu est composée de fibres nerveuses (environ 300 millions chez un adulte au cerveau complètement développé) et joue un rôle d'autoroute de l'information entre les deux hémisphères cérébraux.

petit frère Jean parce qu'il lui a pris son nouveau camion jaune, nous aurions sans doute envie de dire à Thomas : « C'est mal. Arrête ça tout de suite. Ton frère ne faisait que le regarder. » À la place, nous pourrions donner à Thomas des mots pour l'aider en lui disant : « Arrête Thomas. Ce n'est jamais bien de faire mal à quelqu'un. Explique à ton frère combien tu es fâché. Tu pourrais dire quelque chose comme : "Hé Jean, je n'aime pas que tu joues avec mon camion jaune. Je voudrais que tu demandes d'abord." » Puis nous pouvons proposer à Thomas de l'aider à parler à Jean.

• **En cas de conflit**, si nous aidons notre enfant à mettre des mots sur ses émotions, nous l'aidons aussi à développer sa capacité à réfléchir avant de réagir. En mettant des mots sur nos émotions, les systèmes d'alarme de notre cerveau se calment, ralentissent notre fréquence cardiaque et réduisent notre taux d'hormones de stress.[12] C'est aussi vrai quand on boude, ce qui bien entendu est un état sans paroles. Donc, aidons notre enfant à verbaliser. Si on ignore la bouderie ou si on la critique, on manque une opportunité essentielle pour permettre le développement de l'intelligence sociale. Devant un enfant qui boude, essayons de lui dire : « Est-ce que tu veux continuer à bouder ou bien est-ce que tu as besoin d'un câlin ? » Sans réponse, on peut dire : « Ok, je suppose que pas de réponse signifie que tu veux continuer à bouder. Je reviens dans un moment te le redemander. » Ou j'ai trouvé très efficace de demander à un enfant : « Voudrais-tu finir la phrase : Je me sens en colère parce que… Je me sens triste parce que… » On répète lentement chaque phrase pour lui donner le temps de réfléchir.

Le gyrus cingulaire antérieur est essentiel pour l'empathie et la compassion

Cette structure (voir page 95) fait partie du système limbique. Quand il est activé face à la détresse d'une autre personne, il permet de partager sa douleur, au point de nous motiver à agir.[13] Si nous élevons nos enfants avec empathie, ils auront la capacité d'en faire preuve aussi de cette façon (voir aussi pages 154-59). Il est intéressant d'observer que le gyrus cingulaire antérieur ne s'active pas chez les « petits durs » qui, plutôt que de vouloir aider ceux qui sont vulnérables ou sans défense (aversion à la détresse), sont « excités par la détresse » et veulent leur faire mal.

Ce qui est activé dans leur cerveau, c'est le noyau accumbens qui libère des substances de récompense.

Les lobes pariétaux sont importants aussi

Les lobes pariétaux sont impliqués dans la sensation de mouvement et de déplacement dans l'espace. Une éducation sensible aux émotions peut aussi aider à établir de nouvelles voies importantes entre les lobes pariétaux et les lobes frontaux de l'enfant. Ces voies (en particulier du côté droit) sont responsables d'évaluer l'espace interpersonnel correct entre soi et une autre personne. Cela signifie la capacité de ne pas envahir son espace privé ni de paraître trop distant !

De faibles taux de sérotonine peuvent gâcher les relations

La sérotonine est un facteur majeur de l'intelligence sociale et émotionnelle. Des taux optimaux peuvent stabiliser l'humeur, réduire l'agressivité et jouer ainsi un rôle important pour favoriser de bonnes relations. Des études ont montré que les singes les plus respectés dans leur groupe et au sommet de leur hiérarchie sociale avaient des taux optimaux de sérotonine.[14] De faibles taux de sérotonine dans le cerveau sont associés à des comportements impulsifs. Si nous ne sommes pas capables d'inhiber nos pulsions primitives, de fréquentes explosions de colère ou d'anxiété peuvent gâcher nos relations. Nous souffrons aussi plus probablement de mauvaise humeur. Les enfants et les adultes avec de faibles taux de sérotonine peuvent avoir du mal à exprimer calmement des émotions négatives. Les taux de sérotonine sont spectaculairement influencés par les relations humaines, pour le meilleur ou pour le pire. La recherche montre que le stress au début de la vie perturbe le système de la sérotonine dans le cerveau d'un nourrisson, alors que de d'agréables face-à-face avec nous peuvent avoir un effet positif sur les taux de sérotonine dans le cortex ventromédian de notre enfant. En partageant beaucoup de bons moments avec nous, notre enfant peut s'habituer à des taux optimaux de sérotonine dans son cerveau, et cela peut devenir ensuite une partie de ce qu'il est, de sa personnalité.

CHEZ LES ANIMAUX

Chez les animaux comme chez les humains, on associe faible taux de sérotonine et comportement impulsif. En effet, la sérotonine étant un stabilisateur de l'humeur, les réactions émotives ne sont plus régulées si elle vient à manquer. Ainsi, en cas de problème, les individus ne sont pas simplement contrariés ou irrités, mais piquent des colères terribles. Les singes qui ont un faible taux de sérotonine sont impulsifs et agressifs. « Ils sautent sur l'occasion pour passer dangereusement d'arbre en arbre, là où d'autres ne s'y risqueraient pas. Ils se battent souvent.[11] »

Éduquer avec empathie

Les enfants à qui de l'empathie est offerte lors de moments de grandes émotions se débrouillent beaucoup mieux sur le plan social, émotionnel et scolaire dans la moyenne enfance et dans l'adolescence que les enfants qui n'ont pas reçu de réactions empathiques.[16] Ils ont aussi une physiologie beaucoup plus calme et donc savent bien gérer le stress.

C'est beaucoup trop facile de dire à un enfant qui vit une émotion négative qu'il devrait « passer au dessus », ou que ce qu'il ressent « n'est pas si terrible » ; cela s'appelle « se détacher de ses émotions ». Une éducation empathique est à l'exact opposé, il s'agit de reconnaitre les émotions de l'enfant, particulièrement la douleur de ce qu'il ressent, puis de l'aider avec cette souffrance. De même, si nous réagissons de façon empathique à la colère de notre enfant plutôt que de lui dire d'arrêter d'être en colère, il s'en sortira beaucoup mieux.

Des études montrent que les enfants qui ont été élevés avec empathie ont des résultats scolaires plus élevés à 8 ans et à 15 ans à cause de leur bonne régulation du stress : leur capacité à réfléchir n'est pas perturbée par leurs émotions. Ces enfants connaissent aussi moins de jeux négatifs avec leurs meilleurs amis, moins de problèmes de comportement, et sont en meilleure santé.[17]

SACHEZ QUE...

Certains bébés sont si sensibles qu'il faut faire très attention lorsqu'on passe un moment en tête-à-tête avec eux. Si quelque chose les inquiète d'une façon ou d'une autre au cours de l'échange, ils risquent de se replier sur eux-mêmes. Et si on cherche à capter de nouveau leur attention, ils peuvent se renfermer encore plus : on sera alors aussi désemparé et perturbé qu'eux. Il faut donc s'assurer que l'on interprète bien les signaux qu'ils nous envoient.

Donc quelle est la meilleure approche ?

Une éducation empathique signifie activer les structures essentielles du cerveau impliquées dans l'intelligence sociale : aider son enfant à mettre des mots sur ses émotions (développer son corps calleux) ; être en empathie avec lui pour qu'il fasse de même avec les autres (activer son gyrus cingulaire antérieur) ; et l'aider à apprendre à réfléchir sur les embûches de la vie, pas seulement à y réagir (améliorer le fonctionnement de son lobe frontal).

Il s'agit de changer son approche

Voici un exemple de réaction factuelle non empathique à la souffrance émotionnelle d'un enfant (aucun changement positif du cerveau ou de l'esprit) et comment la transformer en une réaction empathique. Annie, 2 ans, pleure parce qu'elle ne veut pas quitter la garderie; elle s'amuse bien et ne veut pas rentrer à la maison. Papa, utilisant une réaction factuelle, pourrait commencer par dire: « Annie, tu dois te calmer. » Sa réaction est de pleurer encore plus fort. Son papa, criant et passant aux faits, réagit en disant: « Arrête tout de suite ce comportement. Tu sais que tu ne peux pas rester ici, nous devons rentrer à la maison. » La réaction empathique serait de dire: « Je comprends que tu aimes bien la garderie. Tu veux rester ici, tu ne veux pas rentrer. » Quand elle pleure encore plus fort, il répète: « Papa sait. Annie veut rester ici et ne pas rentrer. » Elle va se calmer, se laisser prendre et faire un câlin.

Approche empathique d'une dispute pour un jouet

Sophie hurle parce qu'en jouant, son amie Emma lui a pris son nouveau jouet. Plutôt que de dire: « Allons, Sophie, tu dois

« Quand les parents vivent les états émotionnels négatifs de leur enfant avec lui, ces états diminuent. Quand les parents vivent les états émotionnels positifs de leur enfant avec lui, ces états augmentent. »
Dan Hughes

« Je suis vraiment désolée. »

Grand-mère s'est énervée parce que Claire, 6 ans, a pris les trois derniers biscuits au chocolat. Ensuite elle s'excuse: « J'étais fâchée parce que tu n'as pas laissé de biscuit pour les autres, mais je suis désolée, je n'aurais pas dû crier. J'aurais dû trouver une autre façon de te faire savoir que ce n'est pas bien. » Cela s'appelle une réparation interactive et c'est essentiel pour des relations saines et aide les enfants à apprendre à réfléchir plutôt que réagir.

Quand un enfant commence à grandir, il faut rester à son écoute. Certains parents savent très bien parler « à » leur enfant, mais pas vraiment « avec » lui. Quand notre enfant veut nous dire quelque chose de très important, il faut se mettre à son niveau pour qu'il puisse nous regarder dans les yeux, et lui laisser le temps de trouver ses mots. On doit éviter d'utiliser un langage trop compliqué pour lui et ne pas hésiter à forcer les intonations de notre voix, car un ton monotone risque de le décourager.

apprendre à partager. C'est bien de partager et puis vous pouvez être amies toutes les deux », essayez ceci : « Parfois c'est difficile de partager quelque chose qu'on aime vraiment beaucoup. Mettons ce jouet de côté pour l'instant et montre à Emma les jouets que tu es d'accord de partager avec elle. »

Être en empathie peut développer des connexions cérébrales

La petite sœur de Thomas, 5 ans, a dessiné à travers la belle carte qu'il vient juste de réaliser pour sa grand-mère, et Thomas pleure, crie, se roule par terre. Plutôt que de réagir en disant : « Allez, Thomas, c'est assez. Arrête ce comportement immédiatement. Elle ne l'a pas fait exprès. C'est un bébé », on peut essayer la version empathique : « Je comprends pourquoi tu es si furieux et si malheureux. Tu avais fait une si belle carte. Bien sûr que tu as mal maintenant qu'elle est abîmée. » Notre réaction empathique aidera notre enfant à donner du sens à ses expériences douloureuses et à développer de nouveaux réseaux neuronaux dans son cerveau pour l'aider à réfléchir plutôt que réagir.

Gérer le conflit et la colère

Les conflits sont inévitables dans les relations parents-enfant. Nous ne voulons pas supprimer ces conflits mais si nous voulons que les enfants deviennent socialement intelligents, nous devons utiliser ces moments pour leur montrer comment bien les gérer. Le nombre impressionnant d'adultes qui n'arrivent pas à avoir des relations intimes entre adultes démontre à suffisance que beaucoup d'adultes ne savent pas gérer un conflit. Cela dit, la thérapeute de couple Ellyn Bader suggère que « Les vœux de mariage sont ridiculement durs, à moins que vous ne vous mariiez tard dans la vie après beaucoup de thérapie personnelle.[18] »

L'expert en relations John Gottman a étudié la dynamique dans un très grand nombre de couples. Il a trouvé que la capacité des couples à bien gérer la colère est la clé de leur bonheur, du fait qu'ils restent ensemble, et que beaucoup se séparent parce qu'ils ne savent pas gérer les conflits. Les conflits sont particulièrement intenses quand au moins un des deux partenaires fait de l'obstruction ou s'écarte, critique l'autre ou est sur la défensive et/ou plein de mépris pour l'autre. Par opposition, les couples heureux gèrent leurs conflits de manière douce et positive, sont capables de réparer les interactions négatives pendant une dispute, et peuvent digérer pleinement leurs émotions négatives.[19]

C'est vrai aussi pour les relations parents-enfant. Pour que les enfants développent leur intelligence sociale, les parents doivent gérer les conflits avec eux de façon douce et positive et réparer la relation après une dispute.

De nombreuses études ont montré que des enfants dès 18 mois peuvent montrer de l'intérêt et le désir d'aider d'autres personnes dans le besoin. Cependant, la capacité d'un enfant à être empathique dépend de l'exemple que lui montrent régulièrement leurs donneurs de soins principaux. Malheureusement, avec une éducation qui manque d'empathie, la recherche montre que les enfants réagissent sans émotion à la détresse des autres, comme s'ils regardaient un meuble.[20]

Comment gérer un conflit de manière douce et positive

Un enfant ne va pas devenir socialement intelligent si ses parents considèrent que sa colère doit être punie plutôt que comprise. Il est fréquent que les parents acceptent la tristesse ou la peur d'un enfant mais critiquent ou punissent sa colère. Nous avons besoin de notre colère, elle fait partie de la condition humaine et nous fait savoir ce qui est bon ou mauvais pour nous. Si un enfant apprend qu'il ne doit pas ressentir de colère parce qu'elle provoque la désapprobation de ses parents, il arrivera à l'âge adulte avec un handicap social. Il ne trouvera pas son « Non » passionné, et beaucoup de personnes lui marcheront sur les

« Je comprends ta peine. »

En reconnaissant les émotions de l'enfant, en particulier sa souffrance, et en l'aidant à la dépasser, nous le régulons émotionnellement. Les enfants dont les parents sont en empathie avec leurs sentiments, y compris la colère, sont aussi en meilleure santé physique que ceux dont les parents ne sont pas en empathie avec eux.

ZOOM SUR LE CERVEAU

On peut visualiser la compassion et la sollicitude dans le cerveau grâce à l'IRM : lorsqu'on réconforte quelqu'un, c'est notre gyrus cingulaire antérieur qui agit (voir ci-dessous) ; il appartient au système SOINS du cerveau inférieur (voir page 29).

On peut « façonner » le cerveau de son enfant de façon à favoriser le développement des connexions entre son gyrus cingulaire antérieur et son néocortex. Il sera ainsi capable de ressentir la souffrance des autres, tout en l'analysant.

Un dysfonctionnement du gyrus cingulaire antérieur peut le rendre plus insensible ; les singes, par exemple, traitent leurs congénères comme des objets inanimés et leur marchent dessus.[21] Quant à l'homme, inutile de réfléchir très longtemps pour trouver chez lui des actes de cruauté similaires.

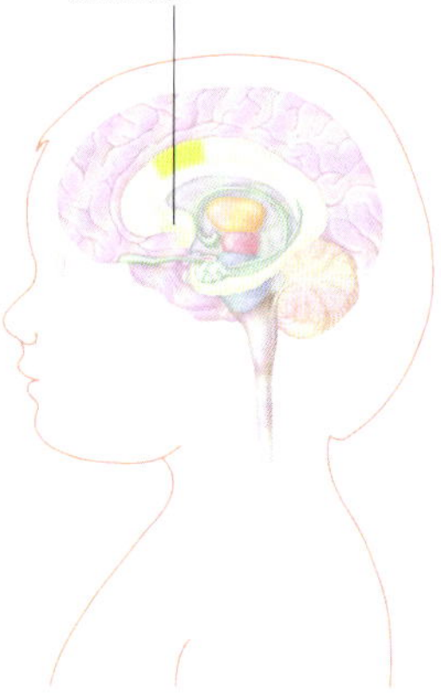

pieds, ou il n'arrivera pas à établir des limites claires dans des situations d'exploitation. La capacité de se mettre en colère à des moments appropriés est une composante essentielle de l'intelligence sociale d'un enfant. Si un enfant inhibe des émotions comme la colère, ses relations à l'âge adulte manqueront d'authenticité. S'il sent qu'il ne peut jamais être vraiment lui-même avec ce parent, il peut emporter ce sentiment de « peur d'être moi-même pour ne pas être trop » à l'âge adulte aussi.

Punir sans colère

La colère est tout aussi présente dans les meilleures relations parents-enfant que dans les plus difficiles. Donc quand notre enfant est en colère, ne le mettons pas à l'écart parce qu'il nous manque de respect et dit qu'il nous déteste (voir aussi page 234), ne le punissons pas pour avoir l'émotion qu'il ressent. Mais régulons sa colère en la reconnaissant. À condition bien sûr qu'il ne nous injurie pas !

• **Soyons empathique avec notre enfant quand il est furieux sur nous parce que nous avons mis des limites,** plutôt que de le critiquer pour cela.[22] Par exemple, Sally, 5 ans, a dit quelque chose de vraiment méchant à sa petite sœur. Donc sa maman lui dit qu'étant donné sa méchanceté, elle ne pourra pas regarder son nouveau DVD aujourd'hui. Sally est alors furieuse contre sa maman. Mais Maman entend sa colère et dit : « Je comprends que tu sois furieuse parce que je ne te laisse pas voir le DVD et tu as vraiment mal à cause de ça maintenant, et tu es déçue, mais je veux que tu apprennes que les méchants mots blessent les autres. » Notre enfant comprendra probablement mieux si nous avons reconnu sa colère de cette façon.

• **Si notre enfant nous attaque personnellement,** reconnaissons que ce qu'il ressent à notre sujet est réel pour lui. Commençons notre phrase par : « Donc tu me ressens comme... », « Donc tu me vois comme... », « Donc tu as l'impression que... ». De cette façon, nous ne disons pas : « Je suis ceci ou cela », mais nous reconnaissons sa perception.

• **Comment exprimer sa colère avec son enfant.** Soyons brefs. Commençons notre phrase par : « Je suis en colère parce que... ». Mais ne crions pas et ne l'humilions pas. Rappelons-nous la recherche qui montre que crier ou humilier entraine des taux toxiques d'hormones de stress dans le cerveau d'un enfant.

• **Réparer la relation aussi tôt que possible.** Mais pour faire cela, nous devons être capables de nous réguler nous-mêmes émotionnellement, donc avoir suffisamment de fonctionnement de notre lobe frontal pour réfléchir à ce que nous faisons avec notre enfant. Vérifions que nous augmentons la dignité de notre enfant, que nous ne l'humilions pas. Si nous nous sentons dépassés, et que notre système COLÈRE mène la danse, nous pourrions dire : « Je me sens très fâché à propos de ceci, donc je vais quitter la pièce et passer un peu de temps à me calmer et à réfléchir » puis quitter la pièce, respirer et revenir quand nous nous sentons plus régulés.

• **Essayer un dessin empathique.** Comme les jeunes enfants n'ont pas souvent de mots pour dire leurs émotions, il y a d'autres façons de les aider en leur montrant comment exprimer leurs émotions. Nous pourrions dire à notre enfant que nous allons dessiner ou écrire les raisons pour lesquelles nous imaginons qu'il est en colère. Avec un feutre et une feuille de papier, dessinons un grand dessin empathique ; il peut s'agir de phrases ou d'images (des gribouillis et des personnages bâtons font parfaitement l'affaire) montrant diverses explications de sa souffrance émotionnelle et de son comportement. Puis, on peut lui demander de colorier ou de barrer ce qui ne convient pas et de cocher ce qui lui semble correct. S'il le fait, il faut le remercier pour son courage et de nous faire savoir ce qui ne va pas.

L'importance de réparer la relation

Réparer la relation (apprendre comment dire désolé) et montrer l'exemple dans notre relation avec notre enfant est un cadeau pour lui. Il développera cette compétence et pourra la transférer dans ses relations adultes. Tant de couples se séparent parce qu'après une dispute, il y a une déconnexion et ils ne savent pas comment la réparer : leurs parents ne le leur ont pas montré. Après une déconnexion avec notre enfant, nous pourrions dire : « Je suis désolé de m'être fâché en criant. Je voulais que tu arrêtes ce que tu faisais, mais j'aurais dû trouver une autre façon de t'aider à arrêter. » Ou « Désolée d'avoir utilisé une voix aussi dure. J'ai eu une mauvaise journée au travail et mon stress est sorti sur toi. Je m'excuse. »

CHEZ LES ANIMAUX

Certains animaux sont incapables d'éprouver de la compassion pour ceux qui souffrent, qui sont vulnérables ou sans défense, simplement parce que leur cerveau est dépourvu de certaines structures et de certains mécanismes chimiques. Les reptiles, notamment, ont un système SOINS peu développé dans leur cerveau. La plupart laissent leurs petits se débrouiller seuls dès leur naissance.

La tortue de mer femelle, par exemple, creuse un trou dans le sable pour y déposer ses œufs. Son cerveau libère alors de la vasotocine (la version reptilienne de l'ocytocine). Mais, une fois que les œufs sont recouverts, cette substance « affective » disparaît de son cerveau ; elle ne sera plus là quand les petits naîtront et seuls quelques chanceux atteindront la mer sans se faire dévorer.[23]

Technologie moderne

Soyons réalistes. Il y a très peu de parents qui n'utilisent pas la télévision, un DVD, une console de jeux ou une tablette comme babysitter de temps en temps. La technologie peut parfois nous aider à trouver une solution aux conflits entre frères et sœurs, et la télévision en particulier peut être excellente pour faire redescendre la pression chez tout le monde.

SACHEZ QUE…

Il est recommandé que les enfants de 2 ans et plus ne passent pas plus de 2 heures par jour devant un écran (télévision et jeux électroniques).[24] La plupart des enfants de 5 ans passent environ 14 heures par semaine (c'est-à-dire 2 heures par jour) devant un écran.[25] Par contraste, les enfants ne passent généralement que 38 minutes par jour avec un parent[26] et ils passent 10 fois plus de temps à regarder la télévision qu'à jouer dehors.[27]

Ici nous voudrions expliquer quelques faits à propos de la technologie pour que les parents puissent prendre des décisions éclairées sur ce qui est acceptable comme temps d'écran par jour et sur les types de programmes télévisés, de films et de jeux électroniques (sur console, ordinateur, tablette ou smartphone) qui peuvent être autorisés.

Le temps d'écran

Est-ce bon ou mauvais de passer du temps devant des écrans ? Les recommandations actuelles des chercheurs sont de 2 heures par jour au maximum, mais qu'arrive-t-il si on les dépasse ? Une étude a été réalisée à Glasgow sur les habitudes de 11 000 enfants de 5 ans[28] et a trouvé qu'à 7 ans, il y avait moins de 2 % de problèmes supplémentaires de comportement chez les enfants qui regardaient la télévision plus de 3 heures par jour par rapport à ceux qui la regardaient moins d'une heure. Il n'y avait pas d'augmentation de manifestations émotionnelles, d'hyperactivité/inattention, ou de problèmes relationnels avec les pairs. Alison Parkes, une des auteurs de l'étude, dit : « Notre travail suggère que limiter le temps passé par les enfants devant la télévision n'améliorera probablement pas leur adaptation psychosociale.[29] » Cependant les chercheurs ont fait d'autres découvertes :

- **Risque d'obésité.** Les enfants qui regardaient une heure par jour la télévision avaient 60 % de risques de plus d'être en surpoids et 73 % de risques de plus d'être obèses en première primaire que ceux qui la regardaient moins longtemps.[30] Le manque d'activité physique augmentait le risque de 50 %.
- **Augmentation de la probabilité d'être harcelé** à l'école pour les enfants qui regardaient beaucoup la télévision depuis l'âge de 2 ans, probablement parce que cela réduit leur temps relationnel en famille.[31]

• **Réduction du niveau de concentration** chez les enfants de moins de 4 ans dans les familles où la télévision est allumée en arrière-plan. Cela réduit aussi la qualité et la quantité d'interactions parents-enfant.[31]

Il y a des bénéfices à regarder un film ensemble

Même s'il y a des raisons de s'inquiéter quand un enfant regarde seul et excessivement la télévision, il peut être intéressant de s'asseoir ensemble et de regarder un film avec son enfant, cela peut améliorer son intelligence sociale. La recherche montre que quand les parents expliquent les motivations et les sentiments des personnages à leur enfant au fur et à mesure du film, ils l'aident en fait à penser psychologiquement, ce qui développe des compétences sociales sophistiquées et la capacité de comprendre ce que ressentent les autres. Ceci active des parties du cerveau de l'enfant qui lui donnent une intelligence sociale supérieure.[32] La même recherche a observé que les réseaux neuronaux utilisés pour écouter une histoire ou regarder un film ensemble sont aussi ceux que nous utilisons pour gérer efficacement nos interactions avec les autres. Regarder la télévision n'a pas le même effet. C'est probablement parce que les programmes sont plus courts, interrompus par des écrans publicitaires, qu'il y a moins de développement en profondeur d'une histoire ou de personnages et parce que les parents ont plus tendance à laisser les enfants regarder la télévision tout seuls.[33]

Que penser des DVD éducatifs pour bébés ?

Il existe sur le marché beaucoup de DVD pour des enfants d'un an et moins, et beaucoup affirment améliorer le développement cognitif des bébés. En fait, la recherche a montré que regarder ces vidéos peut avoir un effet négatif sur le développement du langage du bébé. Une recherche a montré que pour chaque heure passée à regarder des DVD pour bébés, les petits apprenaient six à huit nouveaux mots de moins que les bébés qui ne regardaient jamais de vidéos.[34] C'est parce que ce qui aide avant tous les enfants à développer leur langage, leur vocabulaire, et leur compréhension, c'est la quantité de temps qu'un parent ou un éducateur passe à lire et à parler avec un enfant. La recherche a montré que quand un groupe d'enfants de 9 mois a interagi avec une personne parlant chinois, ils ont une plus grande capacité de discriminer des sons en

Les enfants adorent les jeux vidéo et ceux-ci peuvent renforcer le développement de leurs lobes frontaux et peuvent même l'aider à décharger son stress et sa colère plutôt que de les refouler. La recherche montre que de plus en plus d'enfants ont accès aux tablettes : elles sont utilisées par un enfant sur cinq entre 3 et 4 ans, un sur quatre entre 5 et 7 ans, un sur trois entre 8 et 11 ans, et près de la moitié des 12-15 ans.[35]

Bien qu'il y ait des applications et des jeux qui peuvent aider un enfant à apprendre à lire, la recherche montre que les enfants qui lisent dans un livre ont de bien meilleurs résultats à la compréhension à la lecture que ceux qui lisent sur un écran. Le texte imprimé comporte plus de signaux visuels et tactiles, et le papier fournit aussi des signaux physiques, tactiles et spatio-temporels.[36]

chinois qu'un groupe contrôle. L'expérience a été répétée avec un autre groupe, mais cette fois la personne leur parlait en chinois par l'intermédiaire de la télévision ; ces bébés n'ont pas réussi plus que le groupe contrôle à discriminer les sons du chinois.[37]

Jouer sur tablette et ordinateur, bon ou mauvais ?

Les images lumineuses, amusantes et attirantes peuvent permettre d'obtenir l'attention des enfants et de les motiver. Elles apportent souvent beaucoup de réactions rapides et agréables, des félicitations verbales et des applaudissements quand l'enfant trouve la bonne réponse, ce qui renforce et encourage leur utilisation. Certains critiquent ces jeux en disant qu'ils sont si attirants qu'ils peuvent rendre ennuyeuse la vie de tous les jours et le rythme plus lent des apprentissages à l'école. Cependant, les dernières recherches utilisant les tablettes pour l'apprentissage précoce de la lecture à l'école avec des enfants de 3 à 5 ans n'ont confirmé aucune de ces idées. Ces jeux peuvent renforcer le développement des fonctions du lobe frontal, améliorer la littératie et la numératie, la coordination main-œil, les compétences visuospatiales, la vitesse de traitement et la capacité de discrimination fine des couleurs, ainsi que la sensibilité aux contrastes. Cela dit, ces compétences ne sont pas nécessairement utiles dans un environnement d'apprentissage scolaire, où l'approche est de construire les connaissances plus lentement. Laisser un enfant de 3 ans jouer avec une tablette lors d'un trajet ennuyeux en voiture ou lors d'un long repas familial est généralement une bonne idée. Rappelons-nous que l'ennui chez les jeunes enfants déclenche la sécrétion d'hormones de stress et des états d'hyperexcitation physique qu'ils pourraient sinon décharger en grimpant sur la table, en frappant leur frère ou sœur ou en renversant le sucre (voir page 251). Donc, téléchargeons des applications adaptées à leur âge qui demandent de colorier, de trier, de compter, d'épeler, ou d'écrire et laissons-les « jouer ». Mais ne commettons pas l'erreur de mettre des films sur la tablette, parce que les enfants préféreront les films (passifs) et ignoreront les applis (interactives).

Est-ce que la violence dans les jeux ou les films a un impact sur le cerveau et l'esprit des enfants ?

C'est souvent difficile de trouver un film sans violence ; même les films pour enfants et les dessins animés indiqués pour tous âges en contiennent beaucoup. Arrivé à 18 ans, un enfant aura vu 16.000 meurtres sur l'écran.[38] Certains adolescents ont en fait développé un stress post-traumatique suite à l'exposition à des scènes violentes ou effrayantes à la télévision parce que le souvenir d'un film perturbant peut se déposer dans leur cerveau de la même manière que celui d'un événement traumatique dans la vie réelle, et cela entraîne souvent des perturbations du comportement.[39] Une étude réalisée avec des enfants d'âge scolaire a montré qu'après 3 mois d'exposition intense à des jeux vidéo, ces enfants ont présenté une augmentation de leurs sentiments et de leurs actions agressives envers les autres enfants, se manifestant par des coups de poing et des coups de pied, des bagarres, des disputes avec les enseignants, et de mauvais résultats scolaires.[40] Les actions violentes dans les jeux déclenchent des substances de récompense dans le cerveau à un degré semblable à celui observé quand on prend des amphétamines. La poussée d'adrénaline est potentiellement addictive.[41]

Donc, quelle est finalement la meilleure approche ?

Un temps d'écran interactif est bon et mauvais pour le cerveau en développement. Le message comme d'habitude est la modération. Limitons à 2 heures maximum par jour le temps d'écran (console, tablette, télévision et DVD combinés). Cela dit, ne soyons pas trop anxieux. Le temps d'écran n'est qu'une influence dans la vie d'un enfant. En choisissant la durée et le jeu, pensons à ce que notre enfant fait chaque jour, et en particulier au temps de qualité qu'il passe avec nous.

Le temps passé devant les écrans vole du temps pour des activités relationnelles et pour des activités développant le cerveau, ainsi que pour le temps passé ensemble tel qu'il est décrit dans ce livre. Donc il est important d'envisager la proportion de temps d'écran par rapport à tous les autres moments consacrés au jeu imaginatif, physique et relationnel dans la vie de l'enfant, ces moments qui sont tellement importants pour le développement du cerveau et de la relation. Finalement, essayons le premier un jeu vidéo pour vérifier s'il est bien, ni trop dur, ni trop ennuyeux, ni trop violent. De cette façon nous pourrons aussi aider notre enfant s'il est bloqué ou s'il s'énerve.

SACHEZ QUE…

La recherche a montré que jouer de façon excessive peut avoir les effets suivants :

- **Cela perturbe les routines quotidiennes d'un enfant**. Par exemple, les enfants dormaient le jour et jouaient la nuit, mangeaient de façon irrégulière et avaient une mauvaise hygiène. Les enfants étaient irritables, agressifs et violents quand des membres de la famille leur demandaient d'arrêter de jouer.
- **L'anxiété, la phobie scolaire et les résultats scolaires empiraient** chez les adolescents qui devenaient dépendants de jeux (ceux qui jouent plus de 4 heures par jour). S'ils arrêtaient de jouer, la dépression, l'anxiété et la phobie sociale diminuaient et les résultats scolaires s'amélioraient.[42]
- **Il y a des preuves de modifications négatives du cerveau**. Les adolescents qui avaient joué en moyenne 10 h par jour à des jeux en ligne pendant près de 3 ans montraient des dysfonctionnements chroniques sociaux, émotionnels et cognitifs. Leurs lobes frontaux montraient des anomalies structurales et une réduction de la matière grise.[43]

« Pour certains adolescents… les jeux vidéo semblent un meilleur monde que … la vie réelle du joueur. »
Professeur Susan Greenfield

L'impact du harcèlement

Certains prétendent que la brutalité et la maltraitance ne sont pas du même niveau de gravité, mais quand on considère les dommages à long terme du stress psychologique sur un enfant – causé par un autre enfant qui maîtrise mal sa force ou par un adulte trop sévère – il est clair que ce n'est pas le cas.

SACHEZ QUE…

Si on soupçonne son enfant d'être brutalisé, on doit faire attention à la manière dont il joue : est-il obsédé par les jeux de bagarre, de guerre ? Ces jeux sont généralement très prisés par les petits garçons, mais il faut commencer à s'inquiéter quand ils deviennent violents et trop fréquents. L'enfant essaie peut-être ainsi de combattre une incontrôlable sensation de peur et de compenser le fait de ne pas avoir réussi à faire cesser de telles brutalités.

Il peut lui-même se mettre à brutaliser les autres. C'est une sorte d'ultime moyen de défense : « Si je ne peux pas les battre, je peux faire partie de leur groupe. »

Les effets à long terme

Dès le plus jeune âge, le cerveau humain s'adapte à son environnement. Ainsi, d'une manière étonnante, mais qui peut s'avérer tragique, le cerveau d'un enfant malmené peut se programmer pour faire face à un environnement hostile (voir pages 166-167). L'enfant risque alors de devenir hypervigilant (toujours sur ses gardes), dominé par les instincts de fuite ou de combat de son cerveau reptilien, et par les systèmes COLÈRE et PEUR hyperactifs de son cerveau mammalien (limbique).

Certains enfants deviennent insensibles et les mécanismes du lien affectif et social de leur cerveau inférieur sont sous-activés. À l'instar des autres sources d'angoisse comme les crises de larmes prolongées (voir pages 34-63), l'exposition répétée à un stress important et l'engagement dans une relation qui n'apporte pas à l'enfant le réconfort dont il a besoin pour retrouver son calme peuvent provoquer une hyperactivité permanente des systèmes cérébraux de réponse au stress. Par ailleurs, le fait de vivre dans la peur d'être malmené à l'école ou à la maison risque d'altérer certaines structures cérébrales importantes, comme l'amygdale (voir page 19). Cette zone du cerveau peut devenir hypersensible et réagir à un stress mineur comme s'il représentait une menace réelle. La peur devient omniprésente, jusqu'à devenir un trait de personnalité. D'autres études ont révélé que les enfants brutalisés ont une amygdale qui ne fonctionne pas assez, ce qui expliquerait qu'ils ne sont pas sensibles à la peur ressentie par les autres.[44]

Un enfant brutalisé risque de ne plus avoir confiance en l'autre, et son cerveau peut subir des modifications irrémédiables

On sait depuis longtemps que le fait d'être brutalisé entraîne des séquelles psychologiques, mais on est habitué à un discours relativement confiant : on s'imagine souvent que l'enfant peut s'en remettre grâce à un soutien approprié. Avec les progrès de l'imagerie cérébrale, force est de constater qu'on ne peut pas être aussi optimiste : des modifications structurales et biochimiques permanentes interviennent dans le cerveau d'un enfant ayant été victime de maltraitance psychologique ; les risques sont donc bien réels pour le cerveau. Au Royaume-Uni, 46 % des enfants et des jeunes ont été harcelés en 2013 et près de 45 000 enfants ont appelé un centre d'écoute pour en parler.[45] En tant que société, nous sommes clairement conscients et concernés, mais quand nous regardons les images cérébrales qui montrent à quel point le cerveau d'un enfant harcelé change, nous ne sommes pas encore suffisamment inquiets.

« La peur peut devenir un trait de personnalité de l'enfant. »

« Pourquoi font-ils cela ? »

La brutalité peut être subtile et passer inaperçue. Chuchotements, insultes, mises à l'écart : au même titre que les agressions physiques, ces persécutions font souffrir et peuvent endommager irrémédiablement le cerveau ; c'est pourquoi les parents et les enseignants doivent être vigilants (voir page 168). Les journées à l'école sont longues et aucun enfant ne devrait avoir à les vivre dans la peur.

Le cerveau et la brutalité

Au quotidien, la plupart des enfants victimes de brutalités agissent selon leurs instincts de fuite et d'attaque : ils ne veulent plus aller à l'école, font pipi au lit, ou présentent d'autres symptômes de mal-être physique. On a aussi découvert des modifications fréquentes dans le cerveau de ces enfants.

- **Mort de cellules et/ou faible activité dans le gyrus cingulaire antérieur.** Cette zone contribue à inhiber l'instinct de peur et à nous rendre capables d'empathie.[46]
- **Grave altération des connexions et systèmes cérébraux** qui nous aident à bien gérer le stress. Chez un enfant, les mécanismes de réponse au stress peuvent devenir hypersensibles : il sera alors souvent impulsif, agressif et/ou anxieux.
- **Modification permanente des systèmes adrénergiques.** Un afflux trop important d'adrénaline ou de noradrénaline peut générer de l'anxiété et empêcher une analyse posée.
- **Mauvaise circulation sanguine et anomalie** du vermis cérébelleux. Cette zone contrôle une partie de la production et de la sécrétion de noradrénaline et de dopamine. Son dysfonctionnement a été associé au TDAH (voir page 111), à la dépression et aux troubles de l'attention. Le vermis cérébelleux participe également à la régulation de l'activité électrique cérébrale, d'où des problèmes d'agressivité et d'irritabilité en cas d'anomalie.

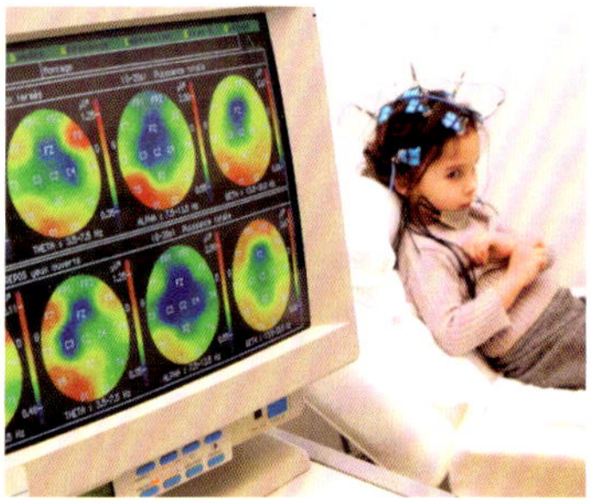

Les effets de la brutalité peuvent être visualisés clairement sur un électroencéphalogramme (EEG), sous la forme d'irrégularités dans les régions frontales et temporales. Ces zones sont essentielles pour la régulation du stress et des émotions fortes.

En cas d'exposition prolongée au stress, la taille de l'hippocampe et de l'amygdale peut diminuer. L'hippocampe joue un rôle majeur dans la mémorisation, et les personnes maltraitées ont un taux d'échec élevé aux tests de mémoire verbale. Dépression, irritabilité ou hostilité peuvent être liées à une atrophie de l'amygdale gauche.

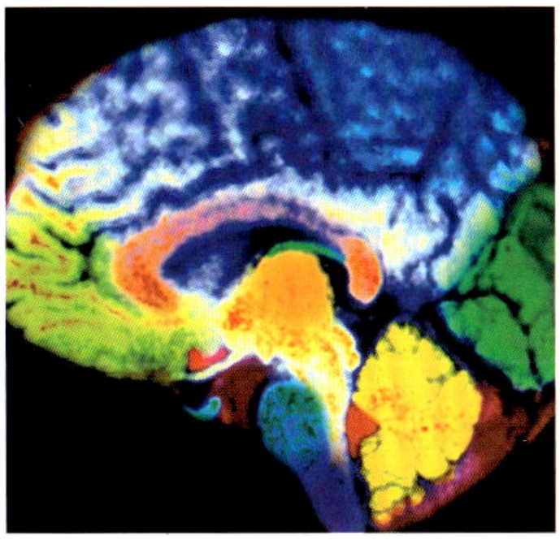

Le corps calleux (la bande rose sur l'image cérébrale ci-contre) est la principale voie de communication entre le cerveau droit et le cerveau gauche (voir page 18). Martin Teicher, un psychiatre américain, a découvert que la taille du corps calleux pouvait parfois diminuer de 40 % chez les enfants victimes de mauvais traitements psychologiques. « La maltraitance psychologique fait des ravages… On ne peut pas s'en remettre facilement et reprendre une vie normale.[47] » Les enfants maltraités peuvent souffrir de brusques changements d'humeur.

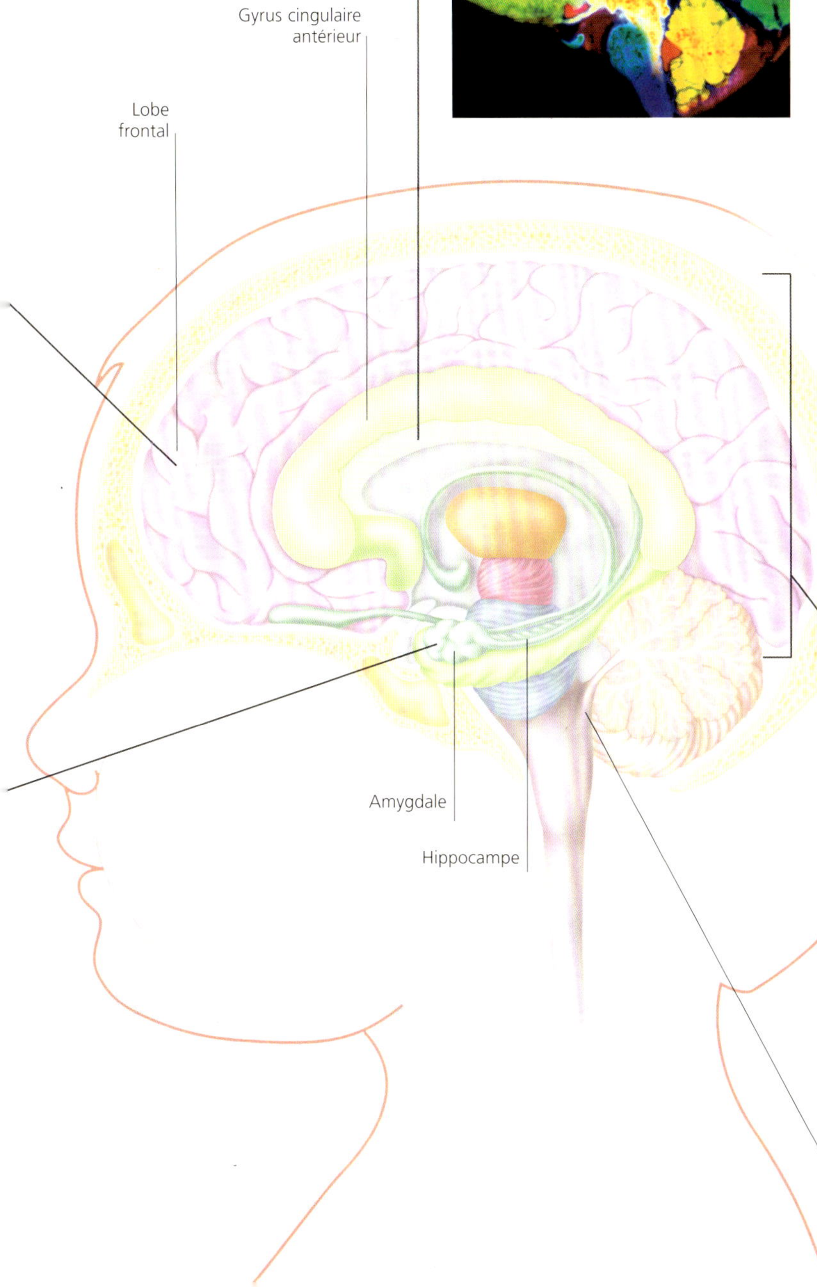

Le GABA (voir page 44) modère l'activité électrique du cerveau. Quand sa diffusion n'est pas optimale, un enfant peut se sentir en danger et vivre en état d'alerte permanent.[48]

À l'abri de la brutalité

À l'école comme à la maison, on peut éviter qu'un enfant se fasse persécuter ou qu'il persécute lui-même les autres. Les parents ont les moyens de renforcer les défenses de leur enfant en l'aidant à devenir, maintenant et pour toute sa vie, émotionnellement plus fort, facile à vivre et chaleureux, avec un bon sens relationnel.

Certains enfants qui ont été brutalisés souffrent du syndrome de stress post-traumatique qui affecte gravement le système d'éveil central du tronc cérébral. Ces enfants peuvent souffrir de troubles du sommeil, de l'appétit et de la respiration, de céphalées et de divers symptômes. Ils ne se sentent pas assez en sécurité pour apprendre, et leurs résultats scolaires s'en ressentent. Une thérapie peut s'avérer indispensable.

À l'école

Même si aucune école ne peut garantir une absence totale de brutalités, il faut être très attentif au moment de choisir celle qui accueillera son enfant. Si le directeur est une personne très chaleureuse, c'est déjà un bon début. Le règlement de l'école doit aussi être très strict en ce qui concerne la violence. Dans nos sociétés, on estime généralement que les enfants sont bien protégés. À mon sens, nous avons encore beaucoup de progrès à faire pour lutter contre la violence à l'école.

Les écoles expliquent souvent qu'il est impossible de faire la police dans la cour ou qu'elles manquent de personnel pour cela

Si les dommages cérébraux causés par la brutalité étaient mieux connus, nul doute que les responsables éducatifs investiraient plus pour combattre la violence à l'école. Il faudrait installer des caméras de surveillance dans les cours d'école (là où la plupart des brutalités sont commises). Certains y verront une atteinte aux droits individuels : pourtant, il est de notre devoir de protéger les enfants contre toute forme de brutalité, étant donné les risques encourus : modifications cérébrales, graves séquelles psychologiques et insupportables sensations d'impuissance, de solitude et souvent de terreur.

Certains établissements ont compris l'urgence qu'il y avait à prendre des mesures radicales. Si le rôle de l'école est vraiment de participer au développement intellectuel des enfants, elle doit les protéger contre tout risque de dommage cérébral en mettant un terme à la brutalité scolaire, quel que soit le budget nécessaire pour embaucher plus de personnel. Il ne faut pas se

Q J'ai découvert que mon enfant se faisait régulièrement brutaliser. Que puis-je faire ?

Si cela fait longtemps que l'enfant est brutalisé, il ne faut pas hésiter à consulter un thérapeute (voir « Adresses utiles », page 297). Les enfants savent très bien faire comme si de rien n'était, en dissimulant leur peur et leur sentiment d'impuissance. Beaucoup d'adultes ont encore du mal à se remettre des violences subies dans l'enfance. Des études ont montré que les dommages cérébraux engendrés par la brutalité, comme les modifications du corps calleux, peuvent être en partie compensées par la pratique de certaines activités, comme le piano, qui fait appel aux deux côtés du cerveau en même temps.[49]

laisser influencer par des proches, des professeurs ou des amis qui minimisent la gravité des actes de brutalité entre enfants, prétextant qu'ils « s'amusent » ou qu'il faut bien « que jeunesse se passe ».

À la maison

Certaines formes de réprimandes, comme les cris, les humiliations ou les fessées (voir page 222), s'apparentent à de la brutalité. On doit faire attention à la manière dont on punit son enfant, et rappeler à l'ordre son conjoint et ses proches si on estime qu'ils sont trop brutaux avec lui.

Renoncer aux reproches et penser à féliciter

Un enfant sans cesse critiqué s'habituera à vivre dans un environnement hostile. Ainsi, s'il est brutalisé à l'école et que ses parents le « blessent » continuellement verbalement, il peut en conclure qu'il le « mérite » parce qu'il « ne vaut rien », ou que c'est normal parce que « le monde est cruel ». Un enfant qui évolue dans un climat familial chaleureux aura moins de mal à demander de l'aide à ses parents et pensera plutôt : « Ce n'est pas juste ; je suis quelqu'un de bien et je ne mérite pas d'être traité comme ça. » On doit faire comprendre aux enfants qu'ils ont le droit de se sentir en sécurité et les aider à faire respecter leurs droits.

Attention aux bagarres entre frères et sœurs

Leur rôle dans l'explosion de la violence à l'école est largement sous-estimé.[50] Les jeunes enfants malmenés par leurs aînés ne disposent pas encore de lobes frontaux assez développés pour analyser leurs émotions. Ils se détacheront peut-être de leur souffrance et laisseront libre cours à leurs instincts primitifs de fuite et d'attaque. Cela peut les conduire à brutaliser eux-mêmes d'autres enfants. L'éducation joue un grand rôle dans le développement de ce type de personnalité. Il est essentiel d'aider les frères et sœurs à se parler en cas de conflit, de leur montrer l'exemple, d'être là quand ils se parlent, d'offrir de l'empathie aux deux parties et de les aider à négocier, tout cela ne venant pas naturellement aux enfants.

À retenir

• Des relations fortes s'approfondissant avec le temps sont nécessaires pour être heureux et mentalement équilibré.

• Une bonne éducation peut favoriser le développement de l'intelligence sociale chez un enfant, c'est-à-dire le sens relationnel et la capacité de compassion et d'empathie.

• Il faut limiter le temps d'écran de l'enfant et l'équilibrer avec des moments de jeux physiques et imaginatifs et des moments en tête-à-tête pour développer son intelligence sociale.

• La brutalité et la maltraitance par les frères et sœurs peuvent endommager le cerveau de façon irrémédiable ; les parents, les enseignants et les éducateurs doivent prendre cela très au sérieux.

• Il faut aider un enfant à prendre confiance en lui et à développer son sens relationnel, afin d'éviter qu'il ne subisse ou perpétue la violence. Et si cela arrive, il faut agir sans tarder.

Colères
et caprices

Tous les parents doivent un jour ou l'autre faire face à un enfant qui se comporte mal. Nous essaierons ici de les aider en leur expliquant les raisons psychologiques et scientifiques pour lesquelles un enfant adopte une mauvaise conduite. Nous aborderons également les crises de colère, très déconcertantes pour la plupart d'entre nous. Certains spécialistes conseillent de les ignorer, mais ce n'est pas toujours la meilleure chose à faire. Nous verrons aussi comment, en se focalisant sur la conduite d'un enfant au lieu d'essayer de comprendre sa détresse et ses besoins, on risque de trahir sa confiance.

Les mauvaises conduites

Quand un enfant devient insupportable, il faut essayer de voir en lui autre chose qu'un petit monstre : comme tout être humain, il est envahi d'émotions complexes et il a des besoins psychologiques et physiologiques réels. En outre, en ramenant tout à une question de comportement, on oublie trop facilement quelles en sont les causes.

« Un enfant qui a faim peut devenir insupportable, car ce besoin perturbe son équilibre hormonal. »

Les parents ne sont pas impuissants et ils peuvent prévenir les mauvaises conduites de leur enfant. Ce chapitre se propose de les y aider en leur expliquant ce qui se passe dans la tête d'un enfant quand il n'est pas sage et ce qu'ils peuvent faire pour éviter ces situations pénibles et les gérer au mieux. L'important est de toujours rester attentif aux émotions et aux besoins affectifs de l'enfant, et de regarder au-delà de son comportement. Chaque fois qu'un enfant se conduit mal, il le fait pour au moins une des six raisons développées ci-contre. Les connaître permet d'apporter une réponse appropriée à sa conduite.

« J'en ai plus qu'assez. »

Quand un enfant n'est pas content, il est parfois difficile de savoir pourquoi. Les enfants sont des êtres très complexes, mais ils ne savent pas encore comment traduire leurs émotions, ce qui déclenche parfois quelques crises de nerfs. Si on prend le temps de parler à un enfant de son attitude, en essayant d'en comprendre les raisons profondes, il peut réussir à exprimer ses sentiments. À nous, ensuite, d'imaginer un moyen de résoudre son problème.

Raison n° 1 : la fatigue et la faim

Souvent, les enfants sont agités quand ils manquent de sommeil ou quand ils ont faim. Certains aliments et boissons peuvent aussi perturber le fonctionnement de leur organisme.

On sait que le manque de sommeil provoque un déséquilibre du système neurovégétatif (voir page 44), qui contrôle les grandes fonctions organiques. Quand ce système est stable, des mécanismes naturels se mettent en place pour stabiliser les humeurs. Mais si nous sommes fatigués, ces mécanismes ne fonctionnent plus correctement. L'axe d'éveil ou axe sympathique du système neurovégétatif prend alors le dessus et provoque une hyperexcitation.[1]

Par ailleurs, le manque de sommeil intensifie les émotions négatives générées par le stress. Il peut aussi causer un déséquilibre du taux de sucre dans le sang, avec d'importantes répercussions sur l'humeur : agressivité, anxiété et dépression.[2]

Mais la fatigue n'explique pas tout

La fatigue est souvent invoquée en cas de mauvaise conduite, car c'est plus facile que de se pencher sur la complexité des besoins émotionnels et relationnels de l'enfant. S'il s'avère que l'enfant n'est pas fatigué et qu'il se sent mal pour une autre raison, le fait de mal interpréter son comportement suscitera chez lui le sentiment douloureux d'être incompris, et les parents passeront à côté de la solution du problème.

La faim fait des ravages dans le cerveau

Un enfant qui a faim peut devenir insupportable, car ce besoin physiologique perturbe son équilibre hormonal. Si le taux de sucre dans le sang est trop faible, le corps réagit en incitant les glandes surrénales à sécréter des hormones du stress : le cortisol et l'adrénaline principalement, dont le rôle est d'augmenter le niveau de sucre dans le sang. Mais libérés en trop grande quantité, l'adrénaline et le cortisol risquent de générer anxiété, agitation, agressivité, sentiment de panique et confusion, autant d'émotions fortes susceptibles d'exploser en crise de colère.

SACHEZ QUE...

Il est prouvé qu'un enfant qui ne prend pas de petit-déjeuner a plus de risques d'avoir un comportement hyperactif. Au contraire, le fait de prendre chaque matin un bon repas améliore les résultats scolaires, l'équilibre psychologique et le comportement. On a constaté que les enfants qui se mettaient à manger le matin, alors qu'ils ne le faisaient pas avant, étaient d'une humeur bien plus stable au cours de la journée.[3]

« Manger du chocolat et des sucreries en ayant l'estomac vide fait grimper le taux de sucre dans le sang. »

SACHEZ QUE...

Des études ont montré que le DHA présent dans l'huile de poisson est capital pour la croissance du cerveau, la réflexion et la concentration. De plus, il stimule la sécrétion de sérotonine. Certaines conclusions font le lien entre un faible taux de DHA et une augmentation des :

- crises de colère,
- troubles du sommeil,
- problèmes de comportement,
- problèmes d'apprentissage.[5]

En outre, l'hypoglycémie (insuffisance de sucre dans le sang) prive le cerveau de glucose, ce qui peut entraîner un comportement désordonné, semblable à celui des personnes sous l'emprise de l'alcool.

Trop de sucre et de bonbons ?

Si un enfant mange du chocolat et des bonbons alors qu'il a l'estomac vide, au lieu de prendre un vrai repas (et sans un apport complémentaire suffisant de protéines), le taux de sucre dans son sang grimpe en flèche. Il ressent une poussée d'énergie 10 à 15 minutes après, puis le taux de sucre étant trop élevé, l'insuline entre en action pour le faire baisser. Au bout de 30 minutes, le taux de sucre chute de façon spectaculaire, pour atteindre un niveau inférieur à celui relevé avant que l'enfant ne mange des sucreries. Cela peut provoquer une hypoglycémie qui, elle-même, risque d'entraîner agressivité, anxiété et hyperactivité (l'enfant court et grimpe partout).[4]

Si cet enfant avait pris un vrai repas, nécessaire pour activer la production de sérotonine (substance chimique qui stabilise l'humeur), il aurait ensuite joué tranquillement. Pour le goûter, mieux vaut donner aux enfants une tartine de miel ou une banane plutôt que du chocolat. Ces aliments ne provoquent pas de chute importante du taux de sucre dans le sang et activent la sécrétion de sérotonine.

Attention aux additifs alimentaires

Ils sont particulièrement nocifs pour les enfants, dont le cerveau et l'organisme sont toujours en développement. Certains additifs font baisser les taux de dopamine et de noradrénaline dans le cerveau, ce qui peut rendre les enfants hyperactifs. Voilà pourquoi un enfant devient parfois agité après avoir mangé une glace ou bu un soda. Il faut particulièrement éviter les additifs suivants :

- **E110**, utilisé dans certains biscuits, et cancérigène pour les animaux ;
- **E122**, ajouté à certaines confitures, et également cancérigène pour les animaux ;

« Je suis hyperactive ! »

Les additifs alimentaires présents dans les biscuits, les bonbons et les boissons sucrées peuvent altérer l'humeur d'un enfant et être à l'origine de nombreuses crises de comportement. Cela explique pourquoi les goûters d'enfants se terminent souvent dans la surexcitation et les larmes. Mieux vaut choisir des produits ayant une faible teneur en sucres, additifs et colorants.

- **E127**, utilisé dans certains bonbons ; il inhibe la dopamine et la noradrénaline et peut entraîner une perte de concentration et un comportement de type TDAH (voir page 111) ;
- **E150**, ajouté aux boissons sucrées et aux chips ;
- **E210-E219**, utilisés dans les boissons sucrées, les confitures et les vinaigrettes ; ils augmentent le risque d'asthme et d'hyperactivité infantile ;
- **E220-227**, présents dans certains desserts, biscuits et jus de fruits ;
- **E249-252**, ajoutés aux viandes salées et aux fromages ; ils provoquent des maux de tête et pourraient augmenter le risque de cancer ;
- **les édulcorants** ajoutés aux boissons et aliments sucrés ; ils réduisent le taux de tryptophane, qui intervient dans la fabrication de la sérotonine. On a constaté un taux de tryptophane faible chez les personnes hyperactives et agressives.[6]

« Les additifs alimentaires sont particulièrement nocifs pour les enfants dont l'organisme est encore immature. »

« Les petits sont incapables d'inhiber naturellement leurs réflexes primitifs (courir, grimper partout, etc.). »

Raison n° 2 : un cerveau émotionnel immature

Bien souvent, les enfants n'y sont pour rien quand ils se conduisent mal : leur cerveau émotionnel est tout simplement trop immature pour leur permettre d'agir autrement. Le cerveau supérieur des tout-petits est encore très peu développé, ce qui les rend incapables d'inhiber naturellement leurs réflexes primitifs (courir, grimper partout, etc.).

Les enfants se voient ainsi infliger des punitions injustes à l'école ou à la maison en raison d'une méconnaissance générale du développement cérébral.

- Plus de deux parents sur cinq reconnaissent avoir puni physiquement ou frappé leur enfant l'année précédente ; environ deux sur trois les ont menacés de claques.
- Plus de deux parents sur trois se fâchent sur leurs enfants en criant.[7]

« Je suis très en colère ! »

De nombreux facteurs peuvent expliquer pourquoi un enfant se conduit mal à l'école ou à la garderie : la fatigue, la faim, mais aussi certaines émotions. Les problèmes familiaux d'un enfant jouent énormément sur la qualité des relations qu'il entretient avec le reste de son entourage.

Certaines personnes punissent les enfants qui ne sont pas sages, parce qu'elles croient qu'ils le font exprès. Elles voient dans leur comportement une intention de nuire. Pour les générations précédentes, « céder » à un bébé en pleurs, c'était le « gâter », et beaucoup d'enfants « menaient leurs parents par le bout du nez ». On sait aujourd'hui que le cerveau des tout-petits n'est pas assez développé pour concevoir l'idée d'une quelconque manipulation (voir ci-contre).

Raison n° 3 : des besoins psychologiques

Trois besoins psychologiques – de stimulation, de reconnaissance et de structuration – ont été définis par le psychiatre et psychanalyste Eric Berne. Celui-ci a découvert que si l'un ou plusieurs de ces besoins demeurent insatisfaits, cela risque, avec le temps, de générer une souffrance émotionnelle, et même d'affecter la santé mentale et physique.[8]

Le manque de stimulation nuit au cerveau

Notre cerveau perçoit le manque de stimulation comme un stress. Pour faire retomber ce stress, on s'efforce d'activer nos mécanismes d'éveil et de modifier l'équilibre chimique de notre cerveau. Les adultes, par exemple, vont allumer la radio ou allumer une cigarette. Les bébés, eux, se cognent parfois la tête, tandis que les plus grands se mettent à courir en criant. Parce qu'un enfant a moins de sources d'occupation qu'un adulte, sa manière de se stimuler est souvent agressive, bruyante ou destructrice : taper sa sœur, renverser son jus de fruits sur la table, etc. Avoir besoin de stimulation se résume souvent à avoir besoin qu'il se produise quelque chose. Si rien ne se passe autour de lui, l'enfant va faire en sorte que ça change, en se battant avec son frère ou en faisant un caprice (voir pages 182-83).

Le besoin de reconnaissance pousse les enfants à attirer l'attention

Notre besoin de reconnaissance est inscrit dans nos gènes : nous recherchons naturellement à faire réagir les autres, à avoir un

ZOOM SUR LE CERVEAU

Le mécanisme hormonal qui génère du glutamate dans les lobes frontaux nous permet de nourrir des pensées et des intentions clairement définies, même les plus destructrices. Ce mécanisme n'est pas tout à fait en place chez les bébés et les petits enfants : ils ne sont donc pas encore capables d'être délibérément « méchants » ou de manipuler quelqu'un. Les parents ont tort de voir dans le comportement de leur enfant de la grossièreté ou de la provocation, alors qu'il n'est que la conséquence d'une immaturité cérébrale. La sécrétion du glutamate commence à se développer pendant la première année.

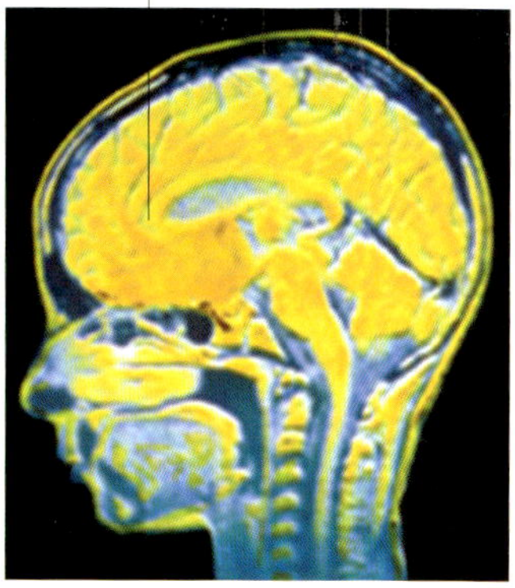

Cette image par RMN montre l'étendue du cerveau (en jaune) chez un bébé. Le système qui sécrète le glutamate est encore très peu développé dans les lobes frontaux d'un nouveau-né.

« Les enfants ont besoin de beaucoup d'attention pour que leur cerveau se développe bien. »

impact sur le monde extérieur, car « si j'ai un impact, je sais que j'existe. »[9] Si un enfant a l'impression qu'en restant sage, il ne produit aucun effet sur ses parents, il peut être tenté d'adopter l'attitude inverse.

Quand un enfant se conduit mal pour assouvir son besoin de reconnaissance, il cherche en réalité à exprimer sa peur d'être ignoré. S'il pense que la seule façon d'attirer l'attention, c'est de ne pas être sage, de hurler ou de pleurer, alors c'est exactement ce qu'il fera, même s'il préférera toujours recevoir une attention dictée par l'amour plutôt que par la colère.

Mal agir par besoin de structuration

Nous avons tous besoin d'un cadre structurel. Si l'on manque de repères, on peut se sentir déprimé, angoissé, en colère ou indifférent. Une société sans structure, c'est la porte ouverte à tous les dérapages, et sans règles ni lois, la civilisation s'effondrerait. C'est exactement la même chose pour les enfants : ils ont besoin de règles bien définies et de routines.

Si les enfants sont souvent insupportables dans les files d'attente ou dans les magasins, c'est parce qu'ils n'ont plus de repères. Cela ne les empêche pas d'être de vrais petits anges dans leur environnement familier.

Raison n° 4 : des émotions fortes

Parfois, un enfant n'est pas sage, car il extériorise la tension provoquée par une émotion forte : il peut être en colère ou énervé contre quelqu'un, avoir été malmené à l'école, être jaloux de l'attention portée à son frère ou à sa sœur ou encore lutter contre quelque événement pénible, comme la perte d'un être cher ou d'un animal. Toutes ces émotions activent la sécrétion d'hormones du stress dans son organisme, et par son comportement, il tente de se libérer de la tension accumulée. Un enfant ne peut pas mettre de mots sur ses émotions, c'est pourquoi il pleure ou il crie. Beaucoup de parents choisissent de punir leur enfant, sans percevoir son appel au secours. Pourtant, au lieu de lui reprocher les accès émotionnels de son cerveau inférieur, il est préférable de l'aider à gérer ses émotions difficiles (déception, jalousie, perte, frustration), car

SACHEZ QUE...

On cherche tous à attirer l'attention, mais si les enfants le font plus que nous, c'est que l'attention est nécessaire au développement de leur cerveau. Ils manifestent aussi plus ouvertement leur besoin de reconnaissance que les adultes. Ils ignorent tout de la psychologie, mais ils ne tardent pas à découvrir que quand ils ne sont pas sages, ils captent l'attention à tous les coups.

cela favorise le développement des voies de communication neuronales dans son cerveau supérieur, et donc la régulation de ses émotions.[10]

Raison n° 5 : le stress des parents

Le comportement d'un enfant est souvent le baromètre émotionnel de ses parents : stress, dépression, colère ou chagrin. Ses cris et ses colères peuvent être un moyen d'extérioriser la tension familiale.

Élever un enfant est sans doute la chose la plus stressante qui soit, et plus on est stressé, plus l'enfant est perturbé. La zone préfrontale droite de son cerveau est capable, en effet, de capter une émotion en un millième de seconde. À l'instar de chiens, sensibles aux humeurs de leur maître, les enfants sont profondément affectés physiquement et émotionnellement par le stress ou le chagrin de leurs proches. Si nous nous sentons apaisés, notre enfant sera calme, mais si l'ambiance est tendue à la maison, il risque de devenir insupportable.[11]

Raison n° 6 : les parents stimulent les mauvaises parties du cerveau

Selon l'attitude qu'on adopte avec un enfant, on active certaines zones de son cerveau. Un comportement trop autoritaire, par exemple, peut stimuler les systèmes primitifs COLÈRE et PEUR de ses cerveaux reptilien et mammalien (voir page 19). À l'inverse, le jeu, les rires et les câlins activent les systèmes JEU et SOINS qui déclenchent la sécrétion des opioïdes aux vertus apaisantes. Et, ô miracle, l'enfant est calme et heureux.[11]

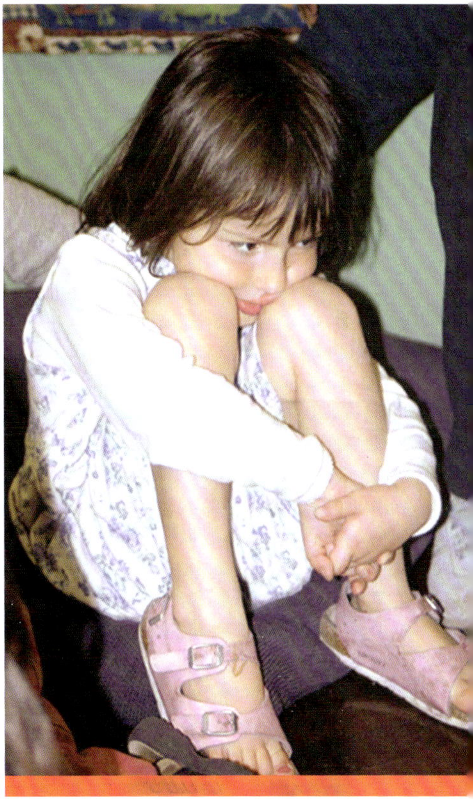

« Tu es vilaine. »

L'une des principales raisons pour laquelle un enfant se conduit mal tient au fait que ses parents activent la mauvaise partie de son cerveau. En effet, on peut s'attendre à passer un sale quart d'heure si on stimule chez l'enfant les systèmes COLÈRE, PEUR ou PANIQUE/DÉTRESSE (voir page 31). En revanche, le moment s'annonce agréable si on active les systèmes SOINS (attachement), JEU ou RECHERCHE (voir page 30).

Les crises de colère

Les crises de colère sont en fait de violentes tempêtes émotionnelles. Elles surviennent généralement parce que le cerveau supérieur de l'enfant n'est pas assez développé pour gérer les émotions fortes. La plupart des colères sont le fruit d'une véritable souffrance émotionnelle provoquée par l'impuissance, la frustration, la perte, la déception et le sentiment d'être incompris, et doivent donc être prises très au sérieux. Rares sont les colères motivées par une volonté de manipulation.

« Il existe deux types de colère, et chacune nécessite une réponse bien spécifique. »

À cause de leur intensité, les crises de colère sont souvent effrayantes pour l'enfant, et laissent les parents désemparés ou prêts à exploser à leur tour, d'autant plus s'ils n'ont pas appris eux-mêmes à gérer leurs émotions. C'est alors un véritable exploit pour eux de réussir à se contrôler face à l'accès de colère de leur enfant. Il ne faut en aucun cas s'engager dans une lutte parent-enfant dont le gagnant est celui qui crie le plus fort. L'adulte doit rester calme et réfléchir à une solution rationnelle ou créative pour calmer le jeu.

Les conflits à propos des repas et des aliments provoquent 17 % des colères enfantines. Les raisons sont souvent très complexes (voir page 205).

Être attaché dans un siège d'auto ou dans une chaise haute active le système COLÈRE du cerveau inférieur et entraîne 11 % des crises.

11% des colères surviennent quand on habille un enfant : cela restreint ses mouvements de la même façon que si on le mettait dans une poussette.

Pourquoi les colères sont-elles importantes ?

Les crises de colère sont des moments idéaux pour « modeler » le cerveau d'un enfant. En effet, si on aide un enfant à gérer ses tempêtes émotionnelles, cela lui permet d'établir les voies de communication cérébrales qui lui serviront plus tard à bien gérer le stress et à avoir confiance en lui.

Un enfant trop sage, qui ne se met jamais en colère, peut avoir compris très tôt que ses parents réagissent mal quand il se met en colère, et qu'il vaut mieux qu'il soit gentil pour obtenir leur amour et leur approbation. Il manque ainsi une étape décisive de son développement, en n'offrant pas à ses parents l'occasion de « modeler » son cerveau. Plus tard, dans les moments de frustration, il risque de vouloir s'affirmer par la colère ou l'agressivité.

Toutes les colères ne sont pas des luttes de pouvoir

Elles sont parfois l'expression d'une réelle souffrance émotionnelle. On aurait tort de penser qu'un accès de rage n'est qu'une tentative de manipulation. Il peut survenir quand un enfant ne parvient pas à faire comprendre à ses parents quelque chose qui lui tient vraiment à cœur.

Avant de s'engager dans un conflit, mieux vaut se demander si ça en vaut la peine

Mettons-nous à la place d'un enfant de 2 ans, dont chaque geste est contrôlé. Cela ne nous rendrait-il pas furieux ? Il faut essayer d'établir clairement les interdits (tout ce qui est dangereux, par exemple) pour laisser une certaine marge de manœuvre à l'enfant.

Il existe deux types de colère

J'ai nommé la première la colère de « détresse » et la seconde celle du « petit Néron » (voir page 190). Il est important de comprendre ce qui se passe dans le cerveau d'un enfant pour chaque type de colère, car chacune nécessite une réponse bien spécifique : il faut s'écarter de l'enfant qui fait une colère de petit Néron, mais se rapprocher de l'enfant qui fait une colère de détresse pour le consoler.

« Ce n'est pas juste ! »

L'un des deux types de colère est la colère de « détresse ». Elle est déclenchée par de vives émotions, telles la déception, la frustration et la perte, et peut profondément bouleverser l'enfant. Pour faire face à ce type de colère, les parents doivent faire preuve d'une grande douceur et comprendre que l'enfant ne peut pas gérer ses émotions fortes sans leur aide.

Les colères de détresse

Quand un enfant fait une colère de détresse, cela signifie qu'au moins un des trois systèmes d'alarme de son cerveau inférieur a été fortement activé ; il s'agit du système COLÈRE, du système PEUR et du système PANIQUE/DÉTRESSE (voir page 29). Le système neurovégétatif (voir page 40) de l'enfant est alors déséquilibré et son organisme est envahi par de grandes quantités d'hormones du stress.

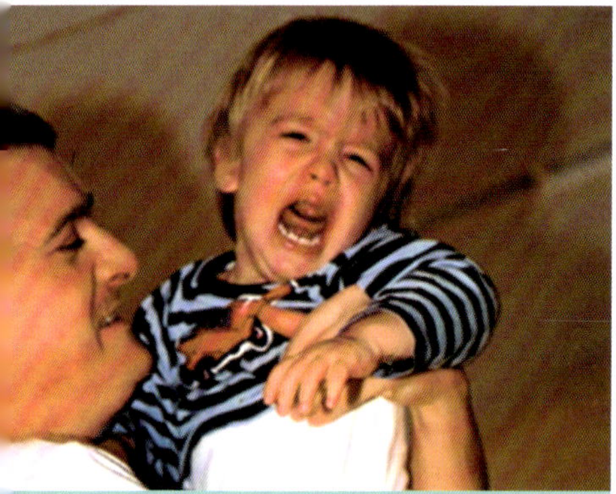

TRANCHE DE VIE

Colère au petit-déjeuner

Justin pique une colère, car ses parents ont oublié de racheter ses céréales préférées. Il ne fait pas un caprice, il est simplement déçu. Il doit se libérer de la tension engendrée par cette frustration et il a besoin de la compassion de ses parents.

Son papa le prend dans ses bras et lui parle en se montrant compréhensif : les mécanismes de régulation du stress de Justin peuvent alors commencer à se développer. Cette méthode est bien plus efficace que d'essayer de lui faire entendre raison.

Les colères de détresse surviennent parce que, chez l'enfant, certaines voies de communication essentielles entre les cerveaux supérieur et inférieur ne sont pas encore établies. Ces voies sont nécessaires pour que l'enfant soit apte à gérer ses émotions fortes. Tant qu'il ne l'est pas, c'est donc à ses parents de l'apaiser quand son organisme est confronté à de vastes tempêtes hormonales. S'ils se mettent eux-mêmes en colère, l'enfant peut arrêter de pleurer, mais uniquement parce que son système PEUR se déclenche et prend le dessus sur son système PANIQUE/DÉTRESSE. Ou peut-être continue-t-il de pleurer en silence, ce qui veut dire que son taux de cortisol reste très élevé. Nous l'avons vu, quand un enfant angoissé n'est pas consolé, son taux d'hormones du stress peut atteindre un niveau toxique.

Envahi par une colère de détresse, un enfant ne peut pas parler ou écouter correctement

Les fonctions cognitives (compréhension) et les centres langagiers (parole) de son néocortex sont neutralisés par les bouleversements organiques que provoque la colère. C'est pourquoi il est inutile d'essayer de lui parler ou de lui demander d'exprimer ce qu'il ressent : la seule chose qu'il peut faire, c'est évacuer ses émotions.

Les parents doivent se montrer très sensibles

Il faut prendre les colères de détresse très au sérieux et réagir à sa douleur, sa frustration ou sa grosse déception avec bienveillance et compréhension. Cela contribuera au développement des mécanismes essentiels de régulation du stress dans son cerveau supérieur (voir pages 22-24). Si au contraire on se met systématiquement en colère quand il est angoissé, ces mécanismes risquent de ne jamais se mettre en place chez l'enfant. Prenons un homme qui passe ses nerfs sur un distributeur automatique défectueux : quand il était enfant, ses parents ne l'ont certainement pas aidé à se calmer dans ses accès de colère.[12]

« C'est à ses parents de calmer … les vastes tempêtes hormonales de son organisme. »

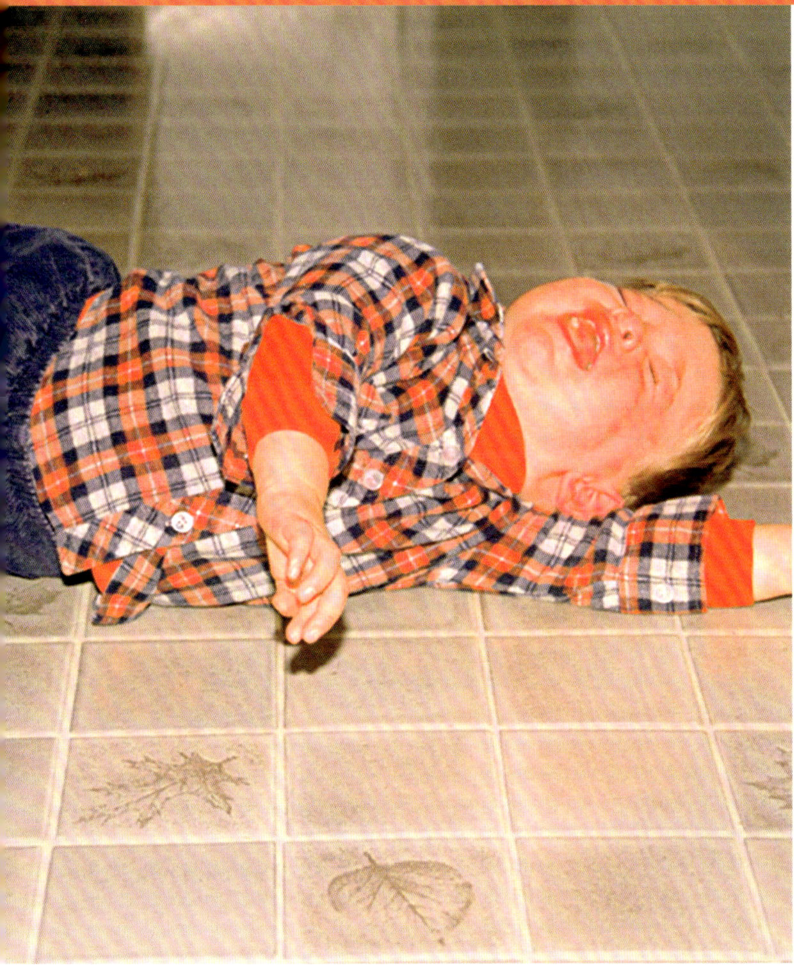

« La vie est trop dure. »

Quand un enfant pique une colère de « détresse », on peut lire une réelle angoisse sur son visage. Tom, 2 ans, se contorsionne sur le sol d'un magasin, car les chaussures qui lui plaisaient ne lui vont pas : il souffre émotionnellement. Les hormones du stress envahissent son organisme, lui faisant vivre un enfer. Il a besoin de réconfort.

« Aidez-moi à m'en sortir. »

Quand un enfant fait une colère de détresse, il a besoin d'aide pour retrouver son calme. Si nous le prenons dans nos bras, notre propre système neurovégétatif, mature (voir page 46), aidera le sien, immature, à s'apaiser.

Il faut lui parler doucement, en utilisant des mots simples et rassurants. L'enfant ne tardera pas à se sentir en sécurité s'il comprend qu'on peut l'aider à faire face à ses émotions fortes. Cela évitera aussi qu'il nous en veuille ou qu'il s'éloigne de nous.

Une fois qu'il se sent mieux, on peut essayer de le distraire avec quelque chose de drôle (un jouet par exemple) ou lui montrer quelque chose d'intéressant.

Il est essentiel que parents, enseignants et éducatrices sachent bien réagir

Si on aide un enfant à gérer ses accès de colère, de frustration ou d'angoisse, il pourra développer des voies de communication cérébrales qui lui permettront plus tard de se calmer tout seul en cas de stress. Si au contraire on ignore ses colères de détresse, au même titre que ses autres colères, on passe à côté d'une formidable occasion de « façonner » positivement son cerveau. Il est extrêmement rassurant pour un enfant de savoir qu'un adulte peut apaiser et comprendre cet ouragan qui secoue son cerveau et son corps. Il est en revanche terriblement angoissant pour lui de voir sa mère se mettre en colère ou s'éloigner alors qu'il souffre terriblement.

Comment réagir ?

En tant que parents, notre rôle est de procurer à notre enfant un sentiment de sécurité et de réconfort lorsqu'il pique une colère de détresse. Voici quelques conseils pour l'apaiser.

- **Se comporter normalement, calmement,** ou lui proposer une alternative simple, comme de choisir entre son pantalon bleu et son pantalon marron s'il ne veut pas s'habiller.
- **Détourner son attention :** on n'y pense pas souvent, mais c'est très efficace. Cela active le système RECHERCHE de son cerveau inférieur (voir page 30) qui lui permet de fixer son attention. Ainsi les systèmes COLÈRE ou PANIQUE/DÉTRESSE seront naturellement inhibés. Cela déclenche aussi une forte sécrétion de dopamine, une puissante substance bienfaisante du cerveau, qui limite le stress et attise l'intérêt et la motivation.[13]
- **Le prendre tendrement dans ses bras.** Ce simple geste peut faire des miracles, mais pour cela il faut être tout à fait calme. Au contact d'un corps détendu, l'organisme en hyperexcitation de l'enfant va retrouver son équilibre et libérer de l'ocytocine et des opioïdes aux vertus apaisantes. On peut aussi murmurer quelques mots comme « Je sais, je sais ». (Les mots seuls, cependant, ne suffisent pas à libérer les substances bienfaisantes.) Si ses systèmes COLÈRE et PANIQUE/DÉTRESSE ont été activés et que l'enfant lance des objets dans la pièce, tape ou mord, il est alors conseillé de le saisir fermement dans ses bras selon une méthode bien précise (voir page 237).

SACHEZ QUE…

Il est très fréquent que les enfants fassent des cauchemars après avoir piqué une colère de détresse dans la journée. Dans un cauchemar, les monstres symbolisent souvent les émotions fortes.

> « Nous sommes à la fois profondément spirituels et biologiques… nous devons enfin accepter les origines biologiques de l'esprit humain. »
>
> Professeur Jaak Panksepp

QUELQUES CONSEILS...

Habiller un tout-petit peut vite devenir l'occasion d'un conflit. En distrayant l'enfant ou en lui proposant une alternative, il est possible de rendre l'opération moins pénible pour tout le monde. En revanche, si on tente d'accélérer les choses, voilà souvent ce que ça donne :

Maman : « Allez, vite, il est l'heure de s'habiller. »

Louise : « Non. »

Maman : « Allez, dépêche-toi. On doit sortir. »

Louise : « Non, je n'irai pas ! Non, non et non ! »

Le système COLÈRE du cerveau inférieur est activé à la fois chez l'enfant et chez la mère, et tous deux voient leur organisme envahi d'hormones du stress. Avant que cela ne dégénère, il faut stimuler les lobes frontaux de l'enfant en lui trouvant un sujet d'intérêt, comme le choix d'un vêtement : « Veux-tu mettre une jupe ou un pantalon ? »

On peut aussi le distraire en lui montrant un jouet ou en lui chantant une chanson d'un ton enjoué. Cela mobilisera son cerveau supérieur et rendra la séance d'habillement beaucoup plus agréable.

- **S'asseoir calmement à côté de lui** et lui parler gentiment : cela peut suffire à l'apaiser et à le rassurer. Certains enfants préfèrent cette solution à la précédente, car ils ont plus de liberté de mouvement.
- **Éviter de le mettre au coin.** Jamais on n'enverrait son meilleur ami se calmer seul dans une pièce s'il se tordait par terre et pleurait toutes les larmes de son corps ; il n'y a donc aucune raison de réagir ainsi avec un enfant, d'autant plus qu'il est moins apte à gérer ses émotions qu'un adulte. En l'isolant, on perdrait une formidable occasion de lui apprendre à gérer sa colère et son angoisse, et de l'aider à établir dans son cerveau des mécanismes de régulation du stress efficaces.
- **Éviter de le laisser seul dans sa chambre.** Même s'il semble cesser de pleurer, un enfant peut continuer à pleurer intérieurement, ce qui est encore plus inquiétant.[14] Alors que les pleurs bruyants sont un appel à l'aide, les larmes silencieuses sont le signe que l'enfant a perdu l'espoir d'être secouru. Dans certains cas, une telle perte de confiance peut être définitive.
- **Se souvenir que sa détresse est réelle.** Un petit de 2 ans qui hurle parce que son frère lui a chipé son jouet ne fait pas un simple caprice. On sait que le sentiment de perte active les centres de la douleur du cerveau, ce qui provoque une chute fulgurante du taux d'opioïdes.[15] Les tout-petits sont trop jeunes pour avoir une vision claire de la vie. Les adultes, eux, ont vécu suffisamment pour savoir que la perte d'une petite voiture est une déception toute relative. Mais pour un enfant, cette perte peut être un drame. S'il est constamment puni quand il se met en colère parce qu'il a du chagrin (colère et chagrin sont souvent liés), il peut en conclure que sa maman ne sait pas gérer ou comprendre sa peine. Il risque alors de se couper de ses émotions, puisqu'elles représentent un danger, ce qui aura des répercussions sur sa manière de gérer ses émotions plus tard.

Q J'ai l'impression de lui passer ses caprices. Ne suis-je pas en train de la « gâter » et d'encourager ses colères ?

Faire un jeu avec les mains ou chanter une chanson sont de bons moyens pour détourner l'attention d'un enfant qui est sur le point de piquer une colère. Les chercheurs ont remarqué qu'un objet de distraction peut faire des miracles à ce moment-là, mais perd de son efficacité une fois la colère installée.[16]

Distraire un enfant pour lui éviter une colère, ce n'est pas le « gâter ». Un tout-petit n'a pas la même vision de la vie qu'un adulte, et l'impossibilité de faire ce qu'il veut peut lui causer une véritable explosion de PANIQUE/DÉTRESSE. Quand il pique une colère, il ne fait pas de caprice : en réalité, il subit les effets de son immaturité. C'est à ses parents de se montrer compatissants et compréhensifs pour l'aider à gérer ses émotions.

Les colères du petit Néron

La colère du petit Néron n'a rien à voir avec la colère de détresse, car elle est inspirée par une volonté de contrôler et de manipuler : l'enfant ne ressent donc pas l'angoisse, le désespoir ou la panique caractéristiques des colères de détresse, et son organisme n'est pas envahi par des hormones du stress.

ZOOM SUR LE CERVEAU

L'activité du cerveau pendant une colère de détresse n'est pas du tout la même que pendant une colère du petit Néron. Dans le premier cas, l'enfant est incapable de penser et de parler de façon rationnelle, car les fonctions de son cerveau supérieur sont neutralisées par les systèmes émotionnels primitifs de son cerveau inférieur. Dans le second cas, l'enfant utilise ses lobes frontaux pour adopter un comportement calculé et délibéré.

Durant une colère du petit Néron, le cerveau supérieur est engagé.

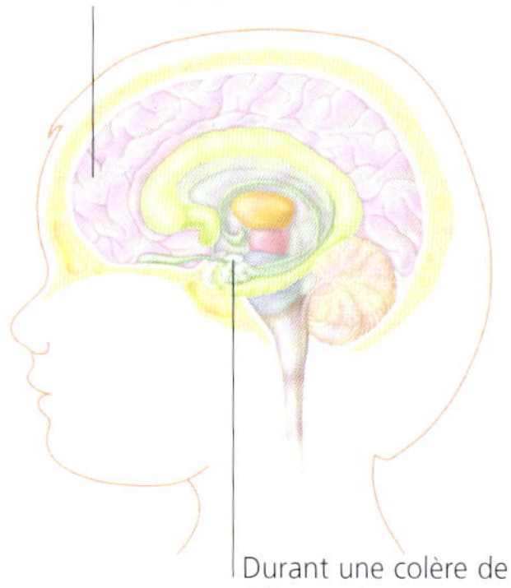

Durant une colère de détresse, le cerveau inférieur est activé.

Un enfant peut se mettre en colère pour obtenir ce qu'il veut, de l'attention, un jouet, un bonbon, etc., en faisant céder ses parents à force de menaces : c'est ce que j'appelle une colère du petit Néron. Un enfant qui pique souvent ce type de colère sait qu'en pleurant et en criant, il peut obtenir des résultats : « Si je crie et si je pleure, je sais que je vais finir par avoir ma barre de chocolat. »

Il faut donc lui faire comprendre qu'il n'aura pas toujours ce qu'il veut au moment où il le veut, et qu'il est absolument inacceptable de tyranniser les autres pour parvenir à ses fins dans la vie.

Et si on cède ?

Si on capitule à chaque fois que son enfant se met en colère, en lui donnant ce qu'il veut, on court le risque d'instaurer chez lui un système COLÈRE associé au plaisir. En effet, si elle n'est jamais tempérée par une pensée rationnelle, la colère peut finir par devenir un trait de personnalité.[17]

Certains enfants, dont on n'a pas su gérer les colères du petit Néron, ne remportent pas seulement la bataille à l'âge de 2 ans : ils la remportent aussi à 6, 8 et 10 ans. En grandissant, ils recherchent le pouvoir, et deviennent tyranniques, s'imaginant faire la loi au travail et à la maison. Ils restent des petits Néron de 2 ans dans un corps d'adulte et peuvent gâcher l'existence de leur entourage.

« Donne-moi ça tout de suite ! »

Une colère du petit Néron n'a rien à voir avec une colère de détresse. Généralement le « petit Néron » n'a pas de larmes, et il est capable d'énoncer ses exigences et de répliquer quand on lui dit « non ». Il se met en colère parce qu'il a compris que de cette manière, il pouvait obtenir ce qu'il voulait. Plus on lui prêtera attention et plus on accédera à ses désirs, plus il aura tendance à adopter cette attitude, ce qui pourrait l'amener à devenir un vrai tyran plus tard (voir page 222).

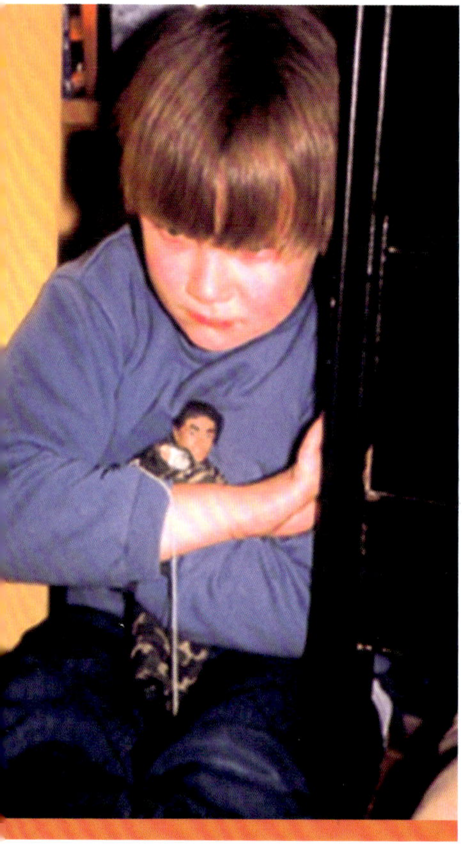

« Ça ne prend pas avec moi ! »

En ignorant ses colères de petit Néron, on aide son enfant à développer sa capacité à vivre en société. Toutefois, il est essentiel de ne pas l'humilier. Il doit pouvoir perdre la bataille avec bonne grâce et avec dignité. Dès qu'il change de comportement, il faut l'encourager en lui accordant de nouveau toute notre attention.

Comment réagir ?

En cas de colère du petit Néron, il est hors de question d'adopter la même attitude que pour une colère de détresse. Voici quelques conseils pour garder le contrôle de la situation et éviter de se faire manipuler par un enfant de 2 ans.

- **Ne pas se poser en spectateur.** La colère du petit Néron ne doit pas trouver de public. Si on est tout à fait sûr que l'enfant ne fait pas une colère de détresse, on peut simplement quitter la pièce. Si on ignore sa colère, l'enfant s'arrêtera : ce n'est ni drôle ni efficace quand personne ne regarde.
- **Ne pas essayer de le raisonner, de discuter ou de le persuader.** L'attention et le dialogue ne font que l'encourager.
- **Pas de « petit bisou » pour le consoler.** Cela revient à dire : « Si tu te mets en colère, je te donnerai beaucoup d'amour. »
- **Ne pas négocier :** cela ne ferait que l'encourager. Si un enfant découvre qu'en se mettant en colère, il peut facilement manipuler son entourage, il risque de continuer à le faire en grandissant. Imaginons ce que cela peut donner : une maman a toujours accordé de l'attention à son fils quand il essayait de la manipuler ; à 16 ans, celui-ci continue à la frapper et à jeter des coups de pied dans les portes, mais désormais il est plus grand qu'elle et elle ne peut plus l'obliger à rester dans sa chambre.
- **Lui opposer un « non » définitif** et essayer de contenir sa propre colère. Personne n'aime sentir qu'on le manipule.
- **Ne pas lui donner ce qu'il veut.** Il faut lui montrer clairement que ce n'est pas en exigeant les choses qu'il les obtiendra. S'il hurle parce qu'il veut un biscuit, on peut lui dire : « On reparlera de ce que tu veux quand le ton de ta voix sera aussi calme que le mien », puis reprendre ses activités jusqu'à ce que l'enfant se calme et dise « s'il te plaît ». Mais aucune attention ne doit lui être accordée tant qu'il utilise la force et l'agressivité pour réclamer quelque chose. Il ne faut pas poursuivre le dialogue quand il exige quelque chose, car cela renforce sa position et contribue à faire de sa colère un véritable trait de sa personnalité.
- **Lui rappeler les règles de politesse,** surtout quand il est plus âgé, car son cerveau supérieur est plus développé. On peut lui dire : « Si tu donnes des ordres aux gens, ils n'auront pas envie

de t'aider. Quand tu veux quelque chose, demande-le-moi gentiment, pour que j'aie envie de te faire plaisir. Si tu ne sais pas comment faire, je peux t'aider. » On peut aussi réagir de façon claire et nette : « Dis donc, Thomas, ça ne prend pas avec moi. »

• **Utilisez l'humour et le jeu quand la situation le permet.** Parfois, cela désamorce les choses instantanément. Il s'agit de confronter l'enfant à son image, pour qu'il comprenne qu'il n'obtiendra rien par la force. On peut lui dire quelque chose du genre : « Tu veux vraiment me mener à la baguette ? Essayons un peu avec cette boite de conserve. 'Boîte de conserve, va me chercher un biscuit !' Ou plutôt jouons les petits chefs avec la brosse à dents… 'Viens par ici, brosse à dents !' » L'enfant va se dire qu'on est tombé sur la tête, mais le stratagème permet de lui voler la vedette, de le stopper dans son élan, et de lui renvoyer sa propre image en se plaçant sur le terrain de l'humour et du jeu (que cela lui plaise ou non !). Il comprendra aussi qu'on ne prend pas ses ordres au sérieux.

• **Faire la différence entre une colère du petit Néron** et une colère de détresse. Ce n'est pas toujours facile, car l'une peut entraîner l'autre. Bien entendu, il est hors de question d'accepter un comportement du type : « Va m'acheter du pain, et tout de suite ! », mais si notre refus cause du chagrin à l'enfant (et que l'on sent que sa peine est réelle), on doit l'aider à gérer cette émotion. Voici le message à faire passer : « Je ne réponds pas à tes ordres, mais je t'aide parce que je vois que tu souffres. » Tous les petits mammifères, y compris les humains, sont génétiquement programmés pour réagir avec colère quand ils n'obtiennent pas ce qu'ils veulent, et ils n'ont pas les lobes frontaux assez développés pour surmonter cette émotion.

• **Éduquer par le jeu est beaucoup plus efficace** qu'éduquer par les punitions. Punir déclenche des hormones de stress qui mettent l'enfant dans un état défensif de colère, de peur ou de honte. Éduquer de manière ludique active les hormones anxiolytiques et anti-agressivité, donc les enfants ne voient pas l'intérêt de lutter avec leurs parents ou leurs pairs. Dans les cultures familiales animées par des critiques répétées et des cris, il n'y a jamais ni plaisir ni rires parce que les systèmes COLÈRE et PEUR ont bloqué les systèmes SOINS et JEU.[18] La recherche

TRANCHE DE VIE

L'impossible Emma

Quand elle n'obtenait pas ce qu'elle voulait, Emma criait, donnait des coups de pied et se roulait par terre. Elle se montrait souvent très autoritaire : « Ne t'en va pas, reste avec moi, » ou faisait exprès de casser sa poupée pour en avoir une neuve. La mère d'Emma avait tenté de la raisonner, de l'implorer, la pire attitude à adopter dans ce cas. La situation a empiré. Quand Emma a commencé à débrancher les lampes pour que sa mère lui obéisse, celle-ci s'est adressée à un thérapeute, à qui elle a avoué que si elle aimait toujours sa fille, elle commençait à ne plus la supporter.

Emma se conduisait très bien à l'école. Quand on lui a demandé pourquoi, elle a répondu : « On n'a pas le droit d'être méchant à l'école. » La mère d'Emma a suivi des cours pour apprendre à fixer des limites à sa fille. À 9 ans, Emma a perdu une bataille qui durait depuis deux ans. Mieux vaut tard que jamais !

« Passe-t-on assez de temps à jouer avec lui à la maison ? »

montre qu'il n'est jamais trop tard pour changer une culture familiale basée sur les hormones du stress en une culture saine, et que ce changement entraîne souvent des bons comportements beaucoup plus efficacement que des techniques de mise au coin.[19]

Ce qui favorise les colères

Nous l'avons vu, quand un enfant n'est pas sage, cela peut être lié à un trouble physiologique ou émotionnel. Il en est de même quand un enfant se met en colère : il peut avoir faim, être fatigué ou angoissé. Mais d'autres facteurs sont susceptibles de déclencher ses colères, et de transformer la maison en véritable champ de bataille.

- **L'ennui.** Si un enfant souffre d'un manque de stimulation (voir page 179), il peut hurler pour passer le temps. Peut-être ne joue-t-on pas suffisamment avec lui ? Les cris sont fréquents dans les familles qui ne jouent pas assez ensemble. Typiquement, quand un enfant pique une crise au supermarché, c'est parce qu'il s'ennuie. Si on lui donne des choses intéressantes à faire, il cessera de faire des colères (voir page 202).
- **La frustration.** Les enfants ont parfois du mal à mettre des mots sur leur frustration. Il faut les aider à exprimer ce qu'ils ressentent : « Ce n'est pas facile de partager, hein ? Tu viens de commencer à jouer avec ce jouet et ton petit frère arrive et te le prend. »
- **La déception.** Perte et déception activent les centres de la douleur du cerveau. Les adultes peuvent toujours se faire une raison et passer à autre chose, mais pour un enfant, la déception peut être insurmontable et le faire éclater en sanglots. Il a besoin qu'on reconnaisse sa déception et qu'on l'aide à apaiser sa souffrance. Quand un enfant est déçu, l'ignorer ou se fâcher contre lui ne fera qu'ajouter à sa douleur.

Le manque de stimulation ou l'ennui sont difficiles à supporter d'un point de vue physiologique. Pour satisfaire son besoin naturel de stimulation, un enfant peut avoir recours aux cris et aux colères. C'est pourquoi il faut jouer le plus souvent en famille et lui trouver des occupations enrichissantes.

À retenir

• Six facteurs expliquent pourquoi un enfant se conduit mal : la fatigue et la faim, un cerveau immature, des besoins psychologiques non satisfaits, des émotions intenses, le stress des parents, et un comportement parental qui active les systèmes d'alarme du cerveau inférieur.

• Un enfant qui fait une colère de détresse souffre réellement et a besoin du soutien d'une personne calme et compatissante. L'ignorer ou le punir peut avoir des conséquences désastreuses.

• Bien que les colères de détresse soient difficiles à supporter, elles sont l'occasion d'aider un enfant à établir les voies de communication cérébrales qui lui permettront plus tard de bien gérer son stress.

• Les colères du petit Néron doivent être ignorées, sinon l'enfant peut continuer à recourir à la colère dans sa vie d'adulte.

Les moments difficiles

Ce chapitre présente ce qui se produit dans le cerveau des enfants – de moins de 5 ans principalement – quand ils se conduisent mal. Beaucoup de parents devraient se retrouver dans les situations décrites (des enfants qui sautent sur leur lit, qui se déchaînent au restaurant, qui font une crise dans un magasin de jouets ou qui se battent avec leurs frères et sœurs), mais ce qu'ils ne savent peut-être pas, c'est que ces comportements sont liés au fait que le cerveau de leur enfant n'est pas encore assez développé.

Quand ils sont déchaînés

Les adultes ont rarement envie de sauter en l'air sur leur lit, ou de courir dans un magasin, car leurs lobes frontaux sont assez développés pour freiner naturellement leurs « pulsions motrices », ces envies de courir, de sauter ou de grimper. Les petits ne disposent pas encore de tels mécanismes de contrôle : il y a donc peu de chances que cela fonctionne si on leur demande de suivre l'exemple des adultes.

Quand il dit tout le temps « non »

Bien qu'il soit nécessaire de fixer des limites claires à un enfant, il faut faire attention à ne pas trop briser sa volonté. Il est indispensable pour lui de savoir dire « non » à 2 ou 3 ans : c'est une étape vers l'affirmation de sa personnalité, vers la définition de ses choix de vie et vers sa détermination à les réaliser. Un enfant qui, tout petit, ne se rebelle pas, risque de ne jamais se forger une personnalité propre et d'en souffrir plus tard. Il sera peut-être capable de très bien s'adapter aux émotions et aux besoins des autres, mais sans savoir ce que lui-même ressent ou désire. Cela peut venir d'une éducation trop stricte, qui ne lui a pas laissé la possibilité de protester, ou encore d'une éducation basée sur un habile chantage affectif ; dans ce dernier cas, les parents sont souvent enchantés d'avoir un enfant calme qui ne peut pas se passer d'eux, mais ils ne supportent pas qu'il s'oppose à eux et qu'il prenne un peu d'autonomie. Un enfant a besoin de l'amour et de l'assentiment de ses parents, et s'il ne peut les obtenir qu'au prix d'une obéissance aveugle, il choisira cette solution.

Ainsi, si notre enfant est une forte tête qui nous fait souvent tourner en bourrique, on peut déjà se féliciter de ne pas être tombé dans le piège du chantage affectif, même si l'on devrait sans doute fixer à cet enfant des limites plus fermes. Notre rôle est de savoir bien réagir quand un enfant dit « non », et ce chapitre offre quelques clés pour y parvenir.

SACHEZ QUE...

Chez les enfants, la production de dopamine et de noradrénaline se met en place lentement. Or, ces neurotransmetteurs sont essentiels pour qu'ils se concentrent et fixent leur attention, ce qui explique pourquoi beaucoup d'enfants sont :

- facilement distraits ;
- impulsifs ;
- incapables de se concentrer ;
- incapables de passer facilement d'une chose à l'autre ;
- sujets à l'hyperactivité.

Il est trop agité

Un enfant qui saute sur son lit ou qui court dans tous les sens n'est pas plus mal élevé qu'un autre. Il lui est juste très difficile de contrôler ses instincts naturels, à moins qu'il ne s'agisse d'un enfant de moins de 5 ans chez qui une éducation trop stricte a bloqué toute spontanéité. En effet, il n'a pas encore établi entre ses cerveaux inférieur et supérieur les connexions essentielles qui lui permettront ensuite de modérer son agitation naturelle. Par ailleurs, l'immaturité de ses systèmes dopaminergique et noradrénergique l'empêche de pouvoir rester en place.[1] Il faut donc trouver un moyen de canaliser son énergie.

Si on craint qu'il n'abîme le lit ou le canapé, on peut installer un trampoline dans le jardin, ou encore l'emmener au parc. Inutile de se mettre en colère : il suffit de lui dire d'une voix calme : « Je ne veux pas que tu sautes sur le lit. Viens, on va dehors pour sauter. » S'il refuse de venir, il faut le prendre gentiment dans ses bras pour sortir.

Dans les endroits publics

Comme un enfant peut avoir des réactions imprévisibles, mieux vaut bien réfléchir avant de l'emmener quelque part. En général, enfant et grand restaurant ne font pas bon ménage : les parents sont souvent déçus et agacés de voir que leur enfant n'arrive pas à rester tranquille, et la soirée est gâchée. Il existe des endroits plus adaptés, où l'enfant peut bouger à son aise, pour passer un bon moment en famille.

Trouver un endroit où il peut se défouler

Au musée, au restaurant ou à l'hôtel, il faut repérer l'endroit où l'enfant peut se dépenser. Moins il y a de monde, mieux c'est : il pourra ainsi faire autant de bruit qu'il veut. Après s'être agité tout son saoul, il lui sera plus facile de rester sage.

SACHEZ QUE...

En un sens, tous les jeunes enfants sont atteints de TDAH (trouble déficitaire de l'attention avec hyperactivité, voir page 111), c'est-à-dire qu'ils sont impulsifs et ont du mal à se concentrer sur quelque chose pendant longtemps : ils courent et grimpent partout, ils bougent et gigotent sans arrêt. C'est une étape normale du développement qui est due à l'immaturité du cerveau. Les garçons ont plus de mal que les filles à tenir en place, car leurs lobes frontaux se développent moins vite.

Les plus jeunes ont besoin de passer chaque jour beaucoup de temps à se dépenser. Sinon, ils ont tendance à être très actifs à des moments qui ne nous conviennent pas forcément.[2]

« Je n'arrive pas à rester en place ! »

Si les enfants comprenaient ce qui se passe dans leur cerveau et qu'ils disposaient d'un langage soutenu, ils nous expliqueraient qu'ils n'ont pas encore les connexions cérébrales nécessaires pour refréner leurs pulsions motrices. Ils nous diraient qu'ils ont besoin d'espace, comme au jardin d'enfants, pour se défouler. La nouveauté favorise en effet la sécrétion de dopamine, apaisante, dans leurs lobes frontaux.

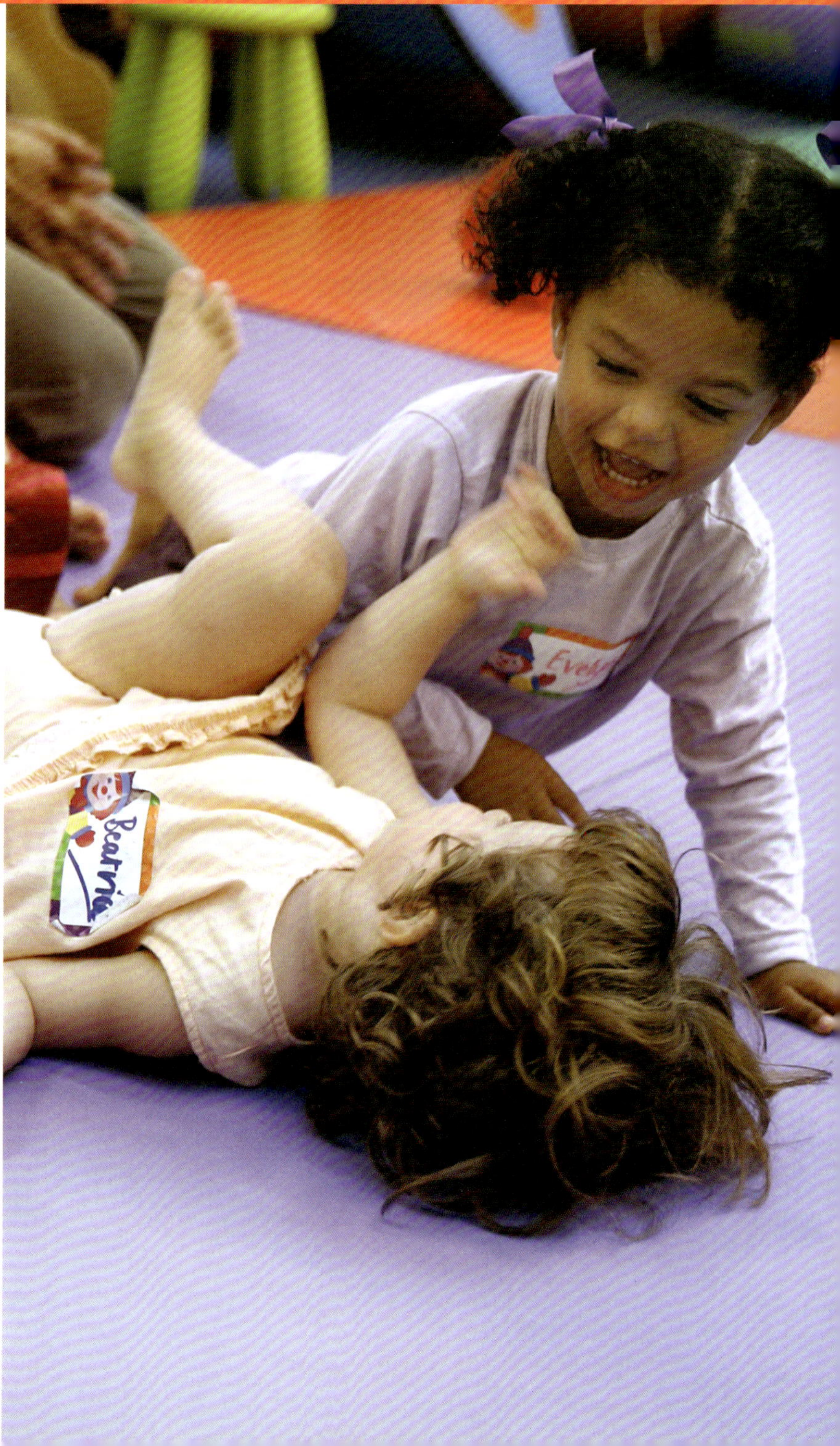

Souvent, il se conduit mal au restaurant parce qu'il s'ennuie

Imaginons la scène : Mila, 2 ans, s'ennuie dans un restaurant. Pour passer le temps, elle se met à taper sur la table avec sa cuillère et les autres clients se retournent sur elle. Elle verse son jus de fruits sur la table, l'étale avec ses doigts puis elle met du sucre partout. Elle continue en jetant de petits objets dans la tasse de sa maman. Qu'est-il en train de se passer dans son cerveau ?

Mila n'est pas « méchante » ; son cerveau n'est simplement pas assez mature pour qu'elle puisse agir autrement. On lui a bien sûr demandé de rester assise sagement, mais, comme tous les enfants, la conversation des adultes l'ennuie profondément. Ce manque de stimulation peut activer la production d'hormones du stress dans son cerveau, et ne faire qu'empirer la situation. En provoquant des catastrophes, Mila cherche juste à satisfaire son besoin de stimulation et à décharger le stress physiologique de l'ennui, et ses pulsions motrices font le reste, car son cerveau n'est pas assez développé pour les maîtriser.

Un enfant qui se comporte ainsi est bien sûr très énervant, et ses parents peuvent être tentés de le punir (certains parents, ignorant les étapes du développement cérébral des enfants, deviennent même violents dans ces moments-là). Mais il y a une meilleure façon de réagir.

Si on donne un jouet ou un album à colorier à Mila, cela devrait suffire à faire agir son cerveau supérieur en concertation avec le système RECHERCHE de son cerveau inférieur.[3] Ce dernier libérera alors de la dopamine et des opioïdes qui aideront Mila à se concentrer et, partant, à calmer ses pulsions motrices. Si on ne prévoit pas des distractions pour les enfants quand on les amène au restaurant, ils inventeront sans doute leurs propres jeux en renversant le sucre sur la table ou en grimpant sur les sièges.

« Bien sûr, il est très difficile de gérer un enfant qui fait des bêtises. Mais on peut y arriver. »

Mila s'ennuie au restaurant : elle a besoin d'une occupation, sinon la sortie en famille risque de se terminer dans les larmes.

« C'est stressant pour un enfant de rester assis sans rien faire. »

Transformer les courses en chasse au trésor

Si les courses au supermarché durent trop longtemps et que l'enfant n'a rien à faire, il risque de s'ennuyer ferme. Pour éviter que l'épisode ne se transforme en épreuve, il faut lui trouver une occupation amusante, sans quoi il aura à se débattre avec ses besoins de structuration et de stimulation (voir pages 179-180). Si l'enfant est sous-actif, cela peut aussi stimuler les centres cérébraux de la douleur. Autant dire que toutes les conditions seront

« Je suis concentré. »

Il faut prévoir des distractions pour les enfants quand on les emmène dans des endroits publics ou dans de belles maisons où ils ne sont pas les bienvenus. Si un enfant ne dispose pas d'un jouet ou d'un album à colorier, il trouvera tout seul de quoi s'amuser : il jouera avec les couverts, fera des bulles dans son verre ou ira explorer des endroits interdits.

réunies pour faire des courses un moment éprouvant, avec un enfant courant partout dans les allées et poussant le chariot sans faire attention.

Il faut prendre les devants et faire marcher son propre sens du jeu, pour imaginer un moyen de faire des courses un moment agréable pour tout le monde. On peut proposer à l'enfant de jouer avec lui ; cela devrait suffire pour satisfaire ses besoins de structuration et de stimulation. Il s'agit, par exemple, de trouver un jeu pour le faire participer aux courses.

« On va faire un jeu. Tu sais comment on joue au roi des courses ? Non ? Alors, voilà comment ça marche. Au début de chaque allée du magasin, je te murmure à l'oreille un article à aller chercher. Dès que tu l'as trouvé et rapporté, je t'en demande un autre. Si tu trouves tout, tu gagnes le jeu et tu as droit à une récompense. Tu choisiras ce que tu veux ! »

Jo Frost, la « supernanny » d'une émission de téléréalité anglaise, propose une version très créative de ce jeu. Avant de partir pour le supermarché, elle donne aux enfants un tableau sur lequel sont représentées les images des articles à trouver. Aussitôt, les courses n'ont plus rien d'ennuyeux, et deviennent une véritable chasse au trésor.

On a confié à Nicolas, quatre ans, la tâche d'aller chercher des articles pendant les courses. Il était incontrôlable et le voilà serviable. Cette activité structurée fait appel à son cerveau supérieur et stimule le système RECHERCHE de son cerveau inférieur, ce qui lui permet de rester attentif et concentré. Sans cela, il serait incapable de refréner ses pulsions motrices et il se mettrait à crier, à courir dans tous les sens en s'en donnant à cœur joie.

Pendant les voyages en train ou en voiture

Rester assis sans rien faire est extrêmement stressant pour les enfants. Si un enfant doit passer un long moment en train, en voiture ou dans n'importe quel autre moyen de transport, son envie de bouger deviendra vite irrépressible. Les adultes ont des lobes frontaux capables de refréner ce genre de pulsions, et ils peuvent passer un bon moment, spécialement s'ils ont un livre à lire ou des compagnons de voyage.

Si on veut profiter du voyage, il faut prévoir des activités pour stimuler les lobes frontaux de l'enfant

Si vous stimulez les lobes frontaux de l'enfant, vous stimulez son système RECHERCHE, qui calme naturellement ses envies primitives de courir partout. On peut par exemple jouer aux devinettes avec lui ou lui donner du papier et des crayons. Plus on participe soi-même au jeu, par exemple en faisant avec lui un jeu à deux ou en s'intéressant à ce qu'il dessine, plus on permet à son système cérébral immature de profiter de l'effet régulateur du nôtre[4] : plus on est calme, plus il est calme lui-même. Pour l'apaiser encore plus, on peut le prendre sur nos genoux et lui faire un câlin. Cela stimulera la sécrétion d'une substance anti-stress dans son cerveau : l'ocytocine.[5]

En prenant en compte ces quelques indications sur le fonctionnement du cerveau de l'enfant, et en comblant les besoins de ses systèmes cérébraux immatures, il est possible de transformer un voyage en un agréable moment passé ensemble. Il ne faut pas oublier d'apporter des jouets ou de prévoir des activités, sinon le trajet sera sûrement très stressant.

> « Il ne faut pas oublier d'apporter des jouets, sinon le trajet risque d'être très stressant. »

« La voiture, c'est stressant et ennuyeux ! »

Rester assis à l'arrière de la voiture pendant des heures est très éprouvant pour les enfants, car cela active la sécrétion de substances excitantes douloureuses dans leur cerveau : ils cherchent donc à s'amuser.

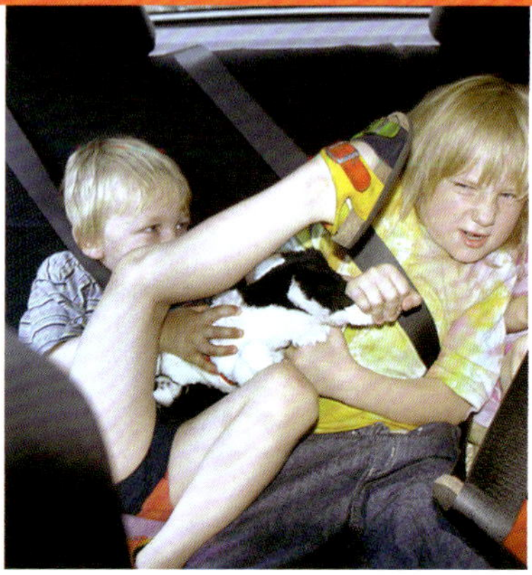

Donner des coups de pied à sa sœur (notre exemple) semble être une bonne façon de passer le temps. Et si elle pleure et s'énerve à son tour, alors on a trouvé un divertissement efficace contre l'ennui.

Pour éviter les débordements, il faut donner aux enfants quelque chose à lire, à faire ou à dessiner. Leur cerveau produira alors des substances excitantes bienfaisantes, idéales pour se concentrer sur des activités plus calmes.

S'arrêter de temps en temps sur la route

Lors d'un long voyage en voiture, il faut prévoir de faire quelques arrêts sur une aire de jeu ou un terrain libre. Cela donnera l'occasion à l'enfant de se défouler un peu avant de repartir.

Au moment des repas

Comment se fait-il qu'une fois à table, un enfant préfère jouer, faire le cochon ou le bombardier, plutôt que de rester sagement assis à manger ? En fait, si son esprit est occupé par quelque chose, la stimulation de son système neurovégétatif (voir page 44) peut lui couper l'appétit. Ce n'est pas parce qu'il est « méchant » qu'il refuse de manger comme il faut. Son système physiologique est tout simplement programmé pour passer outre la sensation de faim lorsqu'il est en état de grande excitation. Encore une fois, si on tente de lutter contre ce mécanisme naturel, on risque de déclencher une crise.

Certains parents essaient à tout prix de faire manger leur enfant quand il est agité, mais cela peut lui causer un stress relationnel considérable, avec un effet négatif sur le développement de son cerveau. Il est préférable d'attendre qu'il soit moins excité pour qu'il retrouve la sensation de faim.

Un enfant peut aussi perdre l'appétit s'il a peur ou s'il est angoissé. Si ses parents sont stressés au moment des repas, il le ressent et refuse de manger. Plus ses parents sont tendus, plus l'enfant s'angoisse et plus cela lui coupe l'appétit. En revanche, plus ses parents sont calmes à l'heure des repas, mieux c'est.

Après une demi-heure de train, Benjamin a très envie de bouger. Ses mécanismes cérébraux et corporels le poussent à escalader son fauteuil.

Si un enfant est angoissé à l'idée de manger, il faut faire de ses repas des moments amusants

Chez tous les mammifères, la peur et le stress peuvent bloquer la sensation de faim et le processus naturel de digestion. Ainsi, l'enfant peut perdre l'appétit s'il perçoit notre anxiété quand on trouve qu'il ne mange pas assez ou qu'il en met partout (si on essuie sans arrêt sa bouche ou qu'on nettoie systématiquement ce qu'il renverse). L'inquiétude des parents et une

alimentation forcée peuvent générer des troubles nutritionnels chez l'enfant. Si on est angoissé de voir l'enfant manger trop peu, son lobe frontal droit, qui est très sensible aux atmosphères émotionnelles, percevra en quelques millisecondes l'expression nerveuse de notre visage, l'agitation de notre voix ou notre tension corporelle. Pour que la nourriture devienne synonyme de plaisir et non de peur, il faut stimuler chez l'enfant le système JEU de son cerveau inférieur au cours du repas, grâce à des assiettes colorées par exemple, ou en le laissant jouer avec la nourriture pour découvrir de nouvelles couleurs et textures.

QUELQUES CONSEILS...

Si un enfant est angoissé à l'idée de manger à cause de notre propre anxiété, voici quelques conseils pour l'apaiser :

- Ne pas le faire manger tout le temps à la même place pour briser toute association négative entre le repas et l'endroit où il le prend.
- Faire la cuisine ensemble, pour l'intéresser à la nourriture. Lui laisser le temps de jouer avec les aliments pour qu'il découvre de nouvelles textures avec ses doigts et puisse en mettre partout.
- Ne pas le punir, voire ne pas réagir s'il ne mange pas bien. Mieux vaut le récompenser quand il mange bien et qu'il se tient bien pendant les repas, par exemple avec un système de bons points à lui donner sans attendre quand il mange correctement pour qu'il fasse l'association entre le fait de bien manger et la récompense.
- Si un enfant ne mange pas bien et qu'on est sûr que ce n'est pas dû à notre propre angoisse, il faut s'assurer qu'il ne passe pas sa journée à grignoter.

Quand il met la pagaille

Soudain, on n'entend plus les enfants. On va voir ce qu'ils font et on découvre un vrai capharnaüm : ils ont transformé la salle de bains en un océan de papier toilette. On peut alors laisser notre système COLÈRE du cerveau inférieur (voir page 19) prendre le dessus, ou au contraire profiter de cette occasion pour en faire un moment instructif. Il faut à tout prix éviter d'étouffer l'imagination et l'incroyable créativité des enfants : le fait qu'ils inventent de nouvelles façons de jouer ensemble est le signe d'un vrai progrès, et cela contribue au développement de leurs lobes frontaux.[6]

Quand les enfants réfléchissent ensemble à ce qu'ils peuvent bien faire, ils commencent à établir de nouvelles connexions neuronales et des voies de communication dans leur cerveau supérieur. Les activités imaginées doivent donc être applaudies et encouragées plutôt que punies. Cela dit, il est aussi important de ne pas donner à l'enfant le message qu'il peut mettre la pagaille dans toute la maison et s'attendre à ce que vous rangiez derrière lui.

Transformer le rangement en jeu

Si l'enfant est encore petit, on peut faire un jeu avec lui : « Voyons qui mettra le plus de jouets dans le coffre. Je suis sûr que c'est moi qui gagne : 1, 2, 3, partez ! » Bien entendu, il faut le laisser gagner et le féliciter : « Bravo, tu es le meilleur pour ranger les jouets. »

Si l'enfant ne veut pas ranger, il est peut-être temps de passer à la méthode dite « choix et conséquences » (voir page 229). Non seulement il cessera de faire sa mauvaise tête, mais en plus on fera appel à sa capacité de prendre des décisions, dépendante du néocortex. Il s'agit de lui dire, tout en lui tenant les mains et en le regardant calmement : « Dans cette maison, il y a une règle : quand on met le bazar, on range. Tu as le choix : ou tu ranges toi-même les jouets maintenant, ou c'est moi qui le fais. Mais, dans ce cas, je confisque tous les jouets que j'aurai rangés, jusqu'à ce que tu me montres que tu as compris la règle. Qu'est-ce que tu choisis ? » Dans la plupart des cas, il se met aussitôt à ranger. Si toutefois il feint de ne pas comprendre, il faut simplement faire ce qu'on a dit, sans tergiverser. Il pourra récupérer ses jouets quand il aura aidé à ranger autre chose dans la maison.

Les bagarres à propos des jouets

Pourquoi les enfants sont-ils si possessifs avec leurs jouets ? Cela est dû à plusieurs phénomènes cérébraux. D'une part, l'attachement affectif à un objet entraîne la sécrétion d'opioïdes dans le cerveau ; ainsi quand l'enfant joue avec un de ses jouets, cela lui procure une sensation de bien-être. Mais si on le lui prend, son taux d'opioïdes peut chuter, d'où sa souffrance émotionnelle[7] et ses cris de détresse.

D'autre part, pour un enfant, ses jouets représentent son territoire. N'importe quel animal réagit violemment quand on envahit son territoire, et cet instinct de protection est profondément ancré dans notre cerveau reptilien. Lorsqu'un animal protège son territoire, son cerveau secrète de la vasopressine, qui génère l'agressivité. La colère, la douleur et les substances liées à l'instinct de territoire peuvent très vite pousser un enfant à devenir agressif. C'est pourquoi, quand l'enfant souffre et que son organisme est submergé par de puissantes hormones, il a plus besoin d'aide et de compassion que d'une punition. Heureusement, sa douleur peut passer très vite, surtout si on parvient à le distraire.

« Quel bazar ! »

Ils ont transformé la salle de bains en un océan de papier toilette : le désordre et le gâchis sont épouvantables. Au lieu de laisser son système COLÈRE prendre le dessus, il est préférable de prendre la situation en main, sans briser la créativité des enfants :

« On doit pouvoir faire une rivière avec autre chose que du papier. Aidez-moi à ranger tout ça et allons dans le jardin. »

« S'ils finissent par trouver une solution, il faut les féliciter chaudement, car la négociation et le compromis sont le signe d'une grande évolution. »

Qui aura le jouet ? Il faut trouver une solution

Un enfant n'a pas forcément les lobes frontaux assez développés pour trouver une solution lui-même : dans ce cas, c'est à nous de l'aider, en lui parlant calmement, et surtout sans le punir pour l'immaturité de son cerveau. Si les enfants sont plus grands, et que leurs lobes frontaux sont plus développés, on peut les aider à résoudre eux-mêmes leur différend. Il s'agit de leur apprendre les vertus de l'échange ou du « chacun son tour » : « Vous voulez tous les deux jouer avec le Dragon ? Et si je vous aidais pour que vous l'ayez chacun votre tour ? » On peut les encourager à engager la discussion : « Je te prête mon bateau si tu me prêtes ta voiture. » On peut aussi établir un roulement des jouets dans la famille. Si les enfants sont en mode « reptilien », mieux vaut confisquer le jouet en disant : « Bon, je confisque le jouet le temps que vous trouviez le moyen de vous le partager. » Quand le jouet

« Ce jouet est à moi ! »

Sonia s'est emparée de la bascule de la garderie. Deux de ses camarades, voulant jouer avec elle, attrapent les poignées. Il y a assez de place pour tout le monde.

Sonis n'est pas du tout d'avis de partager le jouet. Elle le veut pour elle toute seule et comme elle le considère comme son territoire, elle le défend avec passion, en poussant de hauts cris.

Une éducatrice arrive. Elle calme la situation en expliquant à Sonia qu'il faut partager. La fillette, apaisée, peut enfin faire appel à son néocortex, et sa colère passe.

disparaît, les enfants passent souvent de l'émotion à la réflexion. S'ils finissent par trouver une solution, il faut les féliciter chaudement, car la négociation et le compromis sont le signe d'une grande évolution.

Si un enfant ne supporte pas de perdre à un jeu, c'est parce que son cerveau est trop immature

Il est peut-être simplement trop jeune pour être confronté à cette épreuve. Selon le développement de son cerveau, la défaite peut se révéler très douloureuse ; il serait donc injuste de le punir ou de lui dire qu'il est mauvais perdant. Les plus jeunes ont du mal à relativiser les choses. Leur mémoire est encore quasi vide et ils n'ont pas assez d'expérience pour comprendre que, finalement, perdre à un jeu n'est pas si important. Un enfant peut aussi piquer une colère après avoir perdu, car il avait anticipé le plaisir de gagner. Tous les mammifères (y compris les humains) ressentent de la colère ou de la frustration lorsqu'ils n'obtiennent pas la récompense escomptée. Le seul fait de penser que l'on va gagner peut entraîner une augmentation du taux de dopamine, qui provoque l'excitation ; mais s'il s'avère que finalement on perd, ce taux risque de chuter, ce qui nous mettra certainement de mauvaise humeur, tandis qu'un enfant, lui, se mettra à pleurer. En attendant qu'il grandisse un peu et qu'il apprenne à relativiser les choses, mieux vaut donc choisir des jeux plus coopératifs que compétitifs. Ce sera plus agréable pour lui comme pour ses partenaires.

Quand il exige quelque chose

Imaginons un enfant dans un magasin de jouets. Il commence par ne pas vouloir en sortir, puis il essaie de s'enfuir avec un jouet dans les bras. Ces magasins stimulent le système RECHERCHE du cerveau inférieur. Ce système, également lié à la volonté, à la détermination, aux attentes et aux désirs, libère de la dopamine et du glutamate de façon optimale, ce qui entraîne une grande excitation et un fort niveau de concentration. Si on ne lui laisse pas son jouet, l'enfant ressent une profonde frus-

SACHEZ QUE…

On peut réserver une étagère pour les jouets que les enfants ne sont pas prêts à partager. Chaque enfant peut y placer quelques jouets (selon le nombre décidé) que les autres n'ont pas le droit de prendre sans sa permission.

Cela développe le sens de la propriété et apprend aux enfants à faire attention à certains objets, ce qui peut être très utile s'ils partagent leur chambre.

Un enfant de plus de 5 ans dispose de lobes frontaux plus développés et est capable de faire des choix. Lui donner de l'argent de poche contribue à développer sa capacité à prendre des décisions : « Tu as le choix. Ou tu utilises l'argent de ton anniversaire pour acheter ce jouet, ou tu le mets de côté pour acheter plus tard le vélo dont tu as envie. » Cela stimule son cerveau supérieur.

tration, capable d'activer ses systèmes COLÈRE et PANIQUE/DÉTRESSE. Les pleurs et l'énervement surviennent alors, parce que le néocortex n'est pas encore capable d'inhiber naturellement le cerveau émotionnel.

Gérer un enfant de moins de 5 ans dans un magasin de jouet exige de la fermeté

La bonne stratégie consiste à ne pas réagir, quelles que soient ses supplications. Il faut lui opposer un « non » définitif, en lui laissant entendre qu'on a bien compris l'objet de sa détresse : « Je vois bien à quel point tu veux cette poupée, mais nous n'avons pas d'argent pour ça aujourd'hui. » On peut alors quitter le magasin, sans essayer de pousser la discussion plus avant. L'enfant nous suivra certainement, car il est très attaché à nous. On peut aussi le prendre dans ses bras pour sortir et essayer de le distraire dès que possible : « Tiens, regarde là-bas ! » ça ne sert à rien d'essayer de le raisonner par un « Tu en as déjà tellement à la maison » : ce serait faire appel à son néocortex, alors que c'est son cerveau inférieur qui est aux commandes.

Il est possible de proposer une alternative à un enfant de plus de 5 ans

Son cerveau est normalement assez mature pour qu'il soit capable de prendre une décision. On peut commencer par lui dire : « Si tu veux quelque chose de spécial, il va falloir que tu fasses quelque chose de spécial », puis ensuite lui demander s'il préfère laisser tomber ou accepter de nous aider à faire quelque chose pour gagner l'argent nécessaire à l'achat du jouet. Dès que son cerveau supérieur est occupé à prendre une décision, son cerveau inférieur se calme. De plus, cette réflexion est une excellente manière de créer de nouvelles connexions dans son néocortex.

Quand il n'écoute pas un mot de ce qu'on lui dit

Parfois un enfant ne répond pas quand on l'appelle ou sursaute quand on lui demande quelque chose. Il n'est en fait pas capable de passer facilement d'une chose à une autre comme les adultes car certains centres clés de production hormonale ne sont pas encore assez développés chez lui. S'il est vraiment concentré, il lui est très difficile de répondre quand on lui parle.

Il faut lui laisser du temps : « Dans cinq minutes, je vais te demander de ranger tes jouets et d'aller te laver les dents », puis, quand les cinq minutes sont passées : « Je vais compter jusqu'à cinq. » Si l'enfant obéit, il doit être félicité. Dans le cas contraire, il faut simplement le prendre dans ses bras et le porter jusqu'à la salle de bains pour qu'il se lave les dents. Il s'agit de rester cohérent et de ne pas lui demander plusieurs fois d'aller se laver les dents, sinon il comprendra vite qu'il peut attendre.

« On peut quitter le magasin, sans essayer de pousser la discussion plus avant. »

« Je ne partirai pas sans ce jouet ! »

Jessica (6 ans) refuse de sortir du magasin de jouets sans les peluches qu'elle a trouvées. Son cerveau est plein d'hormones qui augmentent son désir pour ces jouets.

La mère doit gérer une crise de colère au beau milieu du magasin ! Pour s'en sortir, elle doit faire appel au cerveau supérieur de Jessica en lui proposant des alternatives.

Ici, Jessica et sa maman sont en train de discuter d'argent de poche et des différents choix possibles. Jessica peut passer du « Je veux » au « Je vais y réfléchir ».

« Si un enfant est vraiment concentré sur ce qu'il fait, il lui est difficile de s'en détacher. »

Quelques conseils utiles pour qu'un enfant s'arrête immédiatement

Les règles qui s'appliquent quand il est dehors doivent être claires et explicites. Il ne doit pas partir en courant quand on lui dit « stop » et il doit revenir quand on l'appelle : « Si je veux que tu reviennes, je t'appellerai et je compterai jusqu'à cinq. À cinq, tu dois être revenu. »

Si l'enfant n'en fait qu'à sa tête, on peut lui dire : « Je vois que tu n'es pas encore prêt à ce que je te laisse partir tout seul, puisque tu ne reviens pas quand je t'appelle », puis le mettre dans sa poussette ou l'attacher à son poignet avec un lien, en lui expliquant pourquoi. Inutile d'élever la voix ou de se mettre en colère : les actes constituent un message suffisamment clair. Il faut adopter le même comportement à chaque sortie, jusqu'à ce qu'il comprenne. Chaque fois qu'il revient quand on l'appelle, il faut le féliciter : « Bravo, c'est très bien. » Il sera fier de lui, aidé en cela par un torrent de dopamine et d'opioïdes.

Il est égoïste

« Notre petite fille de quatre ans est trop égoïste. Elle ne veut pas partager ses jouets avec les autres et ne pense jamais à nous. Je suis sûr qu'il y a quelque chose qui ne va pas chez elle, peut-être de mauvais gènes. » L'égoïsme des enfants peut être très agaçant, mais on ne devrait pas les punir pour ça. Ce manque d'égard est dû au fait que leur cerveau supérieur n'est pas encore assez mature. La compassion pour la souffrance et l'anxiété de l'autre est un sentiment qui s'acquiert progressivement. Ce n'est qu'après leur avoir montré pendant de longues heures qu'on s'intéressait à eux que l'on peut espérer la même chose en retour. Malheureusement, certains enfants ont reçu tellement peu d'attention que leur cerveau supérieur ne se développe jamais en ce sens.

QUELQUES CONSEILS…

L'humour et le jeu peuvent s'avérer très efficaces pour surmonter les moments difficiles. Par exemple, quand un enfant se met à crier de toutes ses forces parce qu'il s'ennuie, on peut lui proposer un jeu.

« Tiens, mon chéri, je viens d'avoir une idée. On n'a qu'à faire un concours de celui qui crie le plus fort ! On va dans le grenier et on choisit chacun un cri d'animal. Celui qui le pousse le plus fort a gagné.[8] »

Le jeu peut alors se transformer en une histoire de lions et de dragons, et nous permettre de passer un bon moment à jouer avec notre enfant, au lieu de le sommer d'arrêter de faire du bruit. Ces moments de partage ont des effets bénéfiques sur le système cérébral encore immature de l'enfant, car le contact avec un système cérébral mature lui permet de se réguler émotionnellement.

Il raconte des histoires et se montre grossier

Pour un enfant, raconter des histoires est un plaisir bien trop grand pour ne pas y succomber. Adele Faber, écrivain et psychologue pour enfants, nous propose de dire quelque chose comme : « Ce que Sophie est en train de faire ne m'intéresse pas. Mais je veux bien qu'on parle de toi. »

Il faut aider l'enfant à exprimer sa colère et son animosité différemment : « Tu sais bien qu'on ne dit pas de méchancetés sur les gens ici. Si tu as un problème avec ta sœur, dis-lui clairement de quoi il s'agit.[9] » Si un enfant est blessé par le comportement d'un autre, il faut se montrer compatissant : « Sophie t'a traité méchamment et ça a dû vraiment te faire du mal. Ce qu'elle dit est faux, ne l'écoute pas. Mais tu as bien fait de venir me voir plutôt que d'être méchant toi aussi. »

TRANCHE DE VIE

Camille et Solenne jouent ensemble, mais ça ne se passe pas toujours aussi bien quand elles veulent le même jouet. Les parents pensent souvent que le refus de partager est un acte égoïste, sans réaliser que le fait de devoir partager un jouet avec un frère ou une sœur fait parfois remonter le sentiment plus profond d'avoir à partager ses parents. En général, les enfants n'ont pas de mots pour exprimer cette souffrance, à moins qu'on les aide. Si on a l'impression qu'il est très douloureux pour l'enfant d'attendre son tour pour utiliser le jouet, à tel point que rien ne parvient à le distraire, il est peut-être temps de lui parler. On peut par exemple lui demander s'il trouve qu'il passe assez de temps avec son papa ou sa maman (voir page 122).

Quand ils se bagarrent

Quand un enfant a envie de s'en prendre à quelqu'un ou de se bagarrer, ses parents doivent trouver le moyen de le faire réfléchir et de l'amener à négocier. S'ils crient après lui ou s'ils l'ignorent, ils risquent de renforcer les mauvais instincts de son cerveau primitif. Dans ce cas, il est possible qu'en grandissant, l'enfant reste agressif, verbalement ou physiquement.

SACHEZ QUE...

Si un enfant est régulièrement la cible des attaques de ses frères et sœurs sans que les parents interviennent, son cerveau s'adapte pour survivre dans un environnement hostile. **Ses systèmes PEUR et COLÈRE** peuvent devenir hyperactifs, ce qui entraîne souvent des troubles de l'anxiété ou un comportement colérique plus tard.

Beaucoup de parents sont persuadés que leurs enfants se bagarrent plus que les autres, mais en fait, il est tout à fait normal que frères et sœurs se chamaillent. Selon une étude, 93 % des enfants de 7 ans se bagarrent entre frères et sœurs et 24 % d'entre eux le font souvent.[10]

Ce comportement nous rappelle amèrement que les êtres humains ont encore un cerveau reptilien (voir page 17). Comme le néocortex des jeunes enfants n'est pas encore très développé, c'est souvent cette partie reptilienne qui domine chez eux. Le rôle des parents est primordial, car s'ils ne traitent pas le problème des bagarres, ils peuvent renforcer les instincts primitifs de leur enfant. Mais, en s'y prenant bien, ils favoriseront le développement de son néocortex et freineront ses pulsions reptiliennes qui le rendent agressif lorsqu'il se sent en concurrence ou menacé.

Ce sont donc les parents qui vont déterminer la façon dont leur enfant va évoluer. Ou il va apprendre à taper plus fort et à être toujours plus sournois dans ses attaques, ou il va développer et apprendre à maîtriser des facultés humaines plus évoluées, à savoir le fait de négocier, de faire des projets et de savoir exprimer ce dont il a envie ou besoin, sans avoir à s'imposer par la force ou à manipuler qui que ce soit.

Pourquoi se bagarrent-ils ?

Les bagarres surviennent lorsqu'un ou plusieurs des besoins psychologiques de l'enfant ne sont pas satisfaits (voir page 179) : il peut s'ennuyer et chercher une source de stimulation ; il peut simplement avoir faim, ce qui le rend agressif (voir page 175) : un excès de stimulation peut le maintenir dans l'excitation ; il peut être en colère, frustré, bouleversé ou refouler ses émotions, et ne pas trouver de mots pour l'exprimer ; il peut reproduire ce qu'il vit à la maison, si ses frères et sœurs le tapent ou que ses parents le giflent ; il peut être malmené à l'école, une expérience qui renvoie facilement un enfant vers ses instincts primitifs de fuite ou d'attaque dans ses autres relations.

« Un enfant peut s'en prendre à un autre parce qu'il s'ennuie. »

Comment réagir ?

Il faut s'assurer que l'enfant utilise son cerveau supérieur et non son cerveau reptilien. Pour y parvenir, il y a des choses à faire et à ne pas faire.

Ne pas répondre à la violence par la violence

Il faut éviter de hurler ou de distribuer des gifles quand nos enfants se battent. Cette réaction violente peut les effrayer et les faire se calmer momentanément, mais elle leur apprend à recourir à la colère en cas de stress ou de compétition. Il se peut alors qu'ils réagissent de manière excessive, sous l'emprise

« Ce n'est pas drôle ! »

Ce qui commence comme un jeu peut vite devenir incontrôlable. Il n'est pas sûr que ces deux petits garçons soient toujours en train de s'amuser. Les parents ne savent pas toujours quand il est temps d'intervenir, mais les expressions du visage des enfants sont souvent révélatrices.

S'ils sourient, c'est que la bagarre reste ludique ; si leurs dents se serrent et que l'agitation redouble, il est temps de s'interposer.

« Les enfants ont besoin qu'on les protège de ceux qui pourraient leur faire du mal. »

de leurs instincts d'attaque et de fuite. Ils risquent aussi de développer un tempérament colérique en grandissant ou, au contraire, d'intérioriser leur colère et de souffrir de maladies liées au stress.

Cette attitude ne favorise pas non plus le développement du cerveau supérieur des enfants. Pourtant, les accès de violence d'un enfant sont une bonne occasion de l'aider à réguler ses états d'excitation et à se calmer. Le ton de la voix est alors très important : il doit être ferme, mais calme.

Ne pas prendre parti ni écouter les excuses

À moins d'avoir été témoin d'une agression gratuite, il ne faut pas écouter les justifications. Certains enfants sont des acteurs nés, capables de se rouler par terre en se tenant le ventre pour nous émouvoir. Si on choisit un camp, les enfants comprennent vite qu'il leur suffit de se poser en victime pour attirer notre attention. Et ils adoreront voir l'autre se faire punir.

Si l'enfant est confronté à une émotion qui le dépasse, il faut l'aider, ne pas le laisser seul

En cas de bagarre, mettre un enfant au coin peut nous donner le temps de respirer. La prochaine fois, l'enfant réfléchira peut-être à deux fois avant de mordre sa petite sœur, mais cela ne lui apprend pas à maîtriser sa colère parce qu'il n'y a absolument pas de régulation émotionnelle par le parent pendant ce temps. Il peut même mettre son isolement à profit pour préparer sa revanche.

Des études montrent que le fait de mettre des mots sur les émotions de l'enfant pendant ces périodes de réflexion favorise le développement de nouvelles voies de communication dans son cerveau supérieur, et calme naturellement ses instincts primitifs de violence.[11] Voir aussi pages 238-39.

Mettre les enfants en sécurité

Il faut empêcher un enfant de faire du mal aux autres, mais il faut aussi que les parents et les éducateurs empêchent les autres de lui faire du mal. Beaucoup d'adultes racontent qu'ils n'ont pas été suffisamment protégés de la brutalité de leurs frères et sœurs lorsqu'ils étaient enfants ; considérant les bagarres comme un jeu, leurs parents ne se sont pas aperçus que la rivalité s'était transformée en maltraitance.

Il faut laisser aux enfants la possibilité de résoudre eux-mêmes leurs différends, mais seulement s'ils en sont capables. Certaines situations sont parfois trop chargées en émotion pour qu'ils y parviennent.

QUELQUES CONSEILS...

Que dire et que faire lorsque les enfants risquent de se faire mal en se bagarrant ? Voici quelques propositions :

- Les séparer en disant : « Stop. Chacun dans sa chambre, s'il vous plaît », ou « Arrêtez immédiatement. Pas question de se faire mal, on dirait un vrai combat de boxe. Séparez-vous avant de vous blesser. Sophie, dans la cuisine, Julie, dans le salon. »
- Porter attention à l'agressé et non à l'agresseur, à qui l'on peut dire : « Nicolas, tu n'aurais pas dû taper Antoine. Je vais aller le consoler. Toi, tu restes ici et tu essaies de trouver un meilleur moyen de faire savoir à Antoine que tu n'es pas content. »
- Leur donner la possibilité d'exprimer leur colère : « Martin, dis à ta sœur pourquoi elle t'a énervé. »
- Souvent la colère est accentuée par la douleur : il faut donc aider l'enfant à mettre des mots sur sa souffrance : « Tu aimerais bien qu'il arrête de prendre tes affaires. Tu as l'air vraiment en colère contre lui, car il t'a fait du mal en cassant ton château. »[12]

QUELQUES CONSEILS...

Il faut s'assurer que les règles de la maison sont bien claires au sujet des disputes et des bagarres, et prendre le temps de les expliquer aux enfants. Voici un exemple de règlement :

- On ne tolère aucune bagarre pouvant faire mal dans cette maison.
- Pas de problème pour jouer à la bagarre, mais vous devez être sûrs tous les deux qu'il s'agit d'un jeu et que vous vous amusez.
- Si vous vous bagarrez pour un jouet, il sera confisqué jusqu'à ce que vous trouviez un moyen de vous le partager. Demandez de l'aide à un adulte si vous n'y arrivez pas.
- Si tu as vraiment besoin de donner des coups quand tu te sens frustré ou en colère, va voir un adulte pour qu'il t'aide à te calmer.
- On ne traite personne de tous les noms dans cette maison. Demande à un adulte de t'aider à trouver une meilleure façon de dire à ton frère ou à ta sœur que tu aimerais qu'il ou elle se comporte différemment.

Les enfants qui malmènent les autres à l'école sont souvent maltraités par leurs frères et sœurs

Si les parents n'interviennent pas lorsque c'est nécessaire, les bagarres peuvent devenir monnaie courante. Les enfants qui sont souvent frappés par leurs frères et sœurs, sans que leurs parents s'interposent, ont tendance à reporter cette violence sur les autres à l'école (voir page 222). Près de la moitié des élèves disent avoir déjà été malmenés à l'école.

Faire une réunion de famille

Si les bagarres commencent à devenir une habitude, il faut réunir la famille pour en parler, et donner à chacun une liste de règles précises (voir ci contre). Ce doit être un moment marquant pour les enfants. Les réunions de famille sont l'occasion de faire comprendre aux enfants qu'on peut réfléchir à ses émotions plutôt que de les libérer par la violence. La recherche a montré que le fait de mettre des mots sur de très fortes émotions inhibe naturellement le système COLÈRE dans le cerveau inférieur.[13] Pour être efficaces, ces réunions doivent suivre un déroulement précis. On peut utiliser la méthode du cercle de parole proposée par Jenny Moseley et utilisée dans les écoles primaires : seule la personne qui tient le nounours (ou équivalent) peut parler. Cela oblige les enfants à s'écouter les uns les autres.[14]

Si les enfants sont trop jeunes pour émettre des idées, c'est à nous de les proposer. Même si un enfant n'est pas d'accord avec une décision qu'on a prise, il se sentira tout de même en sécurité parce qu'on a écouté tout le monde et qu'on est capable de prendre la situation en mains.

À retenir

- Avant 5 ans, les enfants sont souvent difficiles à cause de l'immaturité de leur cerveau.
- Il ne faut jamais punir un enfant qui se montre insupportable quand seul son cerveau sous-développé est en cause.
- Avant une sortie, il est utile de réfléchir à la manière de faire appel au néocortex de l'enfant en lui proposant une activité intéressante : ses pulsions motrices et ses systèmes cérébraux primitifs ne gâcheront pas la journée.
- Pour qu'un enfant grandisse sans céder à ses instincts agressifs, il faut lui accorder du temps en tête-à-tête pour l'aider à gérer ses fortes émotions et trouver les mots qui le feront réfléchir.
- En comblant les besoins de structuration, de stimulation et de reconnaissance d'un enfant, on peut passer de bons moments avec lui.

Tout sur la discipline

C'est tout un art d'établir une discipline. Quand on s'y prend bien, cela dépasse largement le cadre de la simple gestion de comportement, et contribue au développement de l'intelligence sociale, morale et émotionnelle de l'enfant. Quand on s'y prend mal, on peut rendre un enfant incapable d'affronter le monde et lui gâcher la vie. C'est pourquoi il est si important d'appliquer une discipline qui stimule le cerveau cognitif de l'enfant, et non les instincts de fuite et de combat de son cerveau inférieur.

Souvent, les enfants sont turbulents parce qu'ils n'arrivent pas à parler de leur souffrance. Ce n'est que si l'on passe du temps à les écouter, à les aider à gérer leurs émotions et à renforcer le lien parents-enfant, qu'ils peuvent perdre tout intérêt à mal se conduire.

Les « petits durs »

Au cours de l'histoire de l'humanité, la discipline imposée aux enfants a joué un rôle majeur dans la perpétuation de la souffrance humaine. En effet, on a cru pendant des siècles qu'il était impossible de faire acquérir le moindre sens moral aux enfants sans punitions sévères. Toutes les études, psychologiques ou neurobiologiques, montrent que cette croyance est totalement infondée.

SACHEZ QUE…

Au Royaume-Uni, en 2011, des enfants ont été renvoyés de l'école à plus de 80.000 occasions pour avoir attaqué un enseignant ou un condisciple.[1] La même année, sept enseignants sur dix qui ont quitté la profession ont dit que c'était à cause d'élèves violents ou perturbateurs dans la classe.[2] Des études publiées en 2011 indiquent aussi que 20.000 élèves au moins portent un couteau pour leur propre protection.[3] En 2012-13, environ 100 000 élèves entre 10 et 17 ans ont été accusés ou prévenus de délits.[4]

Façonner le cerveau d'un « petit dur »

C'est en grande partie l'éducation qu'on lui donne qui fait d'un enfant un « petit dur » ou un voyou. Croyant bien faire, les parents oublient souvent qu'une discipline trop sévère, qui ne repose que sur les reproches, risque de modifier les mécanismes de réponse au stress du cerveau de l'enfant, ce qui peut accentuer sa sensibilité et rendre ses systèmes PEUR et COLÈRE hyperactifs. Ce type de discipline apprend aussi à l'enfant ce que sont les rapports soumission/domination, dont il peut ensuite se servir pour malmener les autres, d'autant plus si on le punit en lui donnant la fessée. Encore aujourd'hui, dans de nombreux pays, beaucoup de parents admettent donner la fessée à leur enfant, le menacer de fessée, crier sur lui ou le traiter de stupide ou de paresseux.[5] En donnant la fessée à un enfant, on lui montre qu'il est permis de taper. Il se mettra alors peut-être à taper ses frères et sœurs, à donner des coups de pied au chat ou à embêter les autres enfants à l'école.

Soyons clair, nous ne parlons pas ici des quelques fois où l'on crie après nos enfants

Il est parfois inévitable, et même indispensable, de se montrer sévère, par exemple quand un enfant s'apprête à traverser la route sans regarder ou à mettre ses doigts dans la prise. Toutefois, si les reproches et l'autorité sont à la base de la relation parents-enfant, la vie au jour le jour va vite devenir insupportable pour tout le monde. L'enfant va apprendre à construire ses relations aux autres sur des rapports de force, et pas assez sur la tendresse, la gentillesse et l'entraide.

Quand un enfant est constamment stressé par les cris et les colères de ses parents, la tension qu'il accumule peut devenir si douloureuse qu'il a besoin de s'en libérer en tapant et en malmenant les autres enfants ou, s'il est plus jeune, en criant, en hurlant, en mordant, en tapant ou en cassant quelque chose. Les enfants éduqués sévèrement adorent les jeux de guerre et sont souvent fascinés par les jeux vidéo violents.

Accabler un enfant de reproches, d'injonctions ou d'avertissements ne favorise pas le développement de son néocortex dans le sens du raisonnement, de la projection et de la réflexion. Sans compter que ce type d'éducation risque de rendre ses systèmes COLÈRE et PANIQUE/DÉTRESSE hyperactifs.[6] Dans ce cas l'enfant devient très instable. Personne n'apprécie la compagnie d'enfants qui sont sous l'emprise des instincts de combat et fuite de leur cerveau reptilien ; ils ont tendance à être rejetés par les autres, ce qui renforce d'autant plus leur vision pessimiste du monde.

Les enfants soumis à une discipline trop sévère apprennent à rabaisser les autres, à leur donner des ordres, à les humilier et à les blesser verbalement, tout comme ça leur est arrivé.

Discipliner par l'empathie, pas par la honte

La science de l'éducation des enfants dit clairement qu'il faut éviter le stress en tout. Le plus dur pour certains parents est d'éviter le stress dans la discipline parce que, enfants, ils ont été disciplinés par la honte et la colère, et ils manquent donc de ressources pour d'autres options.

Pourquoi est-ce si important ? Des études sur l'agressivité verbale montrent que quand des parents élèvent régulièrement la voix et emploient des mots durs, l'enfant risque d'être enclin à la dépression ou à d'autres troubles psychiatriques plus tard dans la vie.[7] L'agressivité verbale peut aussi endommager la zone cérébrale qui traite les perceptions auditives et réduire le QI verbal et la capacité de compréhension de l'enfant.[8] De plus, être gentil et affectueux avec l'enfant le reste du temps n'annule pas les lésions causées par les cris, l'humiliation et les critiques.[9] De même si l'un des parents est régulièrement agressif verbalement avec l'enfant alors que l'autre lui manifeste affection et approbation ; les lésions causées par des mots qui blessent ne peuvent

« De nombreux dirigeants, ayant subi, enfants, une discipline sévère et cruelle, deviennent de véritables dictateurs ou cherchent à agresser les autres nations. »

pas être réparées par l'affection de l'autre parent. De plus, discipliner un enfant en l'humiliant libère chez lui des taux élevés de cortisol, qui est toxique pour le cerveau en développement[10], et plus tard il sera facilement honteux. En plus d'une vulnérabilité à la dépression[11], il risque de manquer de confiance en lui, de se sentir honteux en permanence, de ne pas oser se présenter pour un travail, ou de ne pas oser faire face à quelqu'un par crainte d'être humilié. Par contraste, les enfants qui sont disciplinés avec empathie se débrouilleront mieux socialement, émotionnellement et scolairement, et leur système d'excitation corporelle sera bien équilibré, signe d'une bonne santé émotionnelle et physique.[12]

Comment mettre cela en pratique

Les parents doivent être compatissants avec leur enfant quand celui-ci est furieux des limites qu'ils mettent, plutôt que de le critiquer parce qu'il se met en colère.[13] Voici un exemple : Thomas, 5 ans, a dit des méchancetés à son frère, ce qui est contraire à la règle de la maison qui demande de se parler gentiment. Sa maman réagit en disant : « Je pense que ces méchancetés signifient que tu ne peux pas jouer avec ton jeu vidéo aujourd'hui. » Thomas est très fâché et dit : « Je te déteste, je te déteste. Tu sais que j'adore ce jeu. » Maman : « Je sais, Thomas, mais malheureusement tu as fait un mauvais choix en étant si méchant avec ton frère. » Thomas : « Je suis désolé. Pourquoi es-tu si méchante avec moi, Maman ? Je te déteste. » Maman : « Thomas, je sais que c'est dur de ne pas utiliser ton jeu ce soir. Je peux voir que cela te fait vraiment de la peine. » Mais Thomas continue : « Je te déteste, tu es la pire des mamans. » Maman : « Je dois t'apprendre que ce n'est pas bien de faire de la peine aux autres avec des méchants mots, mais je peux aussi voir que tu es furieux. » Maintenant Thomas ne se sent plus si mal en réalisant que sa colère est reconnue.

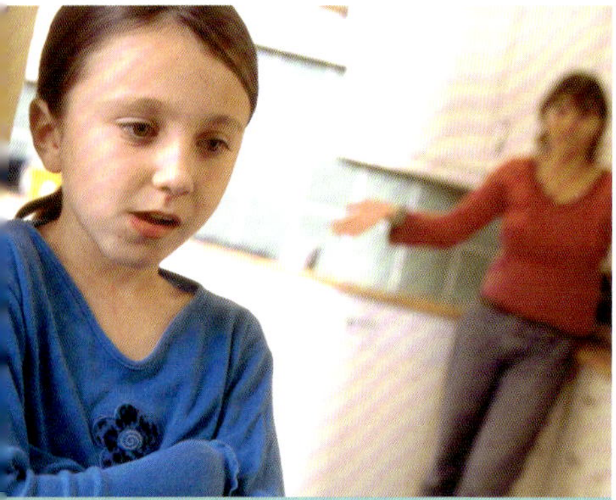

TRANCHE DE VIE

Julie ne s'en sort plus

Être mère donne bien du souci à Julie, et elle est souvent obligée de faire des reproches à ses deux enfants, de leur donner des ordres ou de leur faire la leçon. Ce n'est pas très efficace, mais Julie n'a pas eu la chance d'avoir des parents qui la cajolent, la serrent dans leurs bras ou jouent avec elle.

Marie, 4 ans, a peur quand sa maman crie. Sa sœur, Sandra, 12 ans, semble s'en arranger. Quand sa mère crie, elle répond sur le même ton, mais elle est devenue une jeune fille irascible.

La discipline que Julie impose à ses enfants aura peut-être des effets à long terme sur leur cerveau. Le système PEUR dans le cerveau de Marie réagit au moindre stress, et il se peut qu'elle devienne craintive et qu'elle ait du mal à faire confiance aux autres plus tard. Le système COLÈRE est hyperactif chez Sandra. Ses relations sociales risquent d'en pâtir, car la moindre frustration déclenche sa colère.

« Je déteste ce jeu. »

Les enfants prennent modèle sur tout ce qui les entoure. On sait que les scènes de violence à la télé peuvent les rendre agressifs, mais la façon dont leurs parents les corrigent peut aussi les amener à être méchants ou cruels. Il est prouvé que les enfants qui sont frappés à la maison commencent, dès 4 ans, à endosser le rôle de victime ou de persécuteur dans leurs jeux. À l'inverse, ceux qui ne sont pas soumis à une discipline autoritaire ont plutôt tendance à jouer gentiment avec les autres.[14]

Fixer les bonnes limites

Nous avons déjà montré comment une discipline trop autoritaire pouvait gêner la socialisation et faire qu'un enfant devienne une personne brutale plutôt qu'un citoyen respectable. Mais que se passe-t-il quand les parents ne parviennent à imposer aucune discipline ? La société est aussi constituée d'enfants dont les provocations font de la vie de leurs parents un enfer.

SACHEZ QUE…

Certains parents hésitent à dire « non » à leur enfant de peur de perdre son amour. Pourtant, il est vital de le faire si on veut lui donner une chance de se développer moralement et socialement. Un enfant à qui on ne dit pratiquement jamais « non » peut finir par se sentir plus fort que ses parents et ne plus les respecter. Il est aussi très angoissant pour lui de sentir que ses parents ne prennent pas leurs responsabilités. Par ailleurs, si on ne lui fixe aucune limite, il peut en conclure que ce n'est pas grave de faire du mal aux gens, de prendre ce qui leur appartient, de dire des gros mots ou de traiter sa mère comme une servante, puisque rien ne se passe quand il le fait.

Il faut trouver le moyen de lui expliquer clairement que certaines choses sont inacceptables, de façon à faire appel à son néocortex, et non aux systèmes primitifs PEUR et COLÈRE, responsables de la domination et de la soumission, qui sont profondément ancrés dans les parties les plus anciennes de son cerveau.

Certains parents sont incapables d'imposer quelque limite que ce soit à leurs enfants, souvent parce qu'ils ont été eux-mêmes injustement punis par leurs professeurs ou leurs parents. De ce fait, ils sont très attentifs à ne pas faire subir la même chose à leurs enfants et ont tendance à tomber dans l'excès inverse. Si l'attitude de leur enfant exige une réaction ferme et une punition immédiate, ils lui disent simplement : « Ne fais pas ça, mon chéri, ce n'est pas gentil », sans prendre aucune mesure. L'ironie de la chose, c'est qu'en voulant à tout prix éviter d'être autoritaires, ils font de leur enfant quelqu'un d'autoritaire. En ne punissant pas de suite un enfant dont le comportement est inacceptable, on ne fait que l'encourager.

Voici ce qui peut arriver si on ne fixe aucune limite à son enfant

Un enfant comprend vite qu'il peut avoir le contrôle sur ses parents. Mettons-nous à sa place : s'il peut taper sa maman ou donner des coups de pied dans la porte sans se faire gronder, pourquoi exprimerait-il sa colère autrement ? Voilà qui peut griser et procurer un réel sentiment de pouvoir. Si on ne fixe pas des limites claires à un enfant, il ne saura pas les trouver tout seul.

Le problème, c'est que les neuroscientifiques ont découvert que le simple fait de vivre une émotion sans l'analyser pouvait la faire devenir un trait de personnalité irrémédiable.[15] Quand un « petit dur » de 5 ans atteint l'âge de 9 ou 10 ans, il devient trop grand pour qu'on puisse le contrôler physiquement, par exemple en le portant dans une autre pièce. À cet âge, il peut même être assez fort pour nous faire mal ou pour faire mal aux autres membres de la famille.

On doit lui faire comprendre très vite que ce n'est pas lui qui commande

Il faut lui affirmer son autorité avec assurance et conviction, en étant ferme et clair, mais sans se mettre en colère et sans l'humilier. Les enfants ont besoin de ressentir cette assurance dans notre voix et dans nos gestes, et s'ils dépassent les limites, la punition doit être immédiate. Il ne faut surtout pas en discuter. Si on ne se montre pas assez convaincant, l'enfant ne nous prendra pas au sérieux.

On ne naît pas en étant sociable et ouvert aux autres. On doit donc aider les enfants à contrôler la colère et les pulsions de leur cerveau primitif. Voici quelques conseils pour y parvenir.

Quand exprimer ses émotions…

La première règle est de savoir exprimer son contentement quand un enfant se conduit bien. S'il joue en bonne intelligence avec son frère, il ne faut pas avoir peur d'en faire trop en le félicitant : « Qu'est-ce que c'était bien quand tu as laissé ton frère jouer avec ton jouet. C'est formidable d'avoir été si gentil ! »

Quand rester neutre…

Au contraire, quand il fait une bêtise, il s'agit de rester parfaitement neutre, sans rien montrer de ses émotions. S'il étale son yaourt sur la table, on peut lui dire d'une voix très calme : « Tu n'aurais pas dû faire ça, car tu n'auras pas le droit de regarder ton DVD aujourd'hui. Tu réfléchiras un peu plus la prochaine fois. » Puis tenez-vous en à votre décision.

Évidemment, les parents font souvent l'inverse, car un enfant qui se conduit mal attire plus facilement l'attention : ils laissent échapper leurs émotions quand leur enfant les provoque ou les énerve, et restent neutres, voire ne le remarquent même pas, quand il se montre gentil, généreux ou créatif. Pourtant,

« Mon papa n'arrive pas à me contrôler. »

Négocier ou punir ? Il faut réfléchir avant d'agir. On peut ignorer ou réprimander doucement un enfant si son attitude n'est pas dangereuse et s'il ne risque pas de blesser quelqu'un ou d'endommager quelque chose. En revanche, si ces risques sont présents, il faut se montrer ferme. Nous devons adopter une attitude cohérente dès son jeune âge pour éviter de rencontrer des problèmes plus tard.

SACHEZ QUE...

En laissant un enfant prendre des décisions sur des choses d'importance secondaire, comme la façon dont il s'habille, il y a moins de risque qu'il se mesure à notre autorité. Ainsi, plutôt que de lui dire en criant : « Mets ton manteau tout de suite, je ne te le dirai pas deux fois », il est préférable de lui demander avec légèreté : « Qu'est-ce que tu préfères ? Te préparer maintenant ou aller à l'école en pyjama ? » ou encore « Tu crois que cette veste va être assez chaude, ou tu préfères qu'on aille chercher ton manteau ? » Il y a de fortes chances pour qu'il se prépare avec le sourire, sans chercher à vous énerver.

répondre calmement à un enfant qui nous provoque le dissuade souvent de continuer. Si on s'emporte, on risque de stimuler son cerveau reptilien, ce qui peut gêner, à long terme, le développement de son cerveau social.[15]

L'ignorer quand il cherche à se faire remarquer

Il ne faut pas lui prêter attention quand il donne des coups de pied dans sa chaise ou qu'il descend les escaliers bruyamment. Ces écarts de conduite se produisent souvent lorsqu'il a besoin de stimulation ou de reconnaissance (voir page 179). Il pense peut-être que l'on s'intéresse plus à ses frères et sœurs, à notre portable ou à un programme télé qu'à lui. Sans doute n'a-t-il pas reçu assez d'attention, d'encouragement ou de câlins de notre part.

Si on réagit à ses petits écarts de conduite, l'enfant comprendra vite qu'il peut obtenir beaucoup d'attention en nous provoquant un peu. On s'en aperçoit souvent quand il nous regarde avec l'air d'attendre impatiemment qu'on se mette en colère. Une réaction du type « Arrête ça tout de suite » ou « Ça va pas, non ? » est pour lui le signe qu'on lui porte une grande attention. Mieux vaut ne pas rencontrer son regard, faire comme si on ne le voyait pas, et plutôt trouver un moyen de satisfaire ses besoins de stimulation et de reconnaissance.

Établir des règles claires à la maison

Elles sont nécessaires pour répondre à son besoin de structuration et pour stimuler son néocortex. Il est insensé de ne pas poser de règles, de ne prévoir aucune récompense quand l'enfant les respecte, ni de punition quand il les enfreint. En famille ou en société, les règles permettent aussi bien aux enfants qu'aux adultes de se sentir en sécurité ; leur absence mène souvent à l'anarchie et au désordre. Ces repères aident notre cerveau supérieur à maîtriser l'agressivité et les instincts de domination que déclenchent facilement nos zones cérébrales reptilienne et mammalienne (voir pages 16-17) ; en leur absence, les membres de la famille risquent d'être blessés, psychologiquement ou physiquement.

Les règles permettent de passer du subjectif à l'objectif. Elles assurent l'équité, et les gens se calment quand ils sentent que les choses sont justes. Il faut afficher le règlement de la maison dans un endroit bien visible, sur le frigo par exemple : interdiction de taper, de dire des gros mots ou de casser des objets ; respecter les autres ; demander de l'aide quand on souffre intérieurement au lieu de se défouler sur quelqu'un, etc. Les enfants doivent savoir ce qu'ils risquent quand ils ne respectent pas les règles : temps de réflexion (voir page 233), marche d'escalier ou chaise de réflexion (voir page 235), isolement, confiscation du jouet préféré, retrait d'une activité comme un temps d'écran, ou simplement obligation d'une tâche ménagère.

Parler de façon claire et simple aux plus jeunes

En grandissant, un enfant apprécie qu'on lui explique ce que sont l'équité et le respect de l'autre, et pourquoi il est préférable d'être généreux plutôt que méchant. Mais il est inutile de le faire avant que son néocortex soit suffisamment développé. Avec un enfant de moins de 5 ans, on doit se cantonner aux instructions simples : en le regardant bien en face, et d'un ton ferme mais sans se mettre en colère, il faut simplement lui dire « Non », « Arrête », « Je ne le répèterai pas » et « Si tu recommences, tu seras puni ». Si l'enfant est surexcité et incontrôlable, mieux vaut alors le serrer dans ses bras (voir page 237) : s'il est surexcité, il sera incapable de comprendre ce qu'on lui dit, aussi simples que soient les mots utilisés.

La méthode dite « choix et conséquences »

Mise au point par Foster Cline, cette méthode a fait ses preuves, même avec des enfants aux comportements les plus destructeurs et antisociaux. Elle consiste à stimuler le cerveau cognitif de l'enfant, sans activer ses systèmes PEUR et COLÈRE dans son cerveau inférieur. Elle s'adresse aux enfants de 5 ans et plus.[16]

QUELQUES CONSEILS...

Il ne faut pas se mettre en colère quand un enfant se montre grossier, provocateur ou quand il cherche à se faire remarquer. On doit rester calme et faire semblant d'être absorbé par ce qu'on est en train de faire. Cela minimisera l'impact de son comportement et il n'en tirera aucun bénéfice. Par exemple :

Lui : « Ta chemise est moche. »

Nous : « Sans blague » (d'un ton très calme en portant notre attention ailleurs).

« Les enfants doivent savoir ce qu'ils risquent quand ils ne respectent pas les règles. »

QUELQUES CONSEILS...

Les règles de la maison doivent reposer sur les principales qualités humaines : la bonté, le partage, la générosité et le respect d'autrui.

Chaque règle doit avoir un objectif précis, y être bien adaptée (pas d'argent de poche sans bonnes actions par exemple), et doit également être juste : les enfants auront tôt fait de démasquer les règles inéquitables.

On peut laisser les enfants les plus âgés donner leur avis lors de l'élaboration du règlement, car ils apportent souvent de bonnes idées. En revanche, faire participer de façon démocratique des enfants de moins de 5 ans serait inutile, car leur cerveau n'a pas la maturité nécessaire pour prendre ce genre de décision. À cet âge, ils voient les choses de manière binaire et proposent des punitions atroces pour la moindre incartade. Quand on lui a demandé comment punir son petit frère pour avoir mordu sa gardienne, Simon (5 ans) a répondu : « Jetez-le à la poubelle. »

Il ne faut pas se contenter de relever les infractions au règlement : il faut aussi féliciter un enfant quand il le respecte.

Prenons un exemple. Guillaume est jaloux parce que sa sœur a eu une poupée pour son anniversaire. Il essaie de la casser en la piétinant. Sa maman l'avertit que s'il continue, il devra effectuer des tâches ménagères pour gagner l'argent nécessaire au rachat d'une poupée. Cela montre à Guillaume que sa conduite implique des conséquences. Sa maman pourrait aussi lui proposer une alternative : travailler pour racheter une poupée ou donner à sa sœur son jouet préféré ; cette solution plairait beaucoup à la petite sœur. La maman refuse toute discussion, ce qui évite de récompenser la mauvaise conduite de Guillaume en lui portant trop d'attention. Le fait de devoir faire un choix stimule le cerveau supérieur de Guillaume. Finalement, il se décide pour les tâches ménagères.

Il ne faut pas se sentir obligé d'appliquer cette méthode sur le moment : l'avertissement ou l'alternative proposée risquent de ne pas être adaptés à la situation ou même de nous gêner plus qu'autre chose. Il vaut mieux prendre son temps : « J'ai besoin de réfléchir pour trouver comment tu vas réparer ta bêtise. Je te le dirai quand j'aurai trouvé. » Il faut tout de même que la punition prenne effet le jour même. Les plus jeunes n'ont pas de notion du futur. Il faut donc éviter les punitions de type « pas de cinéma cette fin de semaine ».

Le récompenser quand il se conduit bien

Le féliciter en lui donnant des images, des bons points ou en lui accordant des petites faveurs sont autant de façons de faire appel à son cerveau cognitif, car cela le pousse à évaluer le pour et le contre avant de faire quelque chose. Sans système de récompenses, on peut facilement être amené à ne faire que des reproches, en oubliant les félicitations. Si on accorde trop d'attention à un enfant qui se conduit mal, cela ne fait que l'encourager. Mais le mécanisme est le même quand il se conduit bien : plus on lui accorde d'attention, plus cela l'encourage à bien faire. La formule est simple mais efficace.

Une chose est sûre, on n'agit pas sans raison. Notre cerveau est conçu pour rechercher les satisfactions et éviter les désagréments. Les adultes se lèvent pour aller travailler parce que leur travail leur plaît, qu'il est une source de socialisation et qu'il leur permet de gagner de l'argent. Rien d'étonnant à ce qu'un enfant rechigne à faire la vaisselle : qu'a-t-il à y gagner ?

Quand il appréciera de rendre service aux autres (en contribuant par exemple à la bonne marche de la maison) sans avoir besoin pour cela d'une récompense concrète, il sera passé à un nouveau stade de développement. Mais cela prend du temps ! Au début, il peut avoir besoin de recevoir une récompense comme une image ou un bon point. Certains se satisfont même d'un simple « Bravo » et d'un grand sourire. En grandissant un enfant trouve des sources de motivation plus subtiles : le plaisir du travail bien fait quand il cuisine pour toute la famille ou, après avoir franchi un nouveau stade de développement, le plaisir de faire quelque chose par amour, qui s'avère bien plus fort que de recevoir soi-même un cadeau.

« Plus on lui accorde d'attention quand il se conduit bien, plus il se conduit bien. La formule est simple mais efficace. »

« Pourquoi suis-je obligé de ranger ? »

La maman demande à Martine de ranger, mais celle-ci n'a pas envie : elle se dit que maman le fera si elle fait semblant de ne pas entendre.

Sa maman avertit Martine que si elle ne range pas, pas question d'aller au cinéma : elle applique la méthode dite « choix et conséquences ».

Sans qu'il y ait eu besoin de cris, de coups ou de cajolerie, Martine s'est mise à ranger. Elles seront à l'heure pour la séance.

QUELQUES CONSEILS...

Un changement de ton permet de passer des menaces aux promesses. Alors, au lieu de dire sévèrement à un enfant : « Si tu ne ranges pas ta chambre, tu ne pourras pas regarder ton DVD », Il est préférable de lui dire gentiment : « Je te promets que si tu ranges ta chambre, tu pourras regarder ton DVD. » Cette simple nuance dans le ton peut faire toute la différence entre deux familles : dans l'une, il faudra répéter les choses sans arrêt ; dans l'autre, les enfants seront serviables et motivés.

Si on veut le récompenser parce qu'il a été gentil ou qu'il a bien voulu partager un jouet, on doit le faire aussi vite que possible, pour qu'il fasse bien le lien entre ce qu'il a fait et le plaisir que lui procure la récompense. Lui distribuer des bons points est une méthode très efficace. Un tableau de bonne conduite permettra à l'enfant de visualiser le nombre de bons points qu'il a gagnés et nous rappellera de ne pas oublier de le récompenser chaque fois qu'il se conduit bien. Pour marquer le coup quand il a fait quelque chose de vraiment spécial, on peut l'autoriser à aller se coucher un peu plus tard, organiser une sortie surprise au parc avec son papa ou lui offrir un petit cadeau.

On peut continuer à récompenser les enfants plus grands et les adolescents : tant de bons points leur donnent droit à une somme d'argent. Ils apprennent ainsi qu'ils doivent mériter leur argent de poche. En gagnant eux-mêmes cet argent, ils font un premier pas dans le monde des adultes. Ils peuvent acquérir des bons points en faisant le ménage, en respectant les règles de la maison pendant une période donnée, ou en se montrant gentils ; mais en cas de mauvaise conduite, des points leur sont retirés. S'ils ont perdu tous leurs points, il est toujours

« Regarde ce que j'ai fait ! »

Distribuer des images à un enfant quand il se conduit bien est une bonne manière de l'encourager. En les collant sur un tableau, il peut suivre ses progrès. On peut dessiner des arbres par ordre croissant de taille : dès que l'enfant reçoit une image, un « tapis volant » passe à l'arbre supérieur et quand le tapis a atteint le plus grand arbre, l'enfant a droit à un cadeau.

possible de leur confisquer des objets auxquels ils tiennent, comme leur console de jeu. Pour les récupérer, ils devront se « renflouer ».

Le faire réfléchir

Pour apprendre à leur enfant à bien se comporter en société, les parents font souvent l'erreur de lui parler méchamment. Ils risquent ainsi de rendre les systèmes d'alerte et les mécanismes de réponse au stress de son cerveau inférieur hyperactifs, ce qui peut, nous l'avons vu, lui causer plus tard des troubles de l'anxiété et/ou de l'agressivité. En lui parlant sévèrement, on cherche à se faire obéir, mais l'enfant fait souvent tout le contraire : il désobéit et devient provocateur.[17]

Il faut essayer de faire appel à son cerveau supérieur en lui parlant calmement. Quand il fait une colère de petit Néron (voir pages 190-94), on peut lui dire : « Bon, j'ai l'impression que tu n'es pas vraiment dans ton assiette. Quand tu seras calmé et que tu pourras me parler gentiment, on discutera, » avant de quitter la pièce sans ajouter un mot. Une intervention méchante donnerait : « Te voilà encore en colère. Malgré tout ce que nous faisons pour toi, tu n'es jamais content ! » La première solution le fera réfléchir, tandis que la seconde stimulera un peu plus le système COLÈRE dans son cerveau inférieur.

Préférer la discussion à l'isolement

Il s'agit de prendre le temps de s'asseoir avec l'enfant après un mauvais comportement et de parler ensemble des raisons pour lesquelles il se comporte ainsi. Il ne s'agit pas d'accorder trop d'attention au mauvais comportement, mais d'accorder de l'attention aux émotions qui sous-tendent ce mauvais comportement, pour qu'elles puissent être résolues. On s'apercevra alors que la plupart du temps, il agit mal parce qu'il est submergé par des émotions si fortes qu'il est incapable d'y faire face ou de les exprimer verbalement. Il faut trouver une façon créative de l'aider à parler de ses sentiments (voir page 118).

Pour couper court à une crise, rien de tel que d'envoyer l'enfant seul dans sa chambre, porte fermée pendant une minute

ZOOM SUR LE CERVEAU

Quand un enfant n'en fait qu'à sa tête, la méthode dite « choix et conséquences » peut favoriser le développement de ses lobes frontaux de façon à améliorer ses capacités de réflexion, d'observation, de négociation et d'appréciation. Il est important de ne pas crier et de ne pas lui donner d'ordres, mais d'avoir une voix calme et tranquille. Un enfant dont les lobes frontaux sont développés est capable de :

- raisonner, planifier, réfléchir et penser avant d'agir ;
- établir des liens entre les événements ;
- négocier ;
- résoudre des problèmes.

Quand on lui donne des ordres, un enfant peut se sentir atteint dans sa dignité et le ressentir comme une humiliation. Cela risque de lui apprendre ce que sont les rapports de soumission et de domination, tout ce qu'il faut pour en faire un « petit dur » (voir page 222).

SACHEZ QUE...

Quand on passe du temps avec un enfant à parler de ses émotions, il comprend qu'elles ne nous font pas peur et qu'on peut les gérer. Si on ne le fait pas, on risque de s'éloigner de l'enfant aux moments où il aura le plus besoin de l'oreille attentive d'un adulte. Au cours du développement de son cerveau social, un enfant doit être capable de s'intéresser aux autres, de compatir à leur souffrance et de comprendre effectivement ce qu'ils peuvent ressentir. Le cerveau social des enfants ne se développe qu'au travers des relations sociales avec des personnes réceptives à leurs émotions.

par année d'âge (ainsi à 6 ans, il y restera 6 minutes). Mais cela n'offre pas aux parents l'occasion de découvrir pourquoi l'enfant s'est mal comporté. Celui-ci garde alors pour lui les sentiments douloureux qui l'ont poussé à faire une crise.

Comme le dit Weininger (qui préconise la discussion) en parlant de l'isolement : « On prend le risque de s'éloigner de son enfant au moment même où il a le plus besoin d'aide pour exprimer ses émotions. » En passant du temps à parler avec son enfant, on l'encourage à ne plus se faire remarquer en faisant des bêtises, et à trouver une manière plus réfléchie de s'intégrer au monde qui l'entoure.[19]

Pourquoi l'isolement n'est jamais approprié

L'isolement n'est jamais un bon choix pour punir un enfant. La plupart des enfants de moins de 5 ans ont des moments de crise et se roulent de temps en temps par terre de chagrin. Les petits peuvent pleurer quand on les habille (voir page 182), ou si un autre enfant prend leur jouet préféré. La frustration chez un petit active les systèmes d'alarme de son cerveau, ce serait donc cruel d'aggraver sa souffrance en l'isolant. Ce serait même commettre une double erreur : non seulement on ne lui apporterait pas le réconfort nécessaire, mais en plus on le punirait alors qu'il éprouve des sentiments tout à fait naturels. Un enfant qui est isolé pourrait en tirer des conclusions dangereuses pour son équilibre psychologique :

- Les émotions profondes et douloureuses sont interdites. Maman ou Papa vont me punir si je les éprouve. Je ne peux avoir que des émotions modérées.
- Mieux vaut éviter de demander de l'aide à Maman ou à Papa quand je souffre ; ils pourraient se fâcher.

Même si nous voulons que nos enfants soient sages, on doit absolument éviter de les pousser à refouler leurs émotions et donc les empêcher de vivre leur vie pleinement. Le fait d'isoler un enfant en proie à ses émotions peut s'avérer dangereux pour le développement de son cerveau. Un enfant qui pleure pour exprimer sa souffrance (parce qu'il est en colère ou frustré) a besoin que ses parents l'aident à réguler ses émotions. On sait que si on laisse un enfant dans un tel état de détresse (par exemple en l'enfermant dans sa chambre), son cerveau peut être envahi par des hormones du stress. Il arrêtera probablement de pleurer parce qu'on se fâche, mais son taux de cortisol restera très élevé.

« L'isolement ne fait que couper court à la crise : l'enfant garde pour lui les émotions douloureuses qui en sont à l'origine. »

Un endroit où il peut réfléchir à ses actes

Il s'agit de choisir un endroit particulier, une chaise ou la marche d'un escalier, où l'enfant pourra réfléchir à la raison pour laquelle ce qu'il vient de faire est inacceptable. Non seulement cette méthode l'aide à se calmer, mais elle stimule aussi son cerveau supérieur. C'est une façon de l'isoler, mais moins sévèrement, car on ne le laisse pas seul derrière une porte, coupé de la vie de la maison. Il est aussi moins angoissé. En revanche, il peut s'avérer compliqué de le faire rester dans son coin. Voici quelques conseils pour gérer la situation.

« Personne ne me comprend ! »

Avant d'enfermer un enfant dans sa chambre, il faut se demander s'il ne vaudrait pas mieux passer un peu de temps à discuter avec lui. En l'écoutant, on parviendra peut-être à comprendre pourquoi il a mal agi et donc à trouver la solution pour éviter que cela se reproduise.

• **Première étape : lui donner un avertissement.** On peut lui dire, d'une voix ferme et forte, en le regardant bien en face : « On ne dit pas de gros mots dans cette maison. Si tu recommences, tu iras t'asseoir et réfléchir. »
• **Si cela ne suffit pas, faire ce qu'on lui a dit** et l'amener gentiment jusqu'à la chaise ou la marche d'escalier.
• **Une fois le temps écoulé, revenir le voir e**t lui demander s'il est maintenant prêt à jouer calmement. S'il répond oui, on peut le laisser retourner jouer. S'il redevient grossier, on répète le processus.
• **S'il descend de sa chaise ou de l'escalier,** il faut le ramener à sa place. On peut tenir les plus jeunes, avec calme et fermeté, sans rien dire.[20]

« Pourquoi j'ai fait ça ? »

Pour envoyer un enfant réfléchir, il faut choisir un endroit sans intérêt, telle une pièce tranquille et inutilisée. L'enfant doit être face au mur afin de limiter au maximum les stimulations extérieures. Il s'agit de lui demander de réfléchir à ce qu'il vient de faire, en lui expliquant qu'il restera comme ça pendant, disons, huit minutes (selon son âge) avant qu'on vienne le chercher pour connaître le fruit de sa réflexion. S'il essaie de quitter sa place il faut lui demander d'y retourner.

• **Si l'enfant est plus âgé,** mieux vaut passer un moment avec lui (voir page 233) à discuter pour comprendre les raisons de son comportement.

Le tenir dans ses bras

Ce n'est pas emprisonner un enfant que de l'empêcher de bouger pour le calmer quand il devient incontrôlable. Il s'agit plutôt de le rassurer en le tenant fermement et calmement dans ses bras. Le principal objectif est de lui donner l'assurance que l'on est suffisamment fort et calme pour faire face aux émotions qui le dépassent. Quand un enfant a le sentiment d'être « submergé par une fureur incontrôlable[15] » et qu'il n'y a personne pour l'aider, il peut être terrifié par son propre comportement. Dans ce cas, si un « Stop ! » sans équivoque ne suffit pas à le calmer, il faut le tenir fermement pour éviter qu'il se blesse, qu'il blesse quelqu'un ou qu'il casse quelque chose. En effet, l'enfant se trouve dans un tel état d'excitation qu'il est incapable de nous entendre, car le centre langagier de son cerveau est perturbé. Dans certains pays, les enseignants sont légalement autorisés à empêcher les enfants de bouger dans de telles circonstances.[22]

N'utiliser cette méthode que si on est calme

Il faut tenir l'enfant gentiment mais fermement. De la même façon qu'un bébé s'apaise au contact du corps de ses parents, l'enfant va se calmer. Notre propre système neurovégétatif, mature, va contribuer à réguler celui de l'enfant, encore immature.

Si on tremble de colère, il nous sera impossible de le calmer. Il aura même l'impression d'être puni et notre stress ne fera que l'énerver encore plus.

Il faut que l'enfant soit plus petit que nous, sinon il risque de nous blesser ou de réussir à se dégager. Il ne se sentira ni maintenu, ni en sécurité. Si cela présente le moindre danger, mieux vaut éviter de le tenir.

La méthode à suivre pour qu'il se sente en sécurité et émotionnellement soutenu est bien précise. Il ne s'agit pas d'improviser, au risque que quelqu'un soit blessé ou que cela ne fonctionne pas.

ZOOM SUR LE CERVEAU

• **Avoir une discussion calme** avec un enfant est très bénéfique pour le développement de son néocortex. On sait que lorsqu'un adulte aide un enfant à mettre des mots sur ses émotions, des voies de communication se forment entre les cerveaux supérieur et inférieur de l'enfant.[23] Ces connexions lui seront indispensables pour bien gérer le stress et les émotions intenses dans sa vie d'adulte. L'intelligence sociale et émotionnelle est en grande partie liée à la faculté de ne pas se laisser dépasser par ses émotions dans les situations stressantes.

• **Parler sévèrement** à un enfant n'est pas très bon pour son cerveau, parce qu'en cherchant à se faire obéir, on provoque généralement l'effet inverse. Une discipline stricte active le système PEUR chez l'enfant, ce qui peut lui causer plus tard des troubles de l'anxiété et des phobies sociales (voir page 29).

En cherchant à tout prix à ce que notre enfant nous obéisse, on lui apprend ce que sont les rapports de soumission et de domination, ce qui peut activer le système COLÈRE de son cerveau inférieur. Même si l'enfant semble se résoudre à obéir, ce système peut devenir une vraie bombe à retardement, susceptible de se déclencher à chaque moment de sa vie : dans la cour de l'école, où il va tyranniser ses camarades ; à l'adolescence, où toute sa colère refoulée peut se transformer en violence ou en automutilation.

QUELQUES CONSEILS...

Si un enfant refuse de se calmer malgré nos fermes injonctions, et qu'il risque de se faire mal ou de blesser quelqu'un, il est peut-être temps de l'empêcher de bouger en le tenant dans ses bras. Cependant, il ne faut le faire que si on se sent capable de lui procurer un vrai moment de calme grâce à nos propres mécanismes de régulation émotionnelle et physiologique. Vingt minutes sont parfois nécessaires pour calmer un enfant surexcité. Une fois qu'il est apaisé, on peut le garder dans ses bras pendant un moment, sans le serrer.

• **Se caler contre un mur ou un canapé.** S'asseoir par terre et enlever sa montre et les bijoux susceptibles de blesser l'enfant pendant qu'il se débat. Retirer ses chaussures.
• **S'imaginer être une couverture chaude et apaisante.** Replier les bras de l'enfant devant soi et les immobiliser calmement mais fermement en posant les siens par-dessus. Plier les genoux de façon à coincer les jambes de l'enfant, afin qu'il ne puisse pas donner de coups de pied. Entouré de cette façon, il va se sentir en sécurité, mais n'aura pas l'impression d'être entravé. Une fois la technique maîtrisée, on se sentira soi-même calme et détendu au bout d'un moment, presqu'en méditation. Il faut surtout prendre son temps.
• **Lui dire : « Je vais te tenir jusqu'à ce que tu te calmes. »** Si l'enfant est totalement incontrôlable et qu'on risque de recevoir un coup de tête ou d'être mordu, mieux vaut placer un coussin sur notre poitrine ou entre le menton de l'enfant et nos bras.
• **Certains enfants vont tout essayer** pour se sortir de là : « Je vais me faire pipi dessus », ou « J'ai soif. » S'il fait une vraie crise d'angoisse ou de panique, il faut le lâcher. Mais attention de ne pas se faire avoir : on s'en apercevra vite en le voyant partir en souriant d'un air vainqueur. Dans ce cas, on doit le reprendre dans ses bras.
• **Lui laisser le temps** de se calmer.

Les limites à fixer, étape par étape

Les parents posent souvent leurs limites sur le vif, au moment où ils sont énervés parce que leur enfant est en train de faire quelque chose de mal. Ils ont alors tendance à lui donner une grosse punition. Mieux vaut d'abord lui fixer une petite limite, ce qui nous laissera une marge de manœuvre s'il la dépasse.
• **Première limite.** « Gabriel, s'il te plaît, garde le pinceau sur le papier. » Cette remarque est souvent suffisante. Gabriel évite de peindre le tapis. Si ce n'est pas le cas, il a besoin d'une plus grande limite.
• **Deuxième limite.** « Gabriel, je vais me fâcher. Le pinceau ne doit pas toucher le tapis. » Avec une main sur son épaule :

« Gabriel. Non. Tu as compris ? » Là encore, c'est souvent suffisant, Gabriel ne recommence pas. Mais imaginons qu'il ait besoin d'une limite encore plus grande et qu'il se mette à peindre sur le mur.

- **Troisième limite.** « Gabriel, va t'asseoir sur l'escalier, s'il te plaît. Dans huit minutes, je viendrai te chercher pour te demander comment tu comptes réparer ce que tu as fait. » Gabriel va s'asseoir et revient en disant qu'il va nettoyer le mur.
- **Troisième limite, bis.** « C'est toi qui va enlever la peinture du mur et tu viendras ensuite m'aider à nettoyer la cuisine. » Mais Gabriel a besoin d'une limite encore plus grande et pique une colère en projetant de la peinture partout.
- **Quatrième limite.** « On dirait que tu as vraiment envie de me mettre en colère. Je vais te tenir dans mes bras jusqu'à ce que tu te calmes et que tu me dises comment tu vas réparer ce que tu as fait. » Gabriel crie et donne des coups de pied, mais il est tenu fermement. Finalement, Gabriel et sa maman tombent d'accord : il va nettoyer la peinture et l'aider dans la cuisine pour se rattraper. Une petite conversation à deux, une fois la crise passée, serait bénéfique.

Pourquoi certains enfants cherchent-ils toujours à tester nos limites ?

Cela arrive parfois quand l'enfant a gagné quelques batailles à 2 ou 3 ans, car à cet âge, on ne lui imposait que peu ou pas de limites. Tous les petits ont besoin de perdre la bataille de bonne grâce, sinon ils risquent de se sentir plus forts que leurs parents. Ce sentiment peut paraître grisant au début, mais il est aussi très angoissant. Les enfants qui vivent ce type de situation vont tester leurs parents à la recherche de limites de plus en plus grandes : ils ont besoin de savoir que ce sont les adultes qui commandent pour se sentir en sécurité.

Si on a l'impression d'avoir tout essayé et que notre relation parent-enfant se dégrade, il faut savoir qu'une bonne discipline peut améliorer le comportement de l'enfant, mais pas notre relation. On ne doit pas hésiter à consulter un thérapeute.

TRANCHE DE VIE

Trop d'isolement

Si on enferme trop souvent un enfant dans sa chambre, cela peut détériorer notre relation parent-enfant. Ainsi, un enfant de 6 ans qui a pris l'habitude de devoir rester seul au moindre écart peut finir par préférer la solitude à la compagnie de ses parents, puisque ceux-ci ne sont jamais contents de lui. Un jour, Magali a été envoyée dans sa chambre parce qu'elle refusait de terminer une énorme assiette de spaghettis. Au moment de fermer la porte, sa mère l'a entendue dire : « Ouf un peu de temps sans cette méchante maman. »

Puis quand elle est revenue au bout de six minutes en disant : « C'est bon, tu peux sortir », sa fille lui a répondu : « Je préfère rester là, merci. » Elle avait trouvé de la ficelle et était occupée à fabriquer une toile d'araignée.

SACHEZ QUE…

Avant de punir un enfant, il faut s'assurer qu'il est pleinement responsable de ses actes. S'est-on suffisamment occupé de lui dernièrement ? N'aurait-il pas besoin d'aller dehors pour se dépenser un peu ? En passant du temps en tête-à-tête avec lui, on peut éviter de nombreuses situations difficiles.

« Les enfants ont besoin de savoir que ce sont les adultes qui commandent pour se sentir en sécurité. »

Comment réagir aux conflits dans notre relation avec un enfant ?

Il faut réguler la colère et gérer les conflits de façon calme et positive.[24] Reconnaitre que ce que l'enfant ressent envers nous est réel pour lui à ce moment, même si cela nous semble injuste ou irrationnel. Par exemple, si Sabine, 12 ans, en colère contre son père, dit : « Papa, tu ne m'écoutes jamais. Tu ne fais que m'ennuyer. Je te déteste », son père pourrait réagir en se mettant sur la défensive : « Mais si, je t'écoute. Je t'écoute toujours. » Cependant pour être empathique, il devrait reconnaitre la perception de Sabine et répondre : « Donc on dirait que je n'ai pas su entendre les choses importantes que tu voudrais que je sache ; c'est comme si j'avais été sourd en quelque sorte. Pas étonnant que tu sois fâchée si c'est ce que tu ressens. Est-ce que je peux t'écouter maintenant, Sabine ? »

Avec des enfants plus jeunes, souvent, la meilleure chose à faire c'est d'utiliser l'humour. Par exemple, quand un petit enfant fâché dit : « Va-t-en », il ne faut pas répondre : « Comment oses-tu me dire de partir ? » mais essayer plutôt : « Ah, il y a un problème parce que je suis un tigre affamé qui adore manger les orteils ! » et prétendre le faire avec une voix amusante et des mouvements comiques.

À retenir

• En se montrant autoritaire, exigeant et irritable avec son enfant, on risque de rendre ses systèmes cérébraux inférieurs COLÈRE et/ou PEUR hyperactifs

• On obtient toujours de bons résultats en ne lui prêtant aucune attention quand il fait une bêtise et en l'encourageant quand il se conduit bien.

• Passer du temps avec lui est souvent plus efficace que de l'isoler : on l'aide ainsi à comprendre les raisons de ses écarts.

• Règles et limites claires l'aident à se sentir en sécurité.

• En lui offrant des choix dont il mesure les conséquences, on fait appel à son cerveau cognitif, non à ses instincts primitifs.

• Lui imposer une discipline sans mettre à mal sa dignité est très bénéfique pour sa santé mentale et son intelligence sociale et émotionnelle.

Pour une meilleure relation

La recherche montre que des moments spéciaux de relation sont aussi importants à 8 ans qu'à 8 mois. Donc, comment les parents peuvent-ils avoir la meilleure relation possible avec leurs enfants ? Ce chapitre montre comment tirer le meilleur parti du précieux temps passé avec ses enfants. Il contient de nombreuses idées pratiques et amusantes, soutenues par les neurosciences et conçues non seulement pour enrichir les relations parents-enfant quand les enfants sont petits, mais comme un investissement pour la vie.

Comment établir la meilleure connexion

Établir des connexions et entrer en communication dès le début permettent de réaliser de meilleures relations. Mais comment faire ? Les études montrent qu'en moyenne les mères passent une heure par jour de temps de qualité avec leurs enfants, et les pères un peu plus d'une demi-heure.[1] Une bonne communication est essentielle non seulement pour créer un lien mais aussi pour développer le cerveau de l'enfant. Cette relation peut débuter dès avant la naissance et continuer au fur et à mesure de sa croissance.

SACHEZ QUE...

- Dans la plupart des familles, les mères passent environ une heure par jour de temps de qualité avec leur enfant, et les pères 35 minutes.
- Plus d'un tiers des parents trouvent qu'ils ne passent pas assez de temps avec leurs enfants.
- 65 % des parents disent ne jouer qu'occasionnellement avec leurs enfants.
- Un père sur six dit ne pas savoir comment jouer avec son enfant.
- Un tiers des pères dit ne pas avoir le temps de jouer.
- Deux tiers des conversations entre parents et enfants concernent les routines quotidiennes.[5]

Pendant la grossesse

Les futures mères frottent souvent doucement leur ventre pour tenter d'apaiser et de réguler les coups de pied de leur enfant. Beaucoup de futurs parents parlent et chantent à l'enfant à venir. Ce sont des formes de communication, même si certains se demandent quel en est l'intérêt.

Cet intérêt est démontré. On sait que de très jeunes fœtus ont des besoins sociaux et un intérêt social. La recherche a montré que des jumeaux communiquent entre eux dès 14 semaines de gestation par des mouvements destinés à l'autre.[2] La voix maternelle et le toucher (en frottant son ventre) sont des stimuli puissants qui provoquent des mouvements définis du fœtus, qui sont plus visibles chez les plus âgés (3e trimestre) que chez les plus jeunes (2e trimestre). Le système auditif du fœtus est fonctionnel dès 25 semaines de gestation, mais seulement pour certaines fréquences. Des images montrent des fœtus souriant à des musiques ou des chants apaisants et fronçant les sourcils ou grimaçant à l'audition de sons forts : ils détestent clairement la musique forte, discordante et apprécient la musique apaisante.[3] On a montré que des bébés à qui on a fait écouter régulièrement de la musique pendant le dernier trimestre de la grossesse en reconnaissent la mélodie des mois après leur naissance.[4]

Communiquer, c'est aussi bon pour la mère

Communiquer avec son bébé en se caressant le ventre, c'est bon aussi pour la maman. Une femme est de meilleure humeur après un massage abdominal, et ce qui est bon pour elle l'est aussi pour son bébé.[6] Les massages pendant la grossesse ont de nombreux effets positifs (voir à droite) comme les massages pendant le travail, de préférence effectués par le partenaire. Le travail a duré en moyenne trois heures de moins et a nécessité moins de médicaments quand le partenaire massait le dos et les jambes de la femme en se mettant sur le côté pendant les 15 premières minutes de chaque heure de travail. Leur nouveau-né avait un taux de cortisol plus bas que les nouveau-nés des mères non massées.[7]

À la naissance

La recherche a montré qu'un contact mère-bébé peau à peau juste après la naissance était idéal pour une première rencontre. En Suède, c'est actuellement la routine dans les hôpitaux. Le contact peau à peau stimule les nerfs sensoriels de la peau, ce qui déclenche la libération d'ocytocine (voir page 87). Suite à cela :

- La mère et l'enfant ont un profond sentiment de bien-être.
- Le lien mère-bébé et l'attachement sont meilleurs.
- Le bébé pleure moins.
- La mère est moins anxieuse et plus attentive et accordée aux besoins de son bébé.
- Le bébé respire plus facilement.
- Le bébé peut sortir de l'hôpital plus tôt.
- La qualité du lait maternel est meilleure.[8]

Les nourrissons qui ont eu un contact peau à peau dans les deux heures qui ont suivi leur naissance sont beaucoup plus calmes, mieux régulés émotionnellement et socialisent mieux à un an que ceux qui n'en ont pas eu. Étonnamment, à 10 ans, les enfants prématurés qui ont eu un contact peau à peau après la naissance montrent encore des taux d'hormones de stress inférieurs, ont un système neurovégétatif mieux régulé, dorment mieux, ont une meilleure cognition et une meilleure relation avec leur mère que ceux qui sont restés dans leur couveuse.[9]

SACHEZ QUE...

Les massages pendant la grossesse sont très bons pour la future maman et pour sa relation avec son bébé. On a montré que 20 minutes de massage par semaine pendant 5 semaines ont les effets bénéfiques suivants (bien que je suggère plutôt une heure par semaine) :

- Diminution de la dépression et de l'anxiété.
- Moins de douleurs dans les jambes et le dos.
- Cortisol maternel plus bas.
- Réduction de l'activité excessive du fœtus.
- Moins de complications anténatales.
- 75 % de prématurité en moins.
- Travail plus court de 3 heures en moyenne, avec moins de recours à une médication.
- 80 % de petit poids de naissance en moins.
- Cortisol plus bas à la naissance chez le bébé.
- Meilleur score à la naissance sur l'échelle de Brazelton (Neonatal Behavioral Assessment Scale).
- Meilleures relations entre les mères et leur bébé.[8]

SACHEZ QUE...

Une naissance par césarienne peut suivre un travail, ou être décidée préalablement au travail. Malheureusement, aucune des deux situations ne permet de profiter de la libération naturelle d'ocytocine (l'hormone du lien) qui se produit lors d'une naissance par voie vaginale, quand la tête du bébé pousse sur le col de l'utérus. De plus, l'anesthésie par voie épidurale bloque les nerfs qui déclenchent l'ocytocine, ce qui veut dire que les mères qui ont une épidurale ont des taux d'ocytocine plus faibles pendant le travail.[10] Donc, il est difficile d'avoir la « meilleure connexion » dans ces circonstances. C'est pourquoi certains parents n'ont pas d'attachement pour leur bébé et s'en inquiètent. Cependant, il ne faut pas désespérer. Une fois l'allaitement en route, l'ocytocine commence à couler et les taux seront bien vite les mêmes que ceux des femmes qui ont accouché par voie naturelle. La recherche montre aussi qu'un contact immédiat ou précoce peau à peau après une césarienne peut aider à entamer rapidement l'allaitement, ce qui favorise le lien et la satisfaction maternelle et réduit le stress du nouveau-né.[11]

Il y a donc une fenêtre d'opportunité développementale essentielle mais très courte après la naissance.[12] Plus important, si un bébé à terme est placé sur la poitrine de sa mère dans les deux heures qui suivent sa naissance, il n'aura pas besoin d'être « mis au sein » ; il aura trouvé le sein tout seul et s'y sera instinctivement accroché.[13] Malheureusement, il y a trop peu de femmes qui savent cela et beaucoup sont très stressées en essayant de nourrir leur bébé parce qu'elles n'ont pas profité de cette précieuse fenêtre d'opportunité.

Conversations avec un nouveau-né

Je n'ai pas besoin de répéter cette évidence, plus on parle avec un nouveau-né, mieux c'est. Mais bien sûr, avec toute la technologie actuelle, c'est très tentant d'écouter de la musique avec des écouteurs, ou de contacter ses amis avec un smartphone ou une tablette tout en nourrissant son bébé, par exemple. C'est pourtant le moment où les lobes frontaux d'un bébé ont besoin d'une stimulation optimale venant d'interactions relationnelles pour développer au mieux leurs fonctions sociales, émotionnelles et cognitives. À la naissance, un bébé ne voit pas à plus de 20-30 cm. Vous pouvez vérifier avec une règle : c'est la distance entre le sein et le visage de la mère. Mais il entend bien. Il faut

Pour faire une meilleure connexion la nuit, il faut se débarrasser des pyjamas. L'ocytocine est libérée par le contact peau à peau. Si la mère et l'enfant portent tous les deux des vêtements, ceux-ci forment une couche isolante ou une barrière entre eux, qui bloque les nerfs sensitifs de la peau, contrecarrant l'effet de la proximité. C'est la même chose si on dort avec son enfant (voir page 74).

parler à son bébé chaque fois qu'il est éveillé, dans les bras, dans son berceau ou dans sa poussette (voir à droite).

Conversations avec un bébé

Parler avec son bébé aide à développer son langage. Un langage peu développé est corrélé à des problèmes de comportement, même chez les jeunes enfants ; deux enfants sur trois avec un retard de langage à 3 ans ont aussi des problèmes de comportement.[14]

Pour de meilleures conversations, essayez la langue des signes pour bébés

On peut commencer quand le bébé a entre 6 et 9 mois et continuer jusqu'à 3 ans et au-delà si l'enfant apprécie. La langue des signes pour bébé utilise pour accompagner les mots une combinaison de signes et de gestes dont la plupart rappelle les mots qu'ils représentent. À l'inverse du langage des signes conventionnel, qui utilise les signes sans parler, il faut parler tout en signant. Le bébé observe les signes de ses parents et se met à les utiliser.

• **Ce qu'en dit la recherche.** Le langage des signes continue à avoir des avantages alors que l'enfant ne l'utilise plus. Les petits qui signent forment des phrases plus tôt que les autres, et cela améliore leurs facultés langagières et cognitives. À 3 ans, les signeurs parlent aussi bien que des enfants de 4 ans et à 8 ans, ils ont un QI plus élevé que les non-signeurs.[15]

• **Utiliser la langue des signes pour bébé.** Ce n'est pas très compliqué à apprendre, une vingtaine de mots clés suffisent pour signer ; attention il faut y inclure « triste » et « content ». On peut commencer par les mots de base comme « s'il te plaît », « merci » et « encore », puis des mots pour les événements importants dans la vie de l'enfant, comme « manger », « boire », « parti » ; quelques mots pour les émotions comme « je t'aime », « câlin », « désolé », « douleur », « mal », « fâché » et « peur ». Beaucoup de crises surviennent parce que l'enfant n'a pas de mots pour exprimer ses sentiments. Il faut toujours prononcer le mot en le signant, parler lentement et montrer sa joie quand l'enfant essaie à son tour de signer.

SACHEZ QUE…

Une recherche menée par Suzanne Zeedyk, de l'université de Dundee, en Écosse, a montré que la conception de la poussette influence les interactions parent-enfant. Pendant longtemps, on a pensé que les moyens de transport des enfants n'avaient pas d'importance, tant que l'enfant était en sécurité et à l'aise, mais la recherche est claire.[16]

Si le bébé regarde son parent :

• Son système neurovégétatif est plus régulé.
• Il y a une meilleure connexion entre le parent et l'enfant (regards/sourires).
• Le parent parle à son bébé plus de deux fois plus que le parent dont l'enfant regarde vers l'avant ; parent et enfant rient plus ensemble.
• Les bébés sont plus calmes.
• Si le parent parle à l'enfant, celui-ci est plus enclin à « répondre ».

Si le bébé ne regarde pas son parent :

• Le parent parle deux fois moins et l'enfant trois fois moins.
• L'enfant qui essaie d'attirer l'attention du parent en se retournant ou en pleurant n'y arrive pas souvent.
• Beaucoup de parents utilisent leur smartphone !

Stratégies de communication

Comme il est dit dans *La chimie de l'amour et de la joie* (voir pages 84-125), il est si facile d'être trop intrusif ou trop en retrait dans les interactions avec les petits enfants. C'est pourquoi ces enfants ne veulent pas regarder l'adulte et se renferment. Cela peut être difficile d'amener un bébé à reprendre la relation parce qu'il a perdu confiance dans la capacité de son parent à lui offrir une réponse réellement sensible et accordée. La recherche montre qu'une mauvaise interaction au début des relations parent-enfant peut se révéler jusqu'à 12 ans plus tard par des taux de cortisol trop élevés, en particulier chez les garçons.[17]

Comment se connecter

Il existe plusieurs stratégies possibles pour se connecter avec de jeunes enfants, ou pour reprendre la relation si nécessaire. Chacune est conçue pour soutenir la meilleure communication avec les moins de 5 ans, pour arriver à une communication optimale.[18] Une technique essentielle, « observer, attendre, écouter[19] » permet d'être en phase avec son enfant de la meilleure façon.

« Imiter et commenter », c'est-à-dire commenter et suivre le jeu de l'enfant est aussi très efficace.

Communiquer en imitant et en commentant

Laisser l'enfant choisir le jouet avec lequel il veut jouer parmi quelques-uns. Puis observer, attendre et écouter. Quand il commence à utiliser un jouet, accompagner son plaisir, comme sur la page suivante. Avec un enfant plus âgé qui peint, on peut entrer en communication comme ceci : « Puis-je jouer avec toi ? Qu'est-ce que tu voudrais que je fasse ? » S'il tend un pinceau ou une éponge, on peut toucher doucement son dos ou tapoter son pied tout en jouant. Une stratégie de commentaire serait de dire quelque chose comme : « Ah, tu mets de la peinture rouge sur l'éponge maintenant. Et maintenant tu dessines de jolies lignes sur le papier. » Toujours féliciter : « Quel beau dessin. Merci beaucoup. »

- **Une stratégie d'imitation** signifie utiliser les sons ou les mouvements que l'enfant fait en jouant. S'il frappe deux canards en plastique l'un contre l'autre, on en prend deux autres et on fait de même.

TRANCHE DE VIE

Éviter de questionner ou de diriger

La mère de Monique fait quelques erreurs très fréquentes en jouant avec son bébé : elle choisit les jouets et dirige le jeu, ce qui active les hormones de stress de l'enfant.

Maman : « Regarde, Monique, qu'est-ce que c'est ? C'est un cube rouge. Mets-le avec les rouges. Et celui-ci ? C'est un bloc bleu. Maintenant mets le bloc bleu avec les autres blocs bleus. Allez Monique, essaie, comme ça. À toi maintenant. »

Monique se sent forcée, sent qu'on attend qu'elle réussisse. Elle éclate en sanglots et jette les cubes autour d'elle.

• **Commenter ce que l'enfant fait** – ne pas poser de questions. Ne pas simplement répéter ce qu'il dit, mais allonger progressivement ses phrases. Suivre son jeu sans questionner ses actions ; utiliser les moments de jeu pour favoriser le développement de son langage. Si l'enfant n'utilise que des mots uniques, par exemple « l'eau », on répond avec des phrases de deux ou trois mots, comme « l'eau dans le seau ». S'il dit des phrases de deux mots, répondre avec des phrases un peu plus longues. Donc s'il dit « l'eau tombe », on peut répondre : « Oui, l'eau tombe sur les mains de Denis. » S'il passe à une autre activité, on le suit et on continue à commenter. De cette façon, non seulement on soutient son intérêt pour une activité, ce qui est essentiel pour son estime de soi, mais on crée aussi un sentiment de : « Je peux réaliser de bonnes choses dans le monde ; ce que je fais est si important que Maman fait des commentaires. » La recherche montre que le comportement parental d'attention verbale dans le jeu augmente le temps d'attention de l'enfant, ses capacités exploratoires et sociales, ses compétences langagières et sa faculté de jeu symbolique.[20]

« Utiliser le jeu pour aider au développement du langage en allongeant progressivement les phrases de l'enfant. »

« Observer, attendre et écouter »

Maman propose à Samuel (6 mois) une cuiller en bois pour jouer et la place sur la table devant lui. Elle s'assied en face de lui et observe, attend et écoute.

Samuel réfléchit. Souvenez-vous, les processus de pensée et donc de décision sont beaucoup beaucoup plus lents chez les petits enfants que chez les adultes. Maman garde les mains sur la table et attend. Pas de pression, prends ton temps, Samuel.

Quand Samuel prend la cuiller, Maman continue à observer, à attendre et à écouter. Quand il fait quelque chose, elle le félicite et l'accompagne de la voix dans son excitation !

Les meilleures conversations

Les professionnels utilisent souvent un programme appelé « jeu parent-enfant » pour vérifier la santé émotionnelle d'une famille ou d'une relation parent-enfant. La recherche montre que, quand des relations parent-enfant sont perturbées, ce qui peut entraîner des mauvais comportements des enfants, les interactions passent souvent par des ordres. Cela veut dire que leur conversation inclut des ordres fréquents : « Fais ceci », « Ne fais pas cela », et beaucoup de « Non » et « Arrête ». Les ordres déclenchent les systèmes COLÈRE, PEUR ou PANIQUE/DÉTRESSE de l'enfant. Les ordres humilient aussi l'enfant, déclenchant la libération de cortisol.

Si nous veillons à donner à notre enfant des moments de qualité chaque jour à travers des félicitations et des jeux, et si nous limitons au maximum ordres et critiques, son cerveau s'habitue à un niveau optimal de substances anti-agressivité et de substances de bien-être. Par conséquent, il a rarement besoin de discipline, parce qu'il ne verra pas l'intérêt de se battre avec nous.

Éviter à tout prix de donner des ordres

Généralement, il n'est pas possible d'avoir les « meilleures relations » dans une maison où on donne des ordres sans arrêt, la base biochimique des ordres finira par rendre tout le monde malheureux. Dans une famille où les interactions sont faites de commentaires, de choix et d'éducation ludique, il y aura beaucoup de rires. Par ailleurs, plus un enfant reçoit d'ordres, plus il peut devenir opposant et provocateur.[21]

Utiliser plutôt des commentaires et des choix

Les parents qui interagissent principalement par des ordres le font souvent parce que leurs propres parents le faisaient avec eux quand ils étaient enfants. Parfois ils ne savent pas comment faire autrement. Quand on aide les parents à interagir autrement, par exemple en utilisant des « commentaires » (la psychologue Sue Jenner appelle cela du « suivi ») ou des choix, la base biochimique de toute la culture familiale peut changer et de meilleures relations peuvent s'en suivre (voir aussi page 130).

- **La différence entre commander et commenter.** Marie, 3 ans, arrive à table avec sa grenouille en peluche préférée et demande qu'on donne aussi à manger à la grenouille. Un parent qui commande pourrait dire : « Dépose ta grenouille, Marie. Nous mangeons maintenant », et Marie va se mettre à pleurer. Par contre, un parent qui commente pourrait dire : « Ah ! Tu amènes la grenouille à table. Bonjour, grenouille !!! Comment vas-tu aujourd'hui ? Tu as faim aussi, paraît-il ! »

• **Apprécier les conversations à travers le jeu mené par l'enfant.** Les commandes peuvent aussi assombrir les moments de jeu parent-enfant. Dans le jeu mené par le parent, il y a beaucoup de commandes, de contrôle et de critique. Cela peut désactiver les opioïdes dans le cerveau de l'enfant, le rendant malheureux. Cela peut entraîner les comportements perturbés ou en retrait souvent observés dans les familles où il y a beaucoup d'ordres et de critiques. D'un autre côté, le jeu mené par l'enfant (voir page 248) signifie suivre l'enfant, pas l'éduquer, et l'attention du parent libère des substances de bien-être dans le cerveau de l'enfant.

• **Surveiller le rapport entre commandes et critiques d'un côté et commentaires et félicitations de l'autre.** Sue Jenner a montré que, si dans une famille, il y a six commandes/critiques pour une seule félicitation ou un seul « suivi », cela conduit à des troubles « opposants et provocants » ou d'autres problèmes de santé mentale chez un enfant. Si, dans une famille, la situation semble soudain tendue, triste ou beaucoup trop sérieuse sans jeu, il faut regarder le nombre de commandes utilisées et aussi être attentif à la façon dont les autres membres de la famille interagissent avec l'enfant. S'ils utilisent trop d'ordres, il faut attirer leur attention là-dessus.

• **Proposer des « choix » plutôt que des « non »** chaque fois que c'est possible. Un « non » peut être humiliant pour un enfant et le renfermer sur lui-même, donc il faut les limiter au strict minimum. Ils ne sont nécessaires que pour certains besoins immédiats et graves, par exemple pour arrêter un enfant qui va courir sur la route. Rappelez-vous, la délicieuse dopamine cérébrale (qui permet des émotions expansives, curieuses et spontanées) peut si facilement être bloquée par les hormones du stress déclenchées quand un enfant est critiqué. L'utilisation des choix est une manière non humiliante de donner des limites tout en veillant à ne pas étouffer le système RECHERCHE de l'enfant (voir *La chimie du dynamisme et de la volonté*, pages 126-43). Plutôt que de dire « non », on peut essayer « Tu ne peux pas faire ça… mais voici ce que tu peux faire… », cela fera toute la différence.

TRANCHE DE VIE

Une sortie au restaurant qui tourne mal

Papa et sa fille de 5 ans sont de sortie dans un restaurant. Papa réussit à donner 25 ordres à sa fille en 20 minutes, sans aucun commentaire, ni aucune félicitation. Voici ses ordres : « Assieds-toi comme il faut sur ta chaise, s'il te plaît. Essuie tes mains maintenant. Assieds-toi bien. Arrête de jouer avec ta nourriture. Je ne veux plus avoir à te le dire, est-ce clair ? Ne tape pas avec ta fourchette sur la table, sinon tu vas avoir des ennuis. Arrête de jouer avec le sucre, je ne te le dirai pas une deuxième fois. Si tu ne veux pas de glace, il ne fallait pas en demander. Nous ne reviendrons plus si tu te conduis comme cela. »

Quand la petite fille se met à parler « Papa, Papa – oh hum ah – j'ai oublié ce que je voulais dire », il répond « Dis seulement ce que tu veux dire » et elle se tait. À ce moment, en larmes, elle dit : « Mais Papa, je ne fais rien de mal, je suis juste assise. » Et elle a absolument raison…

Le papa qui veut la meilleure relation avec son enfant apporterait un jouet ou une peluche avec lui pour satisfaire le besoin de stimulation de sa fille (voir page 179) pendant le repas. L'ennui déclenche les hormones du stress chez les enfants, qu'ils ne peuvent pas gérer sans une forme de libération physique (gigoter, grimper sur le siège, aller sous la table). Puis il la féliciterait d'être bien assise et de bien manger. Il lui dirait qu'elle peut revenir ici parce qu'elle se comporte comme une grande fille.

Du temps de qualité

Chaque parent veut passer du temps de qualité avec ses enfants. Les parents savent intuitivement ce que cela signifie d'avoir un moment privilégié avec leur enfant et savent aussi que quand ils n'y arrivent pas parce qu'ils ont été bloqués par d'autres activités, ce n'est pas seulement triste pour l'enfant, c'est aussi triste pour eux.

SACHEZ QUE...

Le jeu d'attachement déclenche le rire. Le rire est une réaction physiologique qui active les circuits de récompense dans le cerveau. On sait qu'il améliore la fonction immunitaire, fait baisser la pression sanguine, réduit le stress et libère des opioïdes.[1] La recherche a montré que les personnes rient 30 fois plus quand il y a d'autres personnes avec elles que quand elles sont seules. Le neuroscientifique américain Robert Provine dit : « L'ingrédient essentiel du rire n'est pas une plaisanterie, c'est une autre personne. »[23]

On peut se sentir coupable quand cela nous arrive, mais il faut nous accorder une pause. À devoir jongler avec toutes les pressions entre le travail et la vie de famille, c'est surprenant qu'un parent arrive à trouver du temps de qualité avec son enfant. En fait, les statistiques montrent que les femmes avec des enfants de moins de 3 ans travaillent en moyenne 90 heures par semaine en comptant les exigences du travail, les tâches ménagères et les soins aux enfants.[22]

Le jeu d'attachement pour un meilleur temps de qualité

La bonne nouvelle, c'est que le jeu d'attachement (où généralement parent et enfant sont assis ou debout, face à face pour bien se regarder) garantit plein de moments relationnels entre eux. Il peut s'agir de n'importe quelle activité centrée sur la relation, et cela ne doit pas nécessairement durer longtemps. Je ne dis pas que le jeu d'attachement est meilleur que, disons, passer la journée ensemble au zoo ou au parc ; l'enfant a besoin des deux. C'est bon de penser en termes de « moments de qualité », pas seulement de « temps de qualité ».

Quelle est l'utilité du jeu d'attachement ?

Le jeu d'attachement aide au développement du cerveau parce qu'il active deux de ces systèmes suivants dans le cerveau inférieur de l'enfant : le système SOINS (attachement) et le système JEU (voir page 29). Le jeu peut inclure des jouets, mais seulement pour faciliter le plaisir dans les interactions entre parent et enfant – les jeux doivent inclure des moments de face à face profondément intimes.

Ce type de jeu optimise les chances de « véritables » moments de rencontre entre un parent ou un éducateur et un enfant. Il

réunit de nombreuses façons d'être en joyeuse connexion : le toucher, la musique, le rythme, l'humour et l'imagination. Il comprend des facteurs essentiels qui font que les gens se sentent connectés, comme le contact oculaire, le toucher, être en phase et écouté, la chaleur, une expression faciale intéressée, une posture ouverte et un ton de voix amusant.

Le jeu d'attachement est essentiel pour une estime de soi positive – se voir aimable dans les yeux de l'autre – qui ne peut être atteinte que par des moments relationnels. Il aide aussi à développer la capacité de spontanéité de l'enfant et sa confiance dans les relations humaines. La réaction du parent dit à l'enfant : tu as toute mon attention ; j'ai du plaisir à être avec toi ; tu es merveilleux.

Pourquoi mon enfant ne peut-il pas simplement jouer tout seul ou avec des amis ? Est-ce que je ne peux pas simplement lui donner de bons jouets ?

Je ne dis pas que ce doit être l'un ou l'autre ; chaque type de jeu a différents bénéfices. Cependant, la recherche montre que le jeu d'attachement offre une régulation émotionnelle et par là renforce le fonctionnement du cerveau supérieur et habitue le cerveau à des taux optimaux de substances de bien-être, les opioïdes et

Laissez votre enfant mener le jeu. Asseyez-vous pour être à sa hauteur, de façon à pouvoir vous regarder dans les yeux et réagir l'un à l'autre. Le jeu d'attachement procure des moments étonnants de rencontre et de connexion joyeuse.

« J'ai regardé ton visage et je m'y suis trouvé merveilleux. »

Les bébés adorent taper dans les mains et les jeux d'action. Vous pouvez jouer à de nombreux jeux ensemble, les bébés adorent copier vos gestes et c'est aussi comme ça qu'ils apprennent. Chantez-leur des comptines et tapez dans vos mains en rythme ; commentez ce que fait votre enfant en même temps parce que cela soutient son intérêt. Si votre bébé ne peut pas encore taper dans ses mains, prenez-les dans les vôtres et tapez-les l'une contre l'autre en rythme.

« Quand [*un enfant*] voit dans nos yeux combien il est spécial, il le voit aussi en lui-même. »
Helen Reiss

l'ocytocine (voir *Le cerveau de votre enfant,* pages 14-33). Même si des enfants sont de bons camarades de jeu, ils n'ont tout simplement pas un lobe frontal suffisamment mature pour être capables de s'offrir l'un l'autre la régulation émotionnelle qu'un adulte peut donner dans un jeu d'attachement. Réguler émotionnellement un enfant dans un état positif d'excitation facilite sa capacité à long terme de spontanéité, d'exubérance et de véritable expansivité.

Donc quelles sont les bonnes activités d'attachement ?

Le parent et l'enfant s'asseyent par terre ou sur un coussin, ou l'adulte prend l'enfant sur ses genoux. Il est important qu'ils puissent se regarder.

- **Des jeux où l'on tape dans les mains** ou des jeux de doigts comme « Ainsi font, font, font, les petites marionnettes ».
- **Les jeux sur les genoux** sont chouettes pour les enfants de moins de 5 ans, comme « À dada sur le cheval de mon papa ». Avec les plus petits, des jeux où on les soulève.

Le jeu face à face développe cette relation d'attachement. Quand les parents sont de bons partenaires de jeu, les petits s'engagent naturellement dans le jeu face à face ; avec les plus âgés, on peut essayer le jeu « autocollant sur le nez ». On demande à l'enfant : « Puis-je avoir un autocollant rouge sur mon nez ? Puis-je en avoir un bleu sur mon menton ? » puis on inverse les rôles. Ou on fait des bruits, par exemple un bruit de klaxon quand l'enfant presse le nez de l'adulte.

- **Des jeux qui stimulent l'imagination.** Avec des bulles (voir qui peut les crever avec différentes parties du corps), avec des ballons (compter combien de temps on peut en maintenir un en l'air ensemble). Nous pouvons garder une marionnette dans notre sac pour jouer un jeu d'attachement lors d'un ennuyeux voyage en bus. En faisant des voix, les moins de 5 ans entreront dans la magie. Les marionnettes avec une bouche mobile sont plus expressives.
- **Le jeu musical d'attachement** stimule le nucleus accumbens (une petite zone profondément située dans le cerveau) qui active les zones qui analysent les émotions, déclenchant les substances de récompense ; parent et enfant se sentent bien ensemble.[24]

Les bébés et les jeunes enfants apprécient vraiment de jouer à l'orchestre avec des pots, des casseroles et des cuillers (avec un fond musical). Ceux de plus de 5 ans apprécient cela avec des musiques à la mode. Pour les plus âgés, on peut utiliser un grand tambour et chacun à son tour lance une balle sur le tambour et la rattrape dans un chapeau.

SACHEZ QUE...

Pourquoi est-ce si intense de tambouriner ensemble ?

Tambouriner active le noyau caudé, qui déclenche des sentiments chaleureux prosociaux envers les autres. J'ai observé que les jeux d'attachement de tambourinage entre parent et enfant sont immensément populaires à tous les âges. Quand vous regardez ce que le tambourinage à deux (pas quand l'enfant le fait seul) fait au cerveau, ce n'est pas difficile à comprendre. Il a été prouvé que :

- Il induit la détente,
- Il renforce les ondes thêta dans le cerveau,
- Il abaisse la pression sanguine,
- Il réduit le stress,
- Il déclenche la libération de substances calmantes,
- Il stimule le système immunitaire,
- Il augmente le nombre de cellules tueuses du cancer.[25]

La recherche montre qu'après avoir tambouriné ensemble, les enfants sont :

- Moins en retrait,
- Moins hyperactifs,
- Moins opposants-provocants,
- De plus, leur attention est améliorée et il y a une amélioration nette de leur comportement social et émotionnel.[26]

Maisons parapluies. Chacun se fait une petite maison confortable avec des coussins et une collation sous un parapluie. Une personne tape la « pluie » sur le parapluie de l'autre et est invitée. Ou bien, il met un chapeau de canard et dit qu'il est un canard et les deux joueurs font une danse des canards autour des parapluies. Puis on inverse les rôles

Activités qui libèrent des substances de bien-être

Il est important de reconnaitre quand cela ne se passe pas bien entre le parent et l'enfant. Peut-être qu'il y a eu un désaccord ou un stress au travail et le parent est trop dur avec l'enfant, ou émotionnellement indisponible. Il peut y avoir trop d'hormones de stress alentour, et l'un ou l'autre ou les deux sont irrités, « criards » et/ou stressés. Si on commence à penser « bochimie du cerveau », on sait qu'on a le pouvoir de changer notre état biochimique pour soutenir la relation avec notre enfant.

En choisissant une activité qui déclenche des substances de bien-être, on peut changer son humeur ou celle de son enfant et guérir n'importe quelle rupture de relation. Il faut trouver des activités qui nous soutiennent tous les deux sur le plan biochimique, celles qui abaissent les taux trop élevés d'hormones de stress et déclenchent la libération d'ocytocine et d'opioïdes.

« Nous pouvons choisir des activités et des occupations qui libèrent l'ocytocine stockée dans notre propre pharmacie intérieure… Ce nectar naturellement salutaire fournit un antidote aux effets négatifs d'un mode de vie rapide, marqué par le stress et l'anxiété. »
Kersten Uvnäs Moberg

Proposer à l'enfant un massage des pieds ou du dos

Les parents qui veulent les meilleures relations devraient continuer à masser leur enfant, bien au-delà du stade des massages pour bébé. Une recherche de l'Université de Virginie, USA, a montré que même se tenir les mains avec quelqu'un qu'on aime peut stopper les réactions de stress dans le cerveau.[27] On a aussi montré que les massages déclenchent l'ocytocine, qui non seulement réduit l'anxiété et la peur, mais stimule aussi le désir d'une personne d'être près des autres et en relation avec eux.[28]

• **Il est toujours préférable de masser la peau nue,** étant donné que les récepteurs sensoriels de la peau communiquent avec le cerveau, déclenchant des substances de bien-être et donc apaisant le corps et l'esprit (voir pages 46-47). Des recherches récentes ont trouvé que les fibres « C-tactiles » de la peau répondent aux caresses douces données à pression moyenne et vitesse moyenne. Elles activent une partie du cerveau appelée insula qui déclenche des sensations de bien-être, de bonheur, d'empathie et de confiance.[29]

Aller ensemble dans l'eau chaude

Ces nerfs sensitifs de la peau sont aussi stimulés par la chaleur. Prendre un bain ensemble, ou, si l'enfant a plus de 5 ans, essayer un jacuzzi ou un bain chaud pour autant que la température ne soit pas trop élevée. Cela me fâche que les piscines publiques et celles des hôtels soient réservées aux adultes; ils n'ont qu'à baisser la température autour de 36-37°C pour permettre aux enfants d'y accéder. Les bains bouillants et les jacuzzis ne sont jamais sûrs pour les enfants de moins de 5 ans.

Essayer une pièce ou une tente sensorielle

Les pièces ou les tentes sensorielles sont parfaites pour libérer des substances de bien-être dans le cerveau de l'adulte et de l'enfant. Ces petits espaces sombres ont un éclairage doux et une musique apaisante; la lumière et la musique activent l'ocytocine.[30] On peut les acheter (voir sur internet), ou fabriquer le sien en jetant un drap sombre sur quelques chaises.

Jouer dans une pièce sensorielle stimule les substances de bien-être. Si vous avez de la place, installez-la à l'écart des lieux habituels de jeu (peut-être dans une remise ou un garage). Ajoutez-y quelques jouets lumineux. Réservez cet endroit pour un moment « maman et moi » ou « papa et moi », ce qui préserve son côté spécial; la nouveauté déclenche la production de la dopamine de récompense.

Une sortie avec papa (ou avec maman) jusqu'au parc peut être bénéfique pour le parent et l'enfant. Ajoutez-y quelques jeux d'attachement ensemble et vous tirerez toujours bénéfice d'un temps de qualité avec de réels moments relationnels.

Faire une sortie ensemble dans la nature

La fatigue mentale d'une vie de famille stressante et d'un environnement urbain peut être apaisée en s'aventurant avec son enfant dans des espaces verts comme le parc ou la campagne. Si c'est l'été, on peut faire un pique-nique spécial avec papa ou avec maman. La recherche a montré des améliorations du degré d'attention et de concentration d'un enfant après 20 minutes dans la nature. Passer 20 minutes dans un endroit de jeu vert est aussi bon, sinon meilleur, que des médicaments pour les enfants avec TDAH. Il est aussi prouvé qu'une promenade ensemble dans un espace vert :

- **Apaise le corps** (abaissant la pression sanguine et le taux de cholestérol par exemple) et réduit le niveau de cortisol.
- **A un impact positif sur les ondes cérébrales,** augmentant la méditation et abaissant le niveau de frustration.
- **Calme le système neurovégétatif**.
- **Est associé avec une moindre fréquence** de symptômes de stress, y compris de maladies digestives et de maux de tête.[31]

À retenir

• Faire les meilleures connexions dès le tout début en communiquant avec le bébé dès la grossesse.

• Éviter les ordres à tout prix. Offrir à l'enfant beaucoup d'éducation ludique chaque jour et éviter de poser des questions quand il joue.

• Offrir à l'enfant beaucoup de moments de jeu accompagnés par l'adulte ; s'asseoir en face de lui à son niveau, commenter ce qu'il fait, l'imiter et s'accorder aux bruits et aux mouvements qu'il fait.

• Penser « biochimie cérébrale », en choisissant des activités pour un temps de qualité qui active les substances de bien-être.

• Prendre du temps chaque jour pour des activités où la relation parent-enfant est l'objectif absolu.

Du temps pour soi

Il n'y a sans doute rien de plus stressant que d'élever un enfant. Quand on est parent, on vit bien sûr des moments merveilleux et extrêmement épanouissants, mais les nuits sont parfois courtes et les nerfs mis à rude épreuve. La tâche des parents consiste à aider leur enfant à gérer une large palette de sentiments, de la colère à la joie en passant par l'enthousiasme. Mais pour être calme, aimant et compréhensif, il faut aussi savoir prendre soin de soi, admettre quand on n'a pas le moral, chercher du soutien et prendre son temps pour retrouver un bon équilibre physique et mental.

Une grossesse sans stress

Une femme enceinte doit impérativement prendre soin d'elle, tant sur le plan émotionnel que sur le plan physique. En effet, l'état émotionnel de la mère peut affecter le développement du cerveau du fœtus. Il est donc nécessaire de se faire aider en cas de stress, de dépression ou d'anxiété.

SACHEZ QUE…

Le fœtus est particulièrement vulnérable aux hormones du stress libérées par la mère au cours des trois derniers mois de grossesse car son cerveau connaît alors une forte poussée de croissance. Relaxation et soutien affectif peuvent être bénéfiques durant cette période. Les massages pour femmes enceintes réduisent efficacement stress et anxiété.[2]

Dès la septième semaine de grossesse, les opioïdes, qui activent la sensation de bien-être, sont présents dans le système sanguin du fœtus : quel heureux départ dans la vie ! Mais on sait que si la mère est très stressée au cours des trois derniers mois de sa grossesse, de fortes quantités d'hormones du stress (cortisol et glutamate) peuvent passer dans le cerveau du fœtus au travers du placenta.

Des études montrent que les fœtus soumis à des taux d'hormones du stress trop élevés ont plus de difficultés à gérer le stress dans l'enfance et dans leur vie d'adulte, et sont plus exposés à la dépression et à une dépendance à la drogue plus tard.[1] Un nouveau-né qui a été stressé avant sa naissance peut être très instable et ses parents risquent de devoir redoubler d'efforts pour réguler ses états physiques et émotionnels douloureux. Toutefois, s'il bénéficie de l'attention et du réconfort de ses parents, comme il est indiqué tout au long de ce livre, il peut apprendre à mieux gérer son stress.

Dans certains cas, une trop grande exposition au stress pendant la grossesse peut affecter l'expression génétique des hormones et substances chimiques relatives aux émotions chez le fœtus : des gènes essentiels ne feront pas ce qu'ils sont censés faire et n'iront pas au bon endroit dans le cerveau. Chez le fœtus mâle, par exemple, l'exposition au stress peut modifier les pulsions qui provoquent normalement la testostérone et les œstrogènes. Des recherches sur d'autres mammifères ont montré que les mâles peuvent naître avec un cerveau féminisé, avec de possibles répercussions sur leur future sexualité.[3]

Alcool, drogue et cigarettes

Une femme très angoissée ou stressée pendant sa grossesse doit se détendre, en se faisant masser par exemple ; surtout, elle ne doit pas se laisser tenter par l'alcool ou les médicaments (hors prescriptions médicales). La consommation d'alcool ou de stupéfiants comme la cocaïne, l'ecstasy ou les amphétamines risque de modifier le développement cérébral du fœtus. L'alcool fait montrer le niveau de cortisol dans son organisme : à la naissance, il peut avoir des mécanismes de réponse au stress hypersensibles (voir axe HHS, page 40).

Grâce aux images cérébrales, on peut voir que le cerveau des enfants dont la mère a bu beaucoup d'alcool durant sa grossesse est souvent plus petit, avec moins de circonvolutions. On constate aussi des dommages au niveau du cervelet (qui contrôle la coordination des mouvements) et du tronc cérébral (responsable de fonctions vitales comme la respiration et la température corporelle). Le cerveau d'un enfant atteint d'un syndrome d'alcoolisation fœtale (SAF) ne se développe pas

« Une femme très angoissée ou stressée pendant sa grossesse devrait essayer les massages. »

« J'ai besoin de repos »

Quand une femme enceinte est fatiguée, la manière dont elle se comporte avec ses enfants peut s'en ressentir. Les activités quotidiennes comme le travail, les courses et les sorties entre amis peuvent s'avérer plus épuisantes que prévu, et la future maman risque de s'emporter facilement. Confier les enfants à des proches de temps en temps ou faire les courses par internet, voilà de bons moyens pour alléger un emploi du temps chargé.

entièrement, ce qui entraîne des troubles mentaux et émotionnels. Au cours des trois premiers mois de gestation, l'alcool consommé est plus dangereux pour le fœtus que pendant le reste de la grossesse. Il est donc conseillé aux femmes enceintes et à celles qui cherchent à l'être d'éviter l'alcool. Une recherche menée par le Professeur Peter Hepper de la Queen's University de Belfast a montré que la consommation d'un seul verre de vin inhibe le comportement fœtal et, pire encore, que l'effet

« Je sens déjà un lien avec mon bébé. »

Une grossesse épanouie est profitable non seulement à la maman et au futur bébé, mais aussi à toute la famille, car le bien-être est communicatif. Dans ces conditions, le bébé une fois né aura plus de chances d'être calme et facile à combler.

persiste même après que l'alcool ait disparu de l'organisme de la mère.[4]

Une femme qui fume pendant sa grossesse expose son bébé aux effets nocifs de la nicotine, du goudron et de l'oxyde de carbone

Elle réduit aussi son apport en oxygène. Le tabac peut altérer le fonctionnement de certaines structures du cerveau du fœtus, et entraîner des troubles du comportement et des difficultés d'apprentissage. Les femmes enceintes qui fument plus de dix cigarettes par jour ont beaucoup plus de risques d'avoir un enfant souffrant d'un problème comportemental. Les enfants de fumeuses sont également plus exposés à l'abus d'alcool, de drogue et à la dépression plus tard. Il faut donc tout faire pour arrêter de fumer.[5] Il est aussi déconseillé aux mères qui ont fumé pendant leur grossesse de dormir avec leur bébé (voir page 74).

Aimer son bébé… ou pas

Si tout se passe bien durant et après l'accouchement, le cerveau de la mère libère d'importantes quantités d'ocytocine (voir page 86). Elle se sent alors transportée, délivrée de tout stress, et ne forme plus qu'un avec son bébé (qu'elle aime déjà profondément). En cas de dépression post-natale, la sécrétion des substances du lien affectif est bloquée, mais elle peut se rétablir facilement avec une aide médicale. Si elle n'est pas prise en charge, la dépression maternelle peut directement affecter le bébé : taux élevé d'hormones du stress, troubles du sommeil, de l'alimentation, et dysfonctionnement du système immunitaire. La dépression postnatale touche une mère sur dix. Des antidépresseurs et/ou un soutien psychologique permettent de stabiliser efficacement l'humeur et de faire baisser le taux d'hormones du stress.[6]

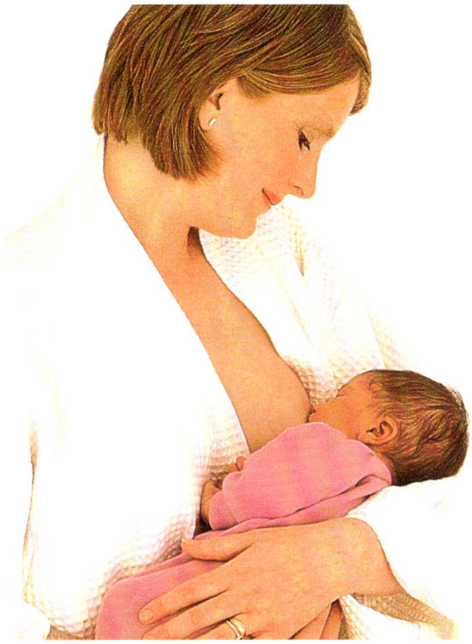

Il est prouvé que l'allaitement est bon pour le moral de la mère, car il favorise la régulation des mécanismes de réponse au stress dans son cerveau. Le fait qu'elle se sente calme et détendue l'aide à apaiser son bébé. Le lait maternel fournit aussi au nourrisson des acides gras polyinsaturés essentiels, qui peuvent activer la sécrétion de dopamine et de sérotonine, des substances-clés pour le cerveau supérieur. Toutefois, d'après certaines études, le taux d'hormones du stress du bébé diminue plus ou moins de la même façon quand sa mère le tient tout contre elle, qu'il soit nourri au sein ou au biberon.[7]

L'aventure parentale

C'est formidable de devenir enfin parent, mais cela demande aussi beaucoup de travail. Il s'agit de répondre aux besoins à la fois physiologiques, émotionnels et psychologiques de l'enfant. Tout le monde peut craquer, c'est pourquoi il est primordial de savoir réagir dès les premiers signes de stress.

Après avoir passé plusieurs heures à s'occuper de jeunes enfants, on rêve d'avoir un peu de paix. Si on dispose de quelques minutes, il faut s'accorder un petit plaisir. Ce n'est qu'en rechargeant ses batteries que l'on pourra rester calme et en empathie avec son enfant.

Une journée dans la vie des parents

Imaginons une journée classique avec un petit garçon de 3 ans. Il vient de recevoir un nouveau jouet (un gros camion rouge) : on partage donc sa joie avec enthousiasme. Puis il saute sur nos genoux et réclame dix minutes de chatouilles. Impossible de refuser, puisque c'est bon pour son cerveau. Ensuite, on lui donne un biscuit, mais il le casse et c'est la catastrophe. L'enfant éclate en sanglots et veut qu'on le répare. Quand on lui explique que c'est impossible, il jette son verre de lait par terre. Il faut maintenant trouver le meilleur moyen de lui montrer que son comportement est inacceptable.

Plus tard, on doit l'aider à accepter le fait qu'il ne peut pas amener sa grenouille dans le salon. Puis on intervient pour mettre fin à une bagarre avec son frère. La fatigue se fait sentir, mais notre petit garçon veut qu'on le regarde appuyer sur le klaxon de son camion rouge. Il attend avec impatience que l'on s'exclame, et quand on le fait, un large sourire illumine son visage. Ce sourire nous ravit, mais quand il nous demande de le regarder pour la dix-huitième fois, on commence à se lasser. Pourtant, on sait que notre attention et nos encouragements favorisent la mise en place de mécanismes chimiques essentiels au bien-être dans son cerveau, alors on continue encore et encore. Au moment du coucher, on doit l'aider à gérer sa colère parce qu'il ne veut pas aller au lit. Et puis n'oublions pas les autres enfants qui réclament autant d'attention.

Après plusieurs heures passées avec notre petit garçon, on aspire à un peu de paix. C'est normal, car il est impossible de réguler le cerveau d'un enfant aussi longtemps sans avoir soi-même besoin d'un soutien émotionnel. En termes neuroscientifiques, on est biochimiquement déséquilibré. Notre système neurovégétatif (voir page 44) est déréglé, ce qui ne fait qu'accroître le stress.

Quand est-on déséquilibré ?

Quand on se sent à bout, sur les nerfs et prêt à craquer lorsque notre enfant fait une bêtise. Au lieu de faire appel à notre néocortex pour réfléchir à la meilleure réaction possible, on reste sous l'emprise du système COLÈRE de notre cerveau inférieur. Le néocortex est envahi de substances réactives au stress : impossible d'avoir les idées claires ou d'être en empathie. On a juste envie de hurler !

« Quand on se sent à bout, sur les nerfs et prêt à craquer, c'est que l'on est biochimiquement déséquilibré. »

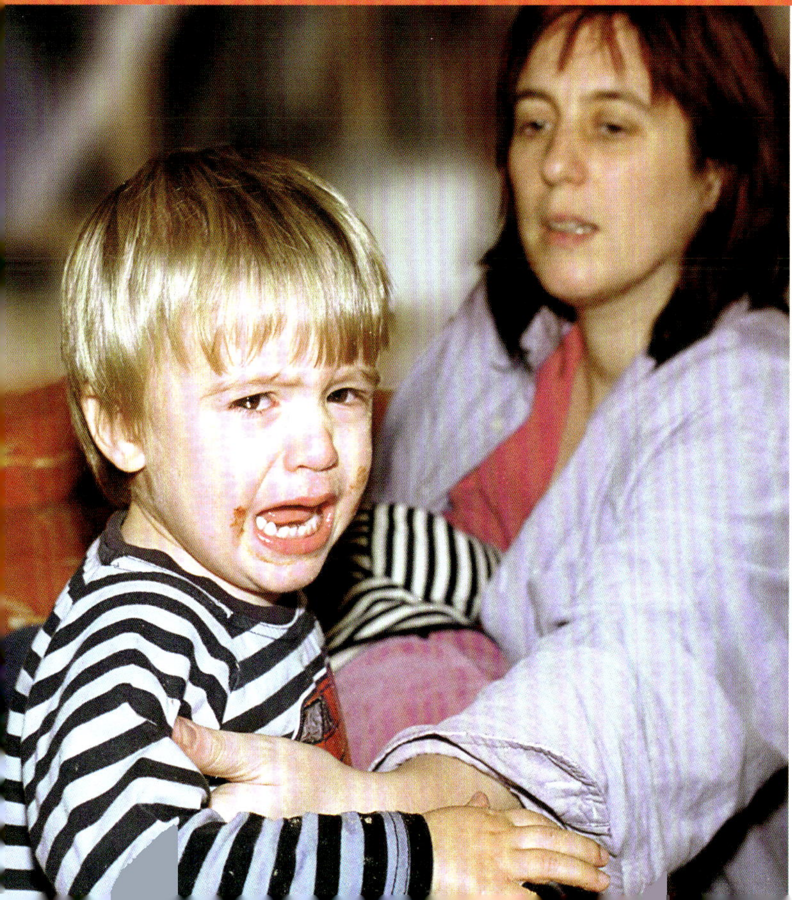

« Je dois absolument rester calme. »

Le rôle des parents, en tant que régulateurs émotionnels, consiste à aider leur enfant à gérer ses émotions insurmontables, de façon à ce qu'elles soient plus supportables. Ils favorisent ainsi le développement de connexions et de systèmes cérébraux qui permettront plus tard à l'enfant de se calmer tout seul. Si les enfants ne reçoivent pas assez de soutien pour gérer leurs émotions, ils risquent d'en souffrir toute leur vie.

Garder le moral en mangeant

Parmi les substances chimiques responsables de nos émotions, certaines sont fabriquées à partir de ce que nous mangeons. En contrôlant notre alimentation, on peut agir sur notre état physique et émotionnel. Prendre des repas réguliers aide à stabiliser l'humeur et à se sentir bien.

Tout le monde devrait avoir une alimentation riche, variée et équilibrée, particulièrement les parents qui s'occupent de leurs enfants. Les aliments nous apportent des éléments indispensables à la fabrication de certaines substances neurochimiques sans lesquelles nous serions fatigués et déprimés.

Savoir quels sont les aliments qui participent à la fabrication des substances neurochimiques peut contribuer à faire de nous de meilleurs parents. Par exemple, si on s'emporte facilement à cause de son enfant, on peut se demander si ce n'est pas parce qu'on manque de vitamines.

Les substances chimiques qui génèrent nos émotions travaillent en harmonie, mais l'équilibre est fragile. Si l'une d'elles vient à manquer, l'effet peut être global, et on vivra une certaine déprime. Certains aliments peuvent rétablir l'équilibre chimique cérébral.

Les aliments qui mettent de bonne humeur

La sérotonine contribue à améliorer l'humeur, l'équilibre émotionnel et la qualité du sommeil. Quand son taux est trop faible, on peut se sentir déprimé, agressif et angoissé.

C'est dans la nourriture que l'on trouve le tryptophane, la principale composante de la sérotonine : dans les bananes, le pain, les pâtes et l'huile de poisson (saumon ou maquereau), celle-ci étant aussi disponible sous forme de compléments alimentaires.

Afin d'optimiser la production de sérotonine, notre nourriture doit aussi être riche en vitamines B_6 et B_{12} et en acide folique (B_9). On en trouve dans les bananes, les avocats, le poisson, les légumes, les pommes de terre, le poulet et le bœuf. On peut aussi prendre des vitamines B sous forme de compléments alimentaires (comme elles agissent en groupe, le complément doit associer les B_1, B_2, B_6, B_{12} et l'acide folique). La B_6, particulièrement, est très importante pour la production de la sérotonine : s'il en manque un seul milligramme par jour, cela suffit à perturber l'équilibre émotionnel. On sait que la dépression peut être soignée grâce aux vitamines B_6 et B_{12}, qui améliorent aussi la qualité du sommeil. Plus on vieillit, et plus on a besoin de vitamines B_6 et B_{12}, car on les assimile moins bien. Les vitamines B interviennent aussi dans la fabrication et la sécrétion du GABA, une substance neurochimique anxiolytique essentielle (voir page 44).[8]

Les aliments qui renforcent la motivation

Notre cerveau doit disposer d'un taux optimal de dopamine qui, associé à d'autres composés neurochimiques, nous aidera à conserver la force psychologique nécessaire pour nous engager pleinement dans la vie et dans notre rôle parental. Libérée en forte quantité, la dopamine peut neutraliser l'impact négatif des petits facteurs de stress inévitables quand on élève un enfant. Mais si elle vient à manquer, on risque de se sentir apathique, irritable, déprimé, et donc de ne pas trouver la motivation pour faire des activités intéressantes et agréables avec ses enfants.

Pour fabriquer de la dopamine, le cerveau a besoin de tyrosine, présente dans les aliments riches en protéines (poisson, viande, fruits secs, fromage), mais aussi de minéraux essentiels et de vitamines. La tyrosine n'agit pas directement sur la sécrétion de dopamine, mais maintient son taux à un niveau optimal.[9]

Les aliments qui aident à surmonter le stress

L'huile de poisson contient un acide gras oméga-3, appelé acide docosahexaénoïque (DHA). Cet agent neurochimique très puissant forme la moitié des graisses nécessaires aux membranes cellulaires du cerveau. Il intervient dans la fabrication et dans l'entretien des structures flexibles des cellules cérébrales, qui permettent une bonne transmission des messages chimiques dans le cerveau. Le DHA, seulement présent dans la nourriture, améliore aussi l'humeur en faisant grimper le taux de sérotonine.

SACHEZ QUE…

Quand on se sent fatigué, cela n'est pas forcément dû à un manque de sommeil. Notre alimentation n'est peut-être tout simplement pas assez équilibrée. En effet, si notre cerveau ne dispose pas d'un apport régulier en glucose ou en protéines, il aura du mal à produire certaines substances chimiques bienfaisantes.

Si on est enfermé toute la journée, on peut faire remonter notre taux de dopamine grâce au simple fait de changer d'air, de voir du monde, d'aller marcher ou de s'adonner à une activité qui stimule notre système RECHERCHE (aller dans un café animé ou au cinéma).

Il ne faut pas aller se coucher en étant stressé, car un taux élevé de cortisol perturbe le sommeil. Mieux vaut prendre un bain relaxant ou se faire masser par son conjoint.

« Les risques de se sentir déprimé et angoissé sont respectivement multipliés par deux et par quatre si l'on saute le petit-déjeuner. »

Des études révèlent que plus la consommation d'huile de poisson est élevée, plus le taux de dépression diminue.[10] En fait, plus le taux de DHA est faible, et plus la dépression est sévère. Notre alimentation est souvent trop pauvre en DHA ; le cerveau a donc tendance à monopoliser tout le DHA dont il peut disposer (poissons gras, compléments alimentaires...).

Sardines, saumon, thon, maquereau et huile de lin pressée à froid sont riches en DHA. Il existe aussi des compléments alimentaires à base d'huile de poisson, mais attention, car certains produits ne contiennent que de l'acide eicosapentaénoïque (EPA). Le taux de DHA diminue avec l'âge, mais aussi sous l'effet de l'alcool et du tabac.

« Jamais sans mon petit-déjeuner ! »

Un petit-déjeuner riche en protéines fait grimper le taux de tyrosine et améliore les capacités de concentration et d'analyse. Les personnes qui prennent un petit-déjeuner complet sont bien plus efficaces et créatives tout au long de la journée.[11] Le lait et le yogourt sont de bonnes sources de protéines.

Le type d'hydrates de carbone consommé est important. Le pain blanc est moins conseillé que le pain complet, car il n'apporte de l'énergie que pendant environ une heure. Les hydrates de carbone complexes comme l'avoine font monter le taux de sucre dans le sang lentement et pendant plusieurs heures : on se sent plus énergique et d'humeur plus stable.

Se sentir bien toute la journée

En sautant un repas ou en prenant de la caféine ou du sucre pour tenir le coup, on risque d'être anxieux, irritable, et de manquer d'énergie pour s'occuper des enfants. Voici quelques règles élémentaires à respecter.

• **Bien manger le matin et à midi.** Les risques de se sentir déprimé et angoissé sont respectivement multipliés par deux et par quatre si l'on saute le petit-déjeuner.[12] Ceci car le taux de glucose dans le sang reste faible, ce qui empêche le cerveau de fonctionner correctement ; les glandes surrénales libèrent alors de grosses quantités d'adrénaline et de cortisol, et on peut se sentir anxieux et tendu.

• **Éviter les aliments et les boissons sucrés.** Il n'y a rien de pire que de remplacer un vrai repas par des biscuits ou du chocolat. Une fois passée la sensation de plaisir immédiate, tout se complique. Quand l'estomac est vide, les aliments sucrés font grimper le taux de sucre dans le sang. L'organisme libère alors de l'insuline pour le faire baisser, et il atteint souvent un niveau très inférieur à celui relevé avant que l'on ne mange : c'est l'hypoglycémie, qui entraîne fatigue et irritabilité.

• **Privilégier les fruits ou les protéines.** Les fruits sont plus recommandés en cas de baisse d'énergie, car ils contiennent un autre type de sucre, le fructose, qui n'entraîne pas la sécrétion d'insuline. La banane, par exemple, nous apporte du tryptophane, qui intervient dans la production de sérotonine (favorable à l'humeur), et elle permet une libération lente de sucre dans le sang : on peut donc tenir le coup plus longtemps. Quant aux fruits secs, ils sont riches en tyrosine, un acide aminé qui joue un rôle fondamental dans la fabrication de la dopamine, aux vertus énergisantes pour le cerveau.

• **Manger des hydrates de carbone le soir.** Ils sont riches en tryptophane, un composant majeur de la sérotonine. Présente en quantité suffisante dans le cerveau, la sérotonine facilite le sommeil. Mieux vaut éviter les aliments trop riches en protéines dans la soirée, car celles-ci aident à rester éveillé.

• **Boire six verres d'eau par jour.** L'eau est vitale pour éliminer les toxines. Si on ne boit pas assez, les toxines s'accumulent dans

Un repas de midi riche en protéines, à base de viande ou de poisson, aide l'organisme à fabriquer de la tyrosine, qui permet de maintenir le taux de dopamine du cerveau à un niveau optimal. Cela nous permet donc de rester attentifs et concentrés pour le reste de la journée. Un repas riche en hydrates de carbone nous rendra au contraire somnolents dans l'après-midi.

l'organisme, et on risque de se sentir fatigué, mou et apathique. Il ne faut pas attendre d'avoir soif pour boire, car la soif est déjà un signe de déshydratation.

• **Penser aux compléments alimentaires.** Il est parfois difficile de trouver dans l'alimentation les minéraux et les vitamines nécessaires à la fabrication de substances neurochimiques énergisantes et favorables à l'humeur (indispensables pour gérer le stress quand on est parent). Comme l'explique un chercheur, « il faut 46 portions d'épinards ou 8 d'amandes par jour pour répondre aux besoins de vitamines E ». Dans de nombreux pays, les apports journaliers en sélénium (un oligoélément) sont insuffisants ; cette carence augmente les risques de baisse d'énergie, d'anxiété, d'irritabilité, de dépression et de fatigue. La consommation de compléments alimentaires peut alors être une solution appropriée.[13]

Le coenzyme Q_{10} intervient dans la transformation des aliments en énergie. Avec l'âge, son taux diminue, et des compléments alimentaires, à prendre avec précaution, sont parfois nécessaires. Le stress puise aussi dans nos réserves de minéraux et de vitamines.

• **Boire de la camomille.** C'est un sédatif léger aux effets anxiolytiques et calmants, qui agit sur les récepteurs de benzodiazépine. Idéale le soir avant de se coucher, on peut en boire dans la journée, à la place des boissons à base de caféine comme le café, le thé, ou encore les boissons à base de cola.

Quelles sont les autres solutions pour améliorer son moral ?

Faire une promenade au soleil. On peut se sentir déprimé à cause du manque de lumière, celui-ci faisant baisser le taux de sérotonine dans le cerveau. Il peut aussi entraîner une carence en dopamine : on sera alors moins vigilant, moins énergique et on aura du mal à se concentrer. C'est par la peau que l'on absorbe la vitamine D du soleil, d'où l'intérêt de prendre l'air chaque jour. On se sent plus facilement déprimé en hiver, car notre taux en vitamine D a tendance à chuter.

Le café est-il si mauvais ? J'ai besoin d'au moins quatre tasses par jour.

Réveillé à 6h30 par les enfants, on se sent déjà épuisé. On prend alors un petit café, histoire d'avoir les idées plus claires. La caféine, présente dans le café, le thé, les boissons gazeuses et certains analgésiques, est l'un des stimulants les plus courants. Elle dope l'humeur et rend plus vigilant et énergique, car elle active la sécrétion de noradrénaline, d'adrénaline et de dopamine dans le cerveau, et augmente le taux de glucose. Elle bloque aussi la libération d'adénosine, une substance neurochimique qui favorise le sommeil. La tolérance à la caféine varie selon les individus et selon les moments de la journée. Boire du café en mangeant quelque chose, et avec modération, cela donne un petit coup de pouce. Mais boire du café en ayant l'estomac vide risque d'entraîner de vrais problèmes. Après avoir d'abord augmenté, le taux de glucose chute, et on se sent fatigué, déprimé et énervé. Par ailleurs, plus on prend de caféine, plus on en a besoin pour se sentir bien.

Savoir se ressourcer

Il est indispensable de se recharger émotionnellement pour rétablir l'équilibre chimique dans notre cerveau et dans notre organisme en général. Si on ne prend pas un peu de temps pour soi, sans les enfants, on risque d'être constamment stressé et de mauvaise humeur. Cela aura bien évidemment des répercussions sur les enfants, qui seront stressés à leur tour, et donc plus difficiles.

S'accorder des pauses régulières. Si on ne prend pas du temps pour soi, on risque d'être irritable, de mauvaise humeur, anxieux et de céder facilement à la colère. Le stress peut aussi perturber le sommeil et donc augmenter les risques de fatigue pendant la journée.

Se ressourcer, cela signifie passer du temps sans ses enfants, à se relaxer ou à faire quelque chose d'agréable, juste pour soi ; rien à voir avec le plaisir éphémère, et qui plus est dangereux, procuré par l'alcool ou le tabac. Quelle que soit leur force, les parents qui se conduisent en « bons petits soldats », sans s'accorder aucune pause, finiront par souffrir d'un déséquilibre chronique au niveau du cerveau et du système neurovégétatif. Il est grand temps de refaire le plein quand on s'énerve pour un rien contre ses enfants, quand on a de moins en moins envie de jouer avec eux, de les câliner, ou de les encourager ; en somme quand on commence à les considérer plus comme une contrainte que comme une source de bonheur. Avec le temps, on apprend à reconnaitre les signes du déséquilibre neurochimique (augmentation des hormones du stress et baisse des substances chimiques bienfaisantes comme la dopamine et la sérotonine).

Comment se ressourcer émotionnellement ?

Il existe deux façons de faire : l'autorégulation et la régulation interactive. La première consiste à faire soi-même quelque chose pour modifier la chimie de son cerveau, comme lire un livre, aller se promener ou prendre un bain relaxant ; et la seconde à passer un moment agréable avec d'autres personnes, un conjoint ou des amis. On doit pratiquer les deux régulièrement si l'on veut préserver son équilibre émotionnel.[14]

Les palliatifs sont insuffisants

Pour surmonter leur stress, certains parents se tournent vers l'alcool ou le tabac. Bien que ces deux solutions apportent un réconfort immédiat, elles se révèlent gravement nuisibles à long terme.

Pourquoi sommes-nous autant attirés par l'alcool et le tabac ?

L'alcool active la diffusion du GABA (voir page 44), une substance cérébrale anxiolytique. Il stimule aussi la sécrétion de sérotonine et de dopamine, d'où le fait qu'on se sente plus sûr de soi, alerte et détendu. Mais l'abus d'alcool peut produire l'effet inverse, en faisant chuter les taux d'ocytocine, de DHA, de tryptophane et de glucose : le sucre et la sérotonine viennent alors à manquer, et on se sent complètement abattu.

Après quelques verres d'alcool, le cerveau supérieur a du mal à assumer certaines de ses fonctions, comme le langage ou la régulation des émotions. Le cerveau inférieur (primitif) prend alors le dessus, ce qui explique pourquoi certaines personnes s'énervent, dépriment ou deviennent agressives quand elles ont trop bu, mais aussi pourquoi les violences conjugales et les maltraitances infantiles sont souvent commises sous l'effet de l'alcool.

Le tabac active la sécrétion d'acétylcholine (un excitant) et de dopamine, et stimule les glandes surrénales qui libèrent de l'adrénaline

On se sent alors plus énergique, motivé et lucide. Le tabac nous procure également de l'acide nicotinique, qui aide le GABA à combattre l'anxiété. Il ralentit aussi le rythme cardiaque et aide les muscles à se relâcher. Certaines études révèlent par ailleurs que le fait de tirer sur une cigarette favorise la libération d'ocytocine, tout comme chez l'enfant qui tète.

Mais bien sûr, ces deux palliatifs mettent notre vie en danger. Mieux vaut donc trouver une façon plus saine de se ressourcer.

SACHEZ QUE...

Aller faire un tour dehors peut être bénéfique pour toute la famille. Un peu d'air frais, du soleil et de l'espace calmeront à la fois les parents et les enfants. De nombreuses études montrent que l'exercice physique favorise la sécrétion des endorphines et de la dopamine. Il fait aussi baisser les taux d'hormones du stress comme l'adrénaline, la noradrénaline et le cortisol. Une séance d'aérobic peut nous aider à retrouver notre énergie, car notre cerveau bénéficiera de plus d'oxygène. Une étude a révélé que les personnes sédentaires étaient plus déprimées que celles qui faisaient régulièrement de l'exercice, et qu'elles avaient un taux d'endorphines plus bas et un taux d'hormones du stress plus élevé.[15]

Retrouver l'équilibre

Les signes du déséquilibre neurochimique sont déjà là : on est stressé, de mauvaise humeur, les enfants commencent à nous énerver et on sent que l'on est prêt à craquer à la moindre contrariété. Il est temps d'agir. Voici quelques conseils pour faire baisser le taux d'hormones du stress.

SACHEZ QUE...

Des études ont prouvé que les activités suivantes pouvaient stimuler la sécrétion d'ocytocine, une substance chimique qui combat les effets du stress :

- la méditation ;
- l'acupuncture ;
- se faire masser ou recevoir des gestes d'affection ;
- le yoga ;
- prendre un bain chaud ou à remous ;
- s'exposer à la lumière du jour ou à une bonne lumière artificielle.

Des activités apaisantes

Quand une activité nous calme, nous détend, c'est qu'elle active dans notre cerveau la libération d'ocytocine, cette merveilleuse substance anxiolytique. La scientifique Uvnas Moberg, qui a beaucoup publié au sujet de l'ocytocine, note : « Nous pouvons choisir des activités ou des passe-temps qui libèrent l'ocytocine disponible dans notre pharmacie intérieure. Nous avons en nous ce formidable remède, et nous devons seulement apprendre à le maîtriser. Quand on vit à cent à l'heure, dans le stress et l'angoisse, ce médicament naturel agit comme un antidote contre les méfaits de notre style de vie.[16] »

La recherche montre que l'ocytocine peut :

- avoir un effet anxiolytique ;
- faire baisser la pression artérielle et la fréquence cardiaque ;
- empêcher le système sanguin d'être envahi par les hormones du stress ;
- favoriser la digestion ;
- réduire l'agitation :
- augmenter la sociabilité.

Une fois que l'on a trouvé une activité qui nous apaise, il faut la pratiquer régulièrement : un massage une fois par semaine plutôt qu'une fois par mois, ou une séance de yoga chaque week-end. Notre taux d'ocytocine pourra ainsi se maintenir à un niveau optimal. On peut aussi choisir d'aller s'asseoir dans un beau parc ou un jardin, pour apaiser notre organisme survolté et activer l'axe calmant de notre système neurovégétatif (voir page 44).

« Je suis calme et détendue. »

Le yoga fait baisser la tension artérielle. Les mouvements du yoga apaisent l'organisme en activant le nerf vague (voir page 45). Des études ont révélé que le yoga libère une molécule anxiolytique, le GABA (acide gamma-amino-butyrique) qui nous permet de ressentir un véritable calme.[17]

La méditation fait baisser la tension artérielle, l'anxiété et le taux de cortisol chez ceux qui la pratiquent depuis longtemps. Elle régule aussi dans le cerveau les mécanismes de réponse au stress hypersensibles, en réduisant l'activité de l'amygdale (le système d'alerte du cerveau inférieur).[18]

L'une des meilleures façons de chasser le stress, c'est de bien s'entourer

On ne peut pas parler des différents moyens d'opérer des changements positifs dans le cerveau, sans citer le plus efficace d'entre tous : passer du temps en bonne compagnie. Une conversation enrichissante peut faire baisser le taux d'hormones du stress et activer la sécrétion de dopamine et de noradrénaline. Le fait d'être avec une personne que l'on aime et avec qui l'on se sent bien peut aussi stimuler fortement la diffusion d'opioïdes dans notre cerveau et nous procurer une merveilleuse sensation de bien-être. Si la relation est aussi physique, les opioïdes seront encore plus efficaces, car sensibilisés par l'ocytocine. Cette réaction chimique est sans doute celle qui nous comble le plus d'un point de vue émotionnel, comme en témoigne le bonheur que l'on ressent quand on s'abandonne dans les bras de l'être aimé. Il faut donc prendre le temps de se confier au téléphone à un ami,

« Le fait d'être avec une personne que l'on aime et avec qui l'on se sent bien peut procurer une merveilleuse sensation de bien-être. »

« Il est capital pour les parents de savoir reconnaitre quand ils sont à bout de nerfs. »

de se faire consoler par son conjoint et d'avoir de nombreux échanges chaleureux et drôles. On sera alors capable de gérer les comportements les plus difficiles de notre enfant et de rester calme en cas de stress.

Il est capital pour les parents de savoir reconnaitre quand ils sont à bout de nerfs, émotionnellement déséquilibrés (voir page 267), et qu'ils ont besoin du soutien d'un adulte. Tout parent doit être entouré par d'autres adultes s'il veut rester calme et maître de lui. Inutile d'attendre de se sentir complètement isolé, épuisé ou déprimé pour faire appel aux autres.

SACHEZ QUE...

Il est important de cerner qui sont les personnes de votre entourage qui dérèglent vos émotions ; autrement dit, qui activent de hauts niveaux d'hormones du stress et placent votre corps en état d'hyperexcitation. Généralement, les personnes qui dérèglent les émotions des autres sont celles qui leur parlent sans les écouter en retour, dans de longs monologues ; celles qui sont très anxieuses ou agitées ; ou encore celles qui n'offrent que peu de réciprocité dans leurs interactions. Elles vous demandent rarement – voire jamais – comment vous allez, ni ne montrent la moindre curiosité à propos de votre vie, ou elles vous utilisent comme un régulateur émotionnel (ou même comme un thérapeute) sans jamais montrer la moindre empathie pour vos propres problèmes.

Quelle que soit la joie que nous procurent nos enfants, seuls des adultes doués de sensibilité peuvent rétablir notre équilibre émotionnel

Ceci car leur cerveau supérieur est assez développé pour qu'ils soient capables de compassion, d'empathie, de sollicitude, et pour qu'ils puissent exprimer ces sentiments par la parole. Ils ont probablement un nerf vague tonique (voir page 45), ce qui rend leur présence physique apaisante pour leur entourage. La régulation émotionnelle doit toujours se faire dans le sens parent-enfant. Il n'est jamais bon de faire de son enfant son confident ou son conseiller. Les enfants ont déjà beaucoup à faire pour gérer leurs émotions, sans avoir besoin de gérer celles de leurs parents.

Les êtres les plus proches et les plus chers ne sont pas forcément les plus apaisants

En effet, ils peuvent eux-mêmes souffrir d'un déséquilibre biochimique chronique, parce qu'ils n'ont pas reçu suffisamment de soutien affectif dans leur enfance, et qu'ils n'ont pas entrepris de thérapie pour y remédier. Or, s'ils sont fréquemment angoissés, énervés ou déprimés, leur présence ne favorisera pas la diffusion de substances chimiques bienfaisantes dans notre cerveau. Il s'agit donc d'identifier les personnes de notre entourage susceptibles de nous calmer et de nous réconforter, et de faire en sorte de passer régulièrement du temps avec elles.

Un véritable soutien s'avère nécessaire quand devenir parent fait ressurgir un passé douloureux

Certains adultes parviennent à oublier les souvenirs pénibles de leur enfance. Puis, quand ils ont des enfants, tout leur revient à l'esprit. Les émotions intenses de leur enfant réveillent la souffrance affective qu'ils avaient réussi à effacer durant toutes ces années. Les pleurs et les colères de leur enfant risquent alors de

« Il n'est jamais bon de faire de son enfant son confident ou son conseiller. »

« Ça fait du bien de te parler. »

Quand on reste seul avec ses enfants, on ne bénéficie d'aucun soutien pour nous aider à rétablir notre équilibre émotionnel, et donc pour apaiser notre système neurovégétatif. Le fait de passer un moment agréable en compagnie d'autres adultes peut nous aider à retrouver notre sérénité ; on peut par exemple participer à un groupe de parents.

Dans certaines cultures, les enfants sont élevés par toute la famille ou par tout le village, et cela s'avère très salutaire pour l'équilibre affectif des parents et des enfants. Les mêmes bienfaits sont observés chez de nombreuses espèces animales qui vivent en groupe.

« Les émotions intenses de l'enfant réveillent la souffrance affective que les parents avaient réussi à effacer durant toutes ces années. »

les anéantir ou de les irriter à tel point qu'ils auront bien du mal à se maîtriser verbalement ou physiquement.

Si on supporte mal les fortes émotions de son enfant, on doit d'abord s'assurer que notre équilibre neurochimique n'est pas affecté par la fatigue, la faim, une mauvaise alimentation, un excès de caféine ou une trop grande solitude (voir plus haut). Si aucun de ces facteurs n'est en cause, il se peut effectivement que notre enfance remonte à la surface. Il ne faut pas s'attendre à retrouver des souvenirs précis relatifs à ce qui nous perturbe sur le moment. Le cerveau d'un bébé est capable d'enregistrer des sensations, des émotions, des images, mais pas des situations précises (« Maman m'a fait ceci, m'a dit cela »). Si on nous a laissé pleurer quand on était petit, on ne se souviendra pas de « l'événement », mais seulement du sentiment d'isolement et de désespoir. Si on est souvent assailli par ce type de sensations, la meilleure chose à faire est d'entreprendre une psychothérapie (voir page 282). Et si l'on perçoit son enfant comme quelqu'un de « mauvais », comme un « ennemi » contre

« Je n'y arriverai pas toute seule »

On a besoin d'un véritable soutien quand on passe le plus clair de son temps seul avec ses enfants. De nombreuses études montrent que le fait de rester isolé trop longtemps, sans avoir aucun échange avec d'autres adultes, fait chuter le taux de substances chimiques bienfaisantes et grimper celui des hormones du stress. L'isolement serait même plus dangereux pour la santé que le tabac.[19]

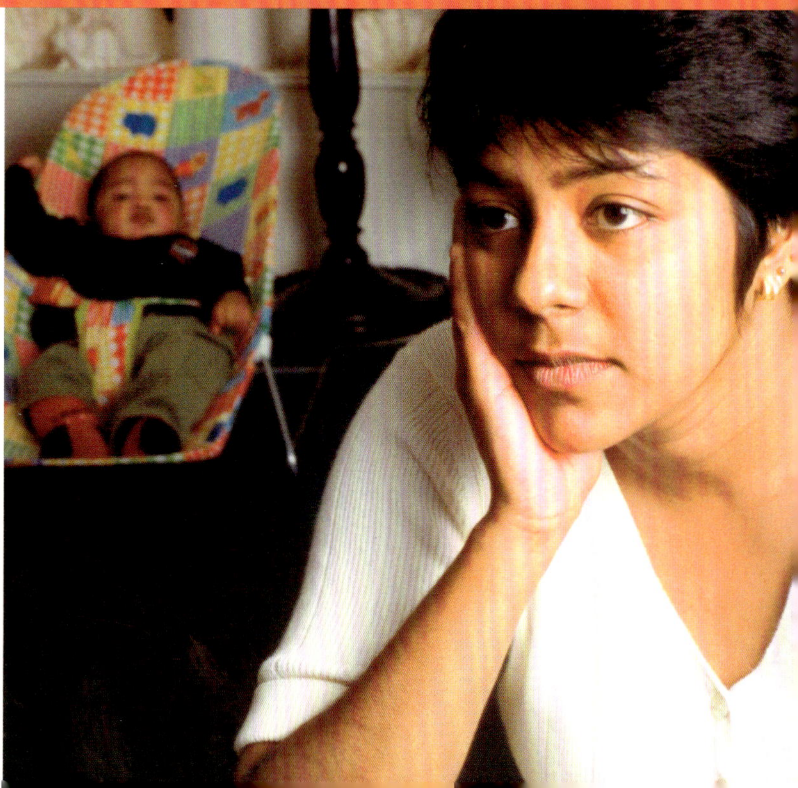

lequel on doit sans arrêt se battre, une thérapie individuelle ou parent-enfant peut aussi être utile.

Un véritable soutien s'impose aussi quand on souffre de dépression ou de dépression postnatale

Il faut bien distinguer la dépression nerveuse du sentiment de déprime qui affecte la plupart des gens de temps en temps. La dépression est une maladie au cours de laquelle le cerveau libère de plus en plus d'hormones du stress, qui finissent par bloquer la sécrétion de substances neurochimiques bienfaisantes. On vit alors un véritable enfer.[20] Le monde perd tout son intérêt, on n'a plus goût à rien, et rien ne nous apaise, pas même le sourire de notre enfant ou les mots d'amour de notre conjoint. On peut aussi souffrir de troubles du sommeil (insomnie ou perpétuelle somnolence). On se sent inutile et coupable d'on ne sait trop quoi. On n'apprécie plus la compagnie de nos enfants, et pourtant l'idée qu'il puisse leur arriver quoi que ce soit nous terrifie. La dépression nerveuse peut aussi inhiber les systèmes SOINS et JEU de notre cerveau inférieur, ce qui nous prive du sentiment maternel et de l'envie de jouer avec nos enfants ou de les cajoler.

Il ne faut en aucun cas se culpabiliser ou souffrir en silence, mais aller consulter un médecin et lui expliquer ce que l'on ressent. Antidépresseurs et psychothérapie ou soutien psychologique forment le traitement combiné le plus efficace.

Pour assumer son rôle parental, on doit aussi se faire aider en cas de décès ou autre traumatisme

Notre manière d'éduquer nos enfants risque de s'en ressentir si l'on souffre ou si l'on traverse une période particulièrement stressante de notre vie. Il peut être difficile de se remettre de la perte d'un être cher, ou de trouver ses repères après un déménagement ou un changement d'emploi. On sait aujourd'hui que ce n'est pas en ignorant ses problèmes qu'on les fait disparaître.

SACHEZ QUE...

Les enseignants, tout comme les parents, ont besoin de conserver leur équilibre s'ils veulent aider les enfants qui leur sont confiés à gérer leurs émotions. Dans l'idéal, ils devraient tous se faire masser régulièrement ou recevoir une aide psychologique. Ils devraient aussi pouvoir se soutenir entre eux, puisqu'ils travaillent en équipe (voir page 274).

À l'école, les enfants qui ne reçoivent pas assez d'attention de la part de leurs parents ont une nouvelle chance de développer leur intelligence sociale et émotionnelle. Si les enseignants sont constamment stressés, les enfants dont ils s'occupent ne peuvent pas bénéficier de cette seconde chance. C'est un fait qui devrait être pris en compte par tout gouvernement ou responsable éducatif.

Par ailleurs, les enfants ressentent le stress et l'angoisse de leurs parents. Le lobe frontal droit est si sensible qu'il peut capter en quelques millièmes de seconde le climat ambiant et les sentiments refoulés d'une autre personne. En réaction à notre stress, notre enfant peut mal se comporter, présenter un symptôme névrotique (phobie ou obsession), et souffrir de troubles du sommeil et de l'alimentation, ou d'énurésie nocturne. Certains enfants arrivent parfois à en parler, comme Émilie, 6 ans : « C'est dur d'avoir des émotions parce que papa, lui, il en a tout le temps. » La recherche a montré que les enfants pouvaient souffrir très jeunes et dans leur vie d'adulte de troubles du comportement et de l'humeur directement liés au bagage affectif de leurs parents.[21] Les parents en souffrance ont donc tout intérêt à chercher un soutien psychologique ou à suivre une thérapie.

Que peut nous apporter une thérapie ?

La psychothérapie est un terme générique qui désigne différentes thérapies fondées sur la parole et destinées à nous aider à comprendre comment notre passé retentit sur notre vie actuelle. Le soutien psychologique est quant à lui de plus courte durée et davantage centré sur un problème particulier, mais il peut aussi nous aider à analyser nos sentiments en fonction de l'évolution dans le temps de notre opinion sur nous et sur les autres. Les dommages causés par un manque de soutien affectif dans l'enfance peuvent être compensés grâce à une bonne thérapie, car la « plasticité » du cerveau supérieur nous permet encore de changer, même à l'âge adulte.

Une bonne thérapie, basée sur le partage des émotions, peut permettre au cerveau d'établir des mécanismes de régulation du stress efficaces. Elle peut aussi mettre un terme aux habituelles sensations de mal-être qui nous rendaient souvent anxieux, de mauvaise humeur ou déprimés. La thérapie permet aussi à certains de se sentir sereins et en paix avec eux-mêmes pour la première fois, grâce à l'apaisement des amygdales et au développement de systèmes de régulation du stress efficaces dans les lobes frontaux.[22]

Les émotions intenses de mon enfant me stressent trop. Que puis-je faire ?

Certains parents ont du mal à supporter les fortes émotions de leur enfant, et ne réalisent pas qu'elles sont tout à fait normales pour un enfant de cet âge et à ce stade de son développement. Bien souvent, ils ont eux-mêmes manqué de soutien affectif dans leur enfance, ce qui les a amenés à penser que les sentiments intenses étaient « dangereux ». Ils risquent alors d'exiger de leur enfant qu'il n'ait que de « bons sentiments », et de le punir à mauvais escient, en le laissant se débrouiller tout seul avec des émotions qu'il ne sait pas gérer. Quand ces parents font appel à un soutien psychologique ou suivent une psychothérapie, c'est un véritable cadeau qu'ils font à leur enfant. Ils apprendront ainsi à gérer ses émotions intenses, en évitant de lui inculquer insidieusement que la passion et l'excitation sont inacceptables.

QUELQUES CONSEILS...

Il faut passer du temps avec les êtres qu'on aime. Grâce aux échanges riches et affectueux, le cerveau et le système neurovégétatif retrouvent leur équilibre. Les étreintes, les baisers et les marques d'affection de notre conjoint activent la sécrétion d'ocytocine dans notre cerveau, ce qui nous procure une véritable sensation de calme et de bien-être.

On dit souvent : « Le passé, c'est le passé ». Mais lorsqu'on a vécu une perte irréparable ou une enfance difficile, c'est évidemment loin d'être le cas

La page ne peut définitivement se tourner que lorsqu'on peut reparler des souvenirs douloureux avec une personne de confiance. C'est précisément le rôle d'un psychologue ou d'un psychothérapeute. Il est prouvé que les adultes qui « s'approprient » leur ancienne souffrance ne reproduisent pas les mêmes erreurs que leurs parents.[23] Un ami, un conjoint ou un parent ne peut pas forcément nous aider à bien réguler nos émotions, car l'échange se fait dans les deux sens. Le thérapeute, en revanche, n'est là que pour nous.

On peut sans doute conclure ce chapitre en rapportant les propos de Martin, 6 ans, dont la mère a suivi une thérapie après la mort de son père. Un jour, le petit garçon dit à son enseignante : « Aujourd'hui, je suis très content. » Quand elle lui a demandé pourquoi, il a répondu : « Quelqu'un aide ma maman à s'occuper du mauvais temps dans son cœur. Dans ma famille, il faisait froid et il pleuvait tout le temps ! »

À retenir

• En se ménageant, une femme enceinte évite de transmettre son stress à son bébé.

• Quand on est parent, on passe beaucoup de temps à réguler les émotions de nos enfants. N'oublions pas que nous avons aussi besoin de retrouver notre équilibre, en fréquentant nos amis et en nous accordant du temps sans les enfants.

• Si on se sent stressé, on ne doit pas faire semblant : les enfants ressentent nos ondes négatives et leur comportement en sera affecté.

• Pratiquer des activités qui stimulent la sécrétion des substances neurochimiques apaisantes est essentiel : yoga, massage, méditation ou moments d'affection avec l'être aimé.

• Si on se sent vraiment à bout, on doit consulter son médecin ou un psychothérapeute.

Références

Introduction

1 Prescribing and medicines team health and social care information centre (2015) Prescriptions dispensed in the community England 2004- 2014 Health and Social Care Information Centre.

2. Sagan C (2005) *Les dragons de l'Eden : Spéculations sur l'évolution de l'intelligence humaine, Seuil, Paris.*

Chapitre 1 : Le cerveau de l'enfant est dans nos mains

1, 4, 12 Panksepp J, et al (2012) The archaeology of mind : neuroevolutionary origins of human emotion, WW Norton & Co., New York

2 Sagan C (2005) *Les dragons de l'Eden : Spéculations sur l'évolution de l'intelligence humaine,* Seuil, Paris.

3 Pan W, et al (2014) *Identifying the core components of emotional intelligence : Evidence from amplitude of low-frequency fluctuations during resting state.* PLoS One,Oct 30;9(10).

4 voir 1

5 Hruby R, et al (2011) *Attachment in integrative neuroscientific perspective,* Activitas Nervosa Superior Rediviva : 53(2). • Hostinar CE (2013) *Future Directions in the Study of Social Relationships as Regulators of the HPA Axis across Development.* Journal of Clinical Child &Adolescent Psychology : 42(4), 564–575.

6 Raine A, et al (2009) The neurobiology of psychopathy : *A neurodevelopmental perspective. Canadian Journal of Psychiatry :* 54(12), 813-823.

7 Lieberman A (1995) *The emotional life of a toddler,* Simon and Schuster, New York.

8 Schore A (2003) *Affect regulation and the repair of the self,* Norton and Company, New York.

9 Gottman J, et al (1996) *Parental meta-emotion philosophy and the emotional life of families : theoretical models and preliminary data.* Journal of Family Psychology : 10(3), 243-268. • Nemeroff CB (2013) *Psychoneuroimmunoendocrinology :* The Biological Basis of Mind–Body Physiology and Pathophysiology, Depression and Anxiety : 30 :285–287.

10 Dube SR, et al (2003) *The impact of adverse childhood experiences on health problems : Evidence from four birth cohorts dating back to 1900.* Preventive Medicine, 37(3) :268-77. • Godfrey KM, et al (2015) *The developmental environment, epigenetic biomarkers and long-term health.* J Dev Orig Health Dis. May : 28 :1-8.

11 Perry BD, et al (1995) *Childhood trauma ; the neurobiology of adaptation and use-dependent development of the brain : how states become traits.* Infant Mental Health Journal, 16 : 271-91.

12 voir 1

13 Perry BD (2002) *Childhood experience and the expression of genetic potential : what childhood neglect tells us about nature and nurture.* Brain and Mind, 3 :79-100.

14 Bugental D, et al. (2003) *The hormonal costs of subtle forms of infant maltreatment.* Hormones and Behavior, Jan : 237-244. • Walsh ND, et al. (2014) *General and Specific Effects of Early-life Psychosocial Adversities on Adolescent Gray Matter Volume.* Neuroimage Journal : 4 :308–318.

15 Teicher MH, et al (2006) *Sticks, stones, and hurtful words : relative effects of various forms of childhood maltreatment.* The American Journal of Psychiatry, Jun ;163(6) :993-1000. • Tomoda A, et al (2011) *Exposure to Parental Verbal Abuse is Associated with Increased Gray Matter Volume in superior temporal gyrus.* Neuroimage Journal, Jan, 54.

16 Veenema AH (2009) *Early life stress, the development of aggression and neuroendocrine and neurobiological correlates : What can we learn from animal models ?* Frontiers in Neuroendocrinology : 30 :497–518.

Chapitre 2 : Pleurs et séparations

1 Panksepp J, et al (1978) *The biology of social attachments : opiates alleviate separation distress.* Biological Psychiatry Oct 13 : 607-18.

2 Kitzinger S (2005) *Understanding your Crying Baby,* Carroll and Brown, London.

3 Leach P (2003) *Your baby & child,* Dorling Kindersley, London : 273.

4 Schmid B, et al (2013) *Maternal stimulation in infancy predicts hypothalamic-pituitary-adrenal axis reactivity in young men.* Journal of Neural Transmission, 2013 Aug ;120(8) :1247-57.

5 Johnson, SB, et al (2013) *The science of early life toxic stress for pediatric practice and advocacy pediatrics 2013,* American Academy of Pediatrics. • Bugental D, Gabriela A, Martorella I, Barrazaa V (2003) *The hormonal costs of subtle forms of infant maltreatment,* Hormones and Behavior Jan : 237-244. • Gunnar MR et al (2015) *Parental buffering of fear and stress neurobiology : Reviewing parallels across rodent, monkey, and human models,* Society of Neuroscience 2015 Oct ;10

6 Zubieta JK, et al (2003) *Regulation of human affective responses by anterior cingulate and limbic and m-opioid neurotransmission,* Archives of General Psychiatry 60 :1145-1153

7 Chester DS, et al (2013), *The interactive effect of social pain and executive functioning on aggression : an fMRI experiment,* Social Cognitive and Affective Neuroscience, 2013, 1-6. • Eisenberger, NI (2012) *The pain of social disconnection : examining the shared neural underpinnings of physical and social pain,* Nature Reviews, Neuroscience, Vol.13, June 2012.

8 Gerhardt S (2014) *Why love matters : How affection shapes a baby's brain :* Brunner-Routledge, Kings Lynn.

9 Schiavone S, et al (2015) *Impact of early life stress on the pathogenesis of mental disorders : relation to brain oxidative stress,* Current Pharmaceutical Design. 2015 ;21(11) : 1404-12.

10 McEwen BS (1999) Stress and the aging hippocampus, Journal of Neuroendocrinology, Jan ;20(1) :49-70. • Szyf, M. (2012), Conserved epigenetic sensitivity to early life experience in the rat and human hippocampus, PNAS, October 16, 2012, vol.109, suppl.2 : 17266–17272.

11 Doom, JR. and Gunnar, MR. (2013) *Stress physiology and developmental psychopathology : Past, present, and future,*

Development and Psychopathology 25 (2013), 1359–1373. • Barry TJ, et al (2015) *Maternal postnatal depression predicts altered offspring biological stress reactivity in adulthood,* Psychoneuroendocrinology, 2015 Feb; 52:251-60.

12 Zubieta JK, et al (2003) *Regulation of human affective responses by anterior cingulate and limbic and m-opioid neurotransmission,* Archives of General Psychiatry 60:1145-1153.

13 Ludington-Hoe SM, Cong X, Hashemi F (2002) *Infant crying: nature, physiologic consequences, and select interventions,* Neonatal Network, 21 (2) 29–36.

14 Moore ER, Anderson GC, Bergman, N Dowswell T (2012) *Early skin-to-skin contact for mothers and their healthy newborn infants,* Cochrane Database Systematic Review 2012 May 16. • Raby KL, et al (2015) *The enduring predictive significance of early maternal sensitivity: social and academic competence through age 32 years,* Child Development, May/ June 2015, Volume 86, Number 3

15 Caldji C, Diorio J, Meaney MJ (2003) *Variations in maternal care alter GABA, receptor subunit expression in brain regions associated with fear,* Neuropsychopharmacology 28:1950. • Bhansali P, Dunning J, Singer SE, David L, Schmauss C (2007) *Early life stress alters adult serotonin 2C receptor Pre-mRNA editing and expression of the subunit of the heterotrimeric G-protein Gq,* Journal of Neuroscience, Feb 7;27(6):1467-1473

16 Veenema AH (2009) *Early life stress, the development of aggression and neuroendocrine and neurobiological correlates: What can we learn from animal models?,* Frontiers in Neuroendocrinology 30 (2009) 497–518

17 Johnson SB et al (2013) *The science of early life toxic stress for pediatric practice and advocacy,* Pediatrics, American Academy of Pediatrics.

18 Stam R, et al (1997) *Trauma and the gut: Interactions between stressful experience and intestinal function,* Gut 1997. • Heaton K (1999) *Your Bowels,* British Medical Association/Dorling Kindersley London • Siobhain M, et al (2010) *Maternal separation as a model of brain–gut axis dysfunction,* Psychopharmacology March 2011, Volume 214, Issue 1, 71–88.

19 Bergman NJ (2005) *More than a cuddle: skin-to-skin contact is key,* The Practising Midwife Oct;8(9):44. • Bergman NJ (2014) *The neuroscience of birth - and the case for Zero Separation.* Curationis 2014 Nov 28;37(2):1-4.

20 Jackson, D (2004) *When your baby cries* Hodder-Mobius, London.

21 Murray L, Andrews L (2000) *The social baby: Understanding babies' communication from birth,* CP Publishing, Richmond.

22 Holt-Lunstad J, Smith TB, Baker M, Harris T, Stephenson D (2015) *Loneliness and social isolation as risk factors for mortality: a meta-analytic review,*Perspectives in Psychological Science 2015 Mar;10(2): 227–37. • Bonnet KA, Hiller JM, Simon EJ (1976) *The effects of chronic opiate treatment and social isolation and opiate reactions in the rodent brain.* In Archer, S et al (Eds) Opiates and endogeous opioid peptides, Elsevier/North Holland, New York: 335–343.

23 Eisenberger, NI. (2012) *The pain of social disconnection: examining the shared neural underpinnings of physical and social pain.* Nature Reviews, Neuroscience Vol.13, June 2012.

24 Caldji C, Diorio J, Meaney MJ (2003) *Variations in maternal care alter GABA, Receptor subunit expression in brain regions associated with fear,* Neuropsychopharmacology 28: 1950.

25 Chugani HT, et al (2001) *Local brain functional activity following early deprivation: a study of postinstitutionalized Romanian orphans,* Neuroimage Journal Dec: 1290–1301.

26 Gunnar MR (2015) *The effects of early life stress on neurobehavioral development in children and adolescents: Mediation by the HPA axis,* Psychoneuroendocrinology 2015 Nov; 61:3.

27 Robertson J, et al (1969) *John – 17 Months: Nine Days in a Residential Nursery,* 16mm film/video: The Robertson Centre. Accompanied by a printed "Guide to the Film" Series: British Medical Association/Concord Film Council.

28 Ahnert L, et al (2004) *Transition to child care: associations with infant-mother attachment, infant negative emotion, and cortisol elevations,* Child Development May-Jun: 639-50. • Watermura SE, et al. (2002) *Rising cortisol at childcare; Relations with nap, rest and temperament,* Developmental Psychobiology Jan: 33-42. • Dettling AC, et al (1999) *Cortisol levels of young children in full-day childcare centres: relations with age and temperament,* Psychoneuroendocrinology Jun: 519-36.

29 Hertsgaard L, et al. (1995) *Adrenocortical responses to the strange situation in infants with disorganized/disorientated attachment relationships,*

Child Development 66: 1100-06. • Gunnar MR (1989) *Studies of the human infant's adrenocortical response to potentially stressful events,* New Directions for Child Development Fall: 3-18

30 Belsky J (2001); *Emanuel Miller lecture: Developmental risks (still) associated with early child care,* Journal of Child Psychology and Psychiatry, and Allied Disciplines Oct: 845-59. • Belsky J, et al. (1996) *Trouble in the second year: three questions about family interaction,* Child Development Apr: 556-78.

31 Gunnar MR, et al. (1992) *The stressfulness of separation among ninemonth-old infants: effects of social context variables and infant temperament,* Child Development Apr: 290-303. • Dettling AC, et al (2000) *Quality of care and temperament determine changes in cortisol concentrations over the day for young children in childcare,* Psychoneuroendocrinology Nov: 819-36

32 Harlow HF, et al. (1979) *Primate Perspectives,* John Wiley, New York/London. • Harlow C (1986) *From learning to love,* Praegar Publications, New York.

33 Dimatelis J, et al (2012) *Early maternal separation leads to down-regulation of cytokine gene expression,* Metabolic Brain Disease September 2012, Volume 27. • Leussis MP (2012) *Depressive-Like Behavior in Adolescents after Maternal Separation: Sex Differences, Controllability,and GABA* Developmental Neuroscience 2012;34:210–217

34 Bowlby J (1978) *Attachement et perte, vol. 2 Séparation, angoisse et colère, PUF, Paris.* • Bowlby J (2014) *Amour et rupture, le destin des liens affectifs, Albin Michel,* Paris. • Bowlby J (2011) *Le lien, la psychanalyse et l'art d'être parent, Albin Michel.*

Chapitre 3: Sommeil et coucher

1 Davis KF, et al (2004) *Sleep in infants and young children: part two: common sleep problems,* Journal of Pediatric Health Care

May-Jun ; 18(3) : 130-7 • Hiscock H, et al. (2004) *Problem crying in infancy,* The Medical Journal of Australia Nov 1 ; 181(9) :507-12 • Lam P, et al. (2003) *Outcomes of infant sleep problems : a longitudinal study of sleep, behavior, and maternal well-being,* Pediatrics Mar ; 111(3) : e203-7.

2 Frost J (2005) *Supernanny,* Hodder & Stoughton, London • Byron T, et al (2003) *Little Angels,* BBC Worldwide Learning, London.

3 Harrison Y (2004) *The relationshipbetween daytime exposure to light and nighttime sleep in 6-12 week old infants,* Journal of Sleep Research Dec ; 13(4) :345-52.

4 Beijers R, et al (2013) *Cortisol regulation in 12-month-old human infants : associations with the infants' early history of breastfeeding and co-sleeping,* Stress. 2013 May;16(3) :267-77 • Beijers R, et al (2008) *Sleeping and Biological Imperatives : Why Human Babies Do Not and Should Not Sleep Alone.* Neuropathology, December 21, 2008.

5 Morgan BE, et al (2011), *Should Neonates Sleep Alone ?,* Biological Psychiatry, 2011, 1–9.

6 Bergman, N (2005) **More than a cuddle : skin-to-skin contact is key,** The Practising Midwife Oct ; 8(9) : 44 • and 15 Jackson D (1999) *Three in a bed : The benefits of sleeping with your baby,* Bloomsbury, London.

7 Kramer KM, et al. (2003) *Developmental effects of oxytocin on stress response : single versus repeated exposure,* Physiology and Behaviour Sept ; 79(4-5) : 775-82. • Hofer MA (1996) *On the nature and consequences of early loss,* Psychosomatic Medicine Nov-Dec 58(6) : 570–81 • Buckley P, et al (2002) *Interaction between bed sharing and other sleep environments during the first six months of life,* Early Human Development Feb ; 66(2) : 123-32.

8 Keller M, Goldberg W (2000) *Co-sleeping and children independence ; challenging the myths* From McKenna J (Ed.) *Safe sleeping with baby : evolutionary, developmental and clinical perspectives,* University ofCalifornia Press, California. • McKenna J (2000), *Cultural influences on infant and childhood sleep biology and the science that studies it : toward a more inclusive paradigm ;* in Loughlin J, Carroll J, Marcus C (Eds.) *Sleep in Development and Pediatrics,* Marcel Dekker, New York : 99–230 • McKenna J, et al. (2005) Why babies should never sleep alone : A review of the co-sleeping controversy in relation to SIDS, bedsharing and breast feeding, *Paediatric Respiratory Reviews* 6(2) :134-52.,

9 et 17 Horne J (1985) New Scientist Dec 1985 ; cited in Jackson D (1999) *Three in a bed : The benefits of sleeping with your baby,* Bloomsbury, London.

10 *"Even when asleep, mothers appeared to be aware or sense the presence of their baby in bed with them and at no time was a mother ever observed to roll on her infant, even when sleeping very close together."*- Jeanine Young (1998), Bedsharing with Babies : The Facts • Jackson D (1999) *Three in a bed : The benefits of sleeping with your baby,* Bloomsbury, London.

11 Gaultier C (1995) *Cardiorespiratory adaptation during sleep in infants and children,* Pediatric Pulmonology Feb 19(2) :105-17.

12 Bergman NJ. (2014). *The neuroscience of birth - and the case for Zero Separation,* Curationis. 2014 Nov 28 ;37(2).

13 Coan JA, Schaefer HS, Davidson RJ (1995) *Lending a hand : social regulation of the neural response to threat,* Psychol Sci. 2006 ec ;17(12) :1032-9. Acta Obstet Gynecol Scand. 1995 Aug ;74(7) :530-3.

14 Feldman R, et al (2014) *Maternal preterm skin-to-skin contact enhances child physiologic organization and cognitive control across the first 10 years of life,* Biological Psychiatry. Jan 1 ;75(1) : 4

15 voir 6 :2

16, 18, 19, 20 McKenna J (2015) The Mother-Baby Behavioural Sleep Laboratory University of Notre Dame, www.cosleeping.nd.edu

17 voir 9

21 Bergman NJ (2014). *The neuroscience of birth - and the case for Zero Separation,* Curationis. 2014 Nov 28 ;37(2) • Bergman NJ, et al (2011) *Should neonates sleep alone ?* Biological Psychiatry. 2011 Nov 1 ;70(9) :817-25.

22 Pantley E (2005) *The no-cry sleep solution* McGraw-Hill, New York.

23 Zhong X, et al (2005) *Increased sympathetic and decreased parasympathetic cardiovascular modulation in normal humans with acute sleep deprivation,* Journal of Applied Physiology Jun ;98(6) :2005–32.

24 Ziabreva I, et al (2003) *Mother's voice "buffers" separation-induced receptor changes in the prefrontal cortex of Octodon degus,* Neuroscience 119(2) : 433-41 • Ziabreva I, et al (2003) *Separation-induced receptor changes in the hippocampus and amygdala of Octodon degus : influence of maternal vocalizations,* Journal of Neuroscience Jun 15 ; 23(12) : 5329–36.

25 Levine S, Wiener SG, Coe CL (1993) *Temporal and social factors influencing behavioral and hormonal responses to separation in mother and infant squirrel monkeys,* Psychoneuroendocrinology 18(4) :297-306.

26 Adamec RE, et al (1998) *Neural plasticity, neuropeptides and anxiety in animals - implications for understanding and treating affective disorder following traumatic stress in humans,* Neuroscience and Biobehavioral Reviews 23(2) :301–18 • Adamec RE, Shallow T (1993) *Lasting effects on rodent anxiety of a single exposure to a cat, Physiology & Behavior* Jul ;54(1) :101–9 • Adamec RE (1997) *Transmitter systems involved in neural plasticity underlying increased anxiety and defense–implications for understanding anxiety following traumatic stress,* Neuroscience and Biobehavioral Reviews Nov ; 21(6) :755-65.

27 Seltzer LJ, Ziegler TE, Pollak SD (2010) *Social vocalizations can release oxytocin in humans,* Proceedings in Biological Science 2010, Sep 7.

28 Panksepp J (2003) *Neuroscience : feeling the pain of social loss,* Science Oct 10 ; 302(5643) : 237–9.

29 Field T, et al (1996) *Preschool children's sleep and wake behaviour : Effects of massage therapy,* Early Child Development and Care 120 : 39- 44.

Chapitre 4 : La chimie de l'amour et de la joie

1 Pert CB (1997) *Molecules of emotion,* Simon and Schuster, London.

2 Mahler M (1968) *On human symbiosis and the vicissitudes of individuation,* International Universities Press, New York.

3 Douglas AJ (2010) *Baby Love ? Oxytocin-dopamine interactions in mother-infant bonding,* Endocrinology, May, 151(5) :1978–1980 • Feldman R (2012) *Oxytocin and social affiliation in humans,* Hormones and Behavior, 61 : 380–391 • MacDonald K, et al (2010) *The Peptide*

That Binds : A Systematic Review of Oxytocin and its Pro-social Effects in Humans, Harvard Review of Psychiatry, January/February • Mesquita AR, et al (2013) *Predicting children's attachment behaviors from the interaction between oxytocin and glucocorticoid receptors polymorphisms,* Psychiatry Research, 210.

4 Jamie L, et al (2015) *Blunted ventral striatum development in adolescence reflects emotional neglect and predicts depressive symptoms,* Biological Psychiatry • Schmid B, et al (2013) *Maternal stimulation in infancy predicts hypothalamic-pituitary-adrenal axis reactivity in young men,* Journal of Neural Transmission, Aug ;120(8) :1247-57 • Pollak SD (2005) *Early adversity and mechanisms of plasticity : integrating affective neuroscience with developmental approaches to psychopathology,* Development and psychopathology, Summer ;17(3) :735–52 • Doom JR, et al (2013) *Stress physiology and developmental psychopathology : Past, present, and future ;* Development and Psychopathology, 25 :1359–1373.

5 et **14** Uvnäs-Moberg K, et al (2005)*Oxytocin, a mediator of anti-stress, wellbeing, social interaction, growth and healing,* Zeitschrift fur Psychosomatische Medizin und Psychotherapie, 51(1) :57-80 • Uvnäs -Moberg K (2011) *The oxytocin factor : tapping the hormone of calm, love and healing,* Da Capo Press, Cambridge, MA.

6 Barry TJ, et al. (2015) *Maternal postnatal depression predicts altered offspring biological stress reactivity in adulthood,* Psychoneuroendocrinology, Feb ;52 :251-60 • Bergman K, et al (2007) *Maternal stress during pregnancy predicts cognitive ability and fearfulness in infancy,* J Am Acad Child Adolesc Psychiatry, Nov ;46(11) :1454-63 • Bhansali P, et al (2007) *Early Life Stress Alters Adult Serotonin 2C Receptor pre-mrna editing and expression of the subunit of the heterotrimeric G-Protein Gq,* Journal of Neuroscience, Feb 7 ;27(6) :1467-1473 • Bremner JD (2003) *Preclinical studies showed that early stress results in long term alterations in the hypothalamicpituitary-adrenal (HPA) axis,* Biological Psychiatry, Oct 1 ;54(7) ; 710-8 • Caldji C, et al (2000) *Variations in maternal care in infancy regulate the development of stress reactivity,* Biological Psychiatry, Dec 15 ;48 (12) :1164-74 • Carrion VG, et al (2007) *Stress predicts brain changes in children : a pilot longitudinal study on youth stress, posttraumatic stress disorder, and the hippocampus,* Pediatrics, Mar ;119(3) :509-16 • Chen Y, et al (2015) *Towards Understanding How Early-Life Stress Re-Programs Cognitive and Emotional Brain Networks,* Neuropsychopharmacology, Jun, 24

7 Bowlby J (1979) Insecure attachment as "shrinking from life or doing battle with it" a statement from *The making and breaking of affectional bonds,* Tavistock, London.

8 Coan JA, et al (1995) *Lending a hand : Social regulation of the neural response to threat.* Psychol Sci. 2006 Dec ;17(12) :1032-9. Acta Obstet Gynecol Scand. 1995 Aug ;74(7) :530-3. • Weller A, et al. (2003) *Emotion regulation and touch in infants : The role of cholescystokinin and opioids,* Peptides, 24 (5), 779-788 • Feldman R, et al (2014) *Maternal-preterm skin-to-skin contact enhances child physiologic organization and cognitive control across the first 10 years of life,* Biol Psychiatry, Jan 1 ;75(1) :56-64 • Montagu A (1971) Touching : *The Human Significance of the Skin,* Harper and Row, London • Mörelius E, et al (2015) *A randomised trial of continuous skin-to-skin contact after preterm birth and the effects on salivary cortisol, parental stress, depression, and breastfeeding.* Early Hum Dev. Jan ;91(1) • Field T (2014) *Massage therapy Research Review,* Complementary Therapy Clinical Practice, 20(4).

9 Francis DD, et al. (2002) *Naturally occurring differences in maternal care are associated with the expression of oxytocin and vasopressin (V1a) receptors : gender differences.* Journal of Neuroendocrinol. May ;14(5) :349-53 • Beery AK, et al (2015) *Natural variation in maternal care and cross-tissue patterns of oxytocin receptor gene methylation in rats,* Child Development, May/June, 86(3).

10, 16, 40, 59 Panksepp J, et al (2012) *TheArchaeology of Mind : Neuroevolutionary Origins of Human Emotion,* WW Norton & Co., New York.

11 Social Justice Policy Group (2006) *Breakdown Britain : Interim report on the state of the nation,* Centre for Social Justice, London.

12 The Bristol Community Family Trust and the Centre for Social Justice, 2011

13 Schore A (2003) *Affect regulation and the repair of the self,* WW Norton and Co., New York

14 voir 5

15 Bartal B, et al. (2011) *Empathy and pro-social behaviour in rats,* Science. Dec 9 ;334(6061) :1427–30

16 voir 10

17 Kok E (2013) *How positive emotions build physical health : perceived positive social connections account for the upward spiral between positive emotions and vagal tone,* Psychological Science, 2013.

18 Birditt K, et al (2015) *Stress and negative relationship quality among older couples : implications for blood pressure,* J Gerontol B Psychol Sci Soc Sci., Apr 7.

19 Carter CS (1998) *Neuroendocrine perspectives on social attachment and love,* Psychoneuroendocrinology, Nov ; 23(8) :779-818 • Francis DD, et al (2002) *Naturally occurring differences in maternal care are associated with the expression of oxytocin and vasopressin,* Journal of Neuroendocrinology, May ;14(5) :349–53 • Insel TR (1992) *Oxytocin : A neuropeptide for affiliation,* Psychoneuroendocrinology,17 :3–35

20. Cohn J, et al (1990) *Sampling interval affects time-series regression estimates of mother-infant influence,* Infant Behav Dev ; 13 : 317

21 Beeghly M, et al (2011) early resilience in the context of parent–infant relationships : a social developmental perspective, Current Problems in Paediatric and Adolescent Health Care, 41 :197-201 • Tronick E (2007) *Neurobehavioural and Social Emotional Development of Infants and Children,* Norton, London.

22 Atzil S, et al (2011) *Specifying the neurobiological basis of human attachment : brain, hormones, and behaviour in synchronous and intrusive mothers,* Neuropsychopharmacology, 36, 2603-2615 • Strathearn L, et al (2009) *Adult attachment predicts maternal brain and oxytocin response to infant cues,* Neuropsychopharmacology, December, 34(13) : 2655–2666

23 Musser ED, et al (2012) *The neural correlates of maternal sensitivity : an fMRI study,* Dev Cogn Neurosci, 2 : 428 36 • Noriuchi M, et al. (2008) *The functional neuroanatomy of maternal love : mother's responses to infant attachment behavior,* Biol Psychiatry, 63 : 415–23 • Ranote S, et al. (2004) *The neural basis of maternal responsiveness to infants : an fMRI study,* Neuroreport, 15 :1825–9

24 Kiel EJ, et al (2013) *Toddler inhibited temperament, maternal cortisol reactivity and embarrassment, and intrusive parenting,* Journal of Family Psychology, Vol 27(3), Jun, 512-517 • O'Connor T (2002) *Maternal antenatal anxiety and children's behavioural/emotional problems at 4 years, report from the Avon Longitudinal Study of Parents and Children,* British Journal of Psychiatry 180:502-8.

25 Montagu A (1979) *La peau et le toucher, Seuil.*

26 Orbach S (2010) *Bodies,* Profile Books, London.

27 Feldman R, et al (2014) *Maternal preterm skin-to-skin contact enhances child physiologic organization and cognitive control across the first 10 years of life,* Biol Psychiatry, Jan 1;75(1):56-64 • Weller A, et al. (2003) *Emotion regulation and touch in infants: The role of cholescystokinin and opioids,* Peptides, 24 (5), 779-788 • Field T (2014) *Massage therapy research review,* Complement Ther Clin Practice, Nov.

28 Haley DW, et al (2003) *Infant stress and parent responsiveness: regulation of physiology and behavior during still-face and reunion,* Child Development, Sep-Oct;74(5):1534-46.

29 Panksepp J, et al (2014) *Preclinical modeling of primal emotional affects (Seeking, Panic and Play): Gateways to the development of new treatments for depression,* Psychopathology 2014;47:383-393.

30 Burgdorf J, et al (2010) *Uncovering the molecular basis of positive affect using rough-and-tumble play in rats: a role for insulin-like growth factor I,* Neuroscience, Jul 14;168(3):769–77.

31 Siviy SM, et al (2011) *In search of the neurobiological substrates for social playfulness in mammalian brains,* Neuroscience and Biobehavioral Reviews, 35:1821–1830.

32 Panksepp J (2004) *Affective neuroscience,* Oxford University Press, Oxford.

33 Siviy SM, et al (2011) *In search of the neurobiological substrates for social playfulness in mammalian brains,* Neuroscience and Biobehavioral Reviews, 35:1821–1830.

34 Gordon NS, et al (2003) *Socially induced brain fertilization: Play promotes brain derived neurotrophic factor transcription in the amygdala and dorsolateral frontal cortex,* Neuroscience Letters, Apr 24;341(1):17–20.

35 Panksepp J, et al (2003) *Modeling ADHD-type arousal with unilateral frontal cortex damage in rats and beneficial effects of play therapy,* Brain and Cognition 52:97-105.

36 Wohr M, et al (2009) *New insights into the relationships of neurogenesis and affect,* Neuroscience, 163.

37 Lyubomirsky S, et al (2006) *The costs and benefits of writing, talking, and thinking about life's triumphs and defeats,* Journal of Personality and Social Psychology, 90(4):692–708

38 Beatty WW, et al (1982) *Psychomotor stimulants, social deprivation and play in juvenile rats,* Pharmacol Biochem Behav. 1 Mar; 16(3):417-22

39 Pellegrini A, et al (1996) *The effects of recess timing on children's playground and classroom behaviors,* American Educational Research Journal, 32 (4): 845-64.

40 voir 10

41, 43, 44, and 54 Tronick E (2007) *Neurobehavioural and social emotional development of infants and children* WW Norton and Co., New York.

42 Schmid B, et al (2013) *Maternal stimulation in infancy predicts hypothalamic-pituitary-adrenal axis reactivity in young men,* J Neural Trans, Aug;120(8):1247-57.

43 voir 41

44 voir 41

45 Moll GH, et al (2001) *Early methylphenidate administration to young rats causes apersistent reduction in the density of striatal dopamine receptors,* Journal of Child and Adolescent Psychopharmacology 11:15-24.

46 Panksepp J, et al (2003) *Modeling ADHD-type arousal with unilateral frontal cortex damage in rats and beneficial effects of play therapy,* Brain and Cognition, (Impact Factor: 2.48). 07/2003; 52(1):97-105.

47 Shir A, et al (2011) *Specifying the neurobiological basis of human attachment: brain, hormones, and behavior in synchronous and intrusive mothers,* Neuropsychopharmacology, 36, 2603–2615.

48 Kiel E, et al (2013) *Toddler inhibited temperament, maternal cortisol reactivity and embarrassment, and intrusive parenting,* Journal of Family Psychology, Vol 27(3), Jun 2013, 512-517 • Strathearn L, et al. (2009) *Adult attachment predicts maternal brain and oxytocin response to infant cues,* Neuropsychopharmacology, 2009; 34: 2655–66. • McLearn KT, et al. (2006) *The timing of maternal depressive symptoms and mothers' parenting practices with young children: implications for pediatric practice,* Pediatrics, Jul;118(1).

49 Field T (2010) *Postpartum depression effects on early interactions, parenting, and safety practices: a review,* Infant Behav Dev; 33:1–6.

50 Laurent H, et al (2012) A cry in the dark: Depressed mothers showed reduced neural activation to their own infant's cry, Social Cognitive and Affective Neuroscience 7: 125-34. • Barrett J, et al. (2012) *Maternal affect and quality of parenting experiences are related to amygdala response to infant faces,* Soc Neurosci, 7:252.

51 Drevets WC, et al (1997) Subgenual prefrontal cortex abnormalities in mood disorders, Nature, 386:824.

52 Schechter DS, et al (2012) *An fMRI study of the brain responses of traumatized mothers to viewing their toddlers during separation and play,* Soc Cogn Affect Neurosci, 7: 969–79.

53 Field TM (1994) *The effects of mother's physical and emotional unavailability on emotion regulation,* Monographs of the Society for Research in Child Development, 59;(2-3): 208-27.

54 voir 41

55 Ashman SB, et al (2002). Stress hormone levels of children of depressed mothers, *Development and Psychopathology,* Spring;14(2):333-49.

56 Barry TJ, et al (2015) *Maternal postnatal depression predicts altered offspring biological stress reactivity in adulthood,* Psychoneuroendocrinology, Feb;52:251-60.

57 Pilowsky D, et al (2008) *Children of depressed mothers 1 year after the initiation of maternal treatment,* American Journal of Psychiatry 165 (9); 1136-47 • Gerhardt S (2014) *Why Love Matters: How affection shapes a baby's brain,* Brunner-Routledge, King's Lynn.

58 Chester DS, et al (2013) *The interactive effect of social pain and executive functioning on aggression: an fMRI experiment,* Social Cognitive and Affective Neuroscience, 1-6. • Eisenberger NI (2012) *The pain of social disconnection: examining the shared neural underpinnings of physical and social pain,* Nature Reviews, Neuroscience, Vol.13, June.

59 voir 10

60 Goodall J (1990) *Through a window: thirty years with chimpanzees of Gombe,* Weidenfeld and Nicolson, London.

61 Glover J (2001) *Humanity: a moral history of the twentieth century,* Pimlico, London.

62 Sunderland M (2010) *Helping children with troubled parents,* Speechmark Publishing, London.

63 Weninger O (1989) *Children's phantasies: the shaping of relationships,* Karnac Books London.

64 Eisenberger NI (2012) *The pain of social disconnection: examining the shared neural underpinnings of physical and social pain,* Nature Reviews, Neuroscience, Vol.13, June.

65 Jay Vaughan Family Futures Consortium (2010), personal communication, London.

Chapitre 5 : La chimie du dynamisme et de la volonté

1, 5, 7 Panksepp J, et al. (2012) *The Archaeology of Mind: Neuroevolutionary Origins of Human Emotion,* WW Norton & Co., New York.

2 et 4 Panksepp J (1998) *Affective neuroscience,* Oxford University Press, New York.

3 Brown G (2000) *The energy of life,* Flamingo, London. Full quote: "*Everyone looks for that sparkle in friends and lovers to make things happen. Most of all, everyone is looking for energy within themselves: The motivation, drive and oomph to do something; the endurance, stamina and resolve to carry through.*"

4 voir 2

5 voir 1

6 *NEET: Young People not in Education, Employment or Training,* House of Commons Briefing Paper, May 21, 2015.

7 voir 1

8 Kuntsche E, et al. (2006) *Television viewing and forms of bullying among adolescents from eight countries,* J Adolesc Health, Dec;39(6):908-15 • Greenfield S (2015) *How digital technologies are leaving their mark on our brains,* Rider, London • Kousha M, et al. (2013). *Normative life events and PTSD in children: How easy stress can affect children's brain,* Acta Med, Iran • Zimmerman FJ, et al (2005) *Early cognitive stimulation, emotional support, and television watching as predictors of subsequent bullying among grade-school children,* Archives of Pediatrics & Adolescent Medicine, Apr;159(4):384-8.

9 Dietrich A (2004) *Neurocognitive mechanisms underlying the experience of flow,* Consciousness and Cognition, 13:746-761.

10 Laakso M, et al. (1999) *Social interactional behaviors and symbolic play competence as predictors of language development and their associations with maternal attention-directing strategies,* Infant Behavior and Development, 22(4) • Belsky J, et al (1980) *Maternal stimulation and infant exploratory competence: cross-sectional, correlational and experimental analyses,* Child Dev, Dec 51(4): 1168-78.

11 Panksepp J, et al (2011) *Why does depression hurt? Ancestral primary-process separation-distress (PANIC/GRIEF) and diminished brain reward (SEEKING) processes in the genesis of depressive affect,* Psychiatry, Spring;74(1):5-13.

12 Institute of Public Policy Research (2006) *Freedom's Orphans: Raising Youth in a Changing World, IPPR,* London

13 Maslow A (2013) *Être humain: la nature humaine et sa plénitude,* Eyrolles.

14 Fox C, et al (2006) *Therapeutic and protective effect of environmental enrichment against psychogenic and neurogenic stress,* Behavioural Brain Research, 175(1) • Sale A, et al (2014) *Environment and brain plasticity: Towards an endogenous pharmacotherapy,* Physiol Rev. 94(1):189-234.

15 Farah MJ, et al (2008) *Environmental stimulation, parental nurturance and cognitive development in humans,* Hurt Developmental Science, 11(5):793–801

16 Rohlfs Domínguez P (2014) *Promoting our understanding of neural plasticity by exploring developmental plasticity in early and adult life,* Brain Res Bull., 107:31-6.

17 Gunnell D, et al (2005) *Association of insulin-like growth factor I and insulinlike growth factor-binding protein-3 with intelligence quotient among 8- to 9-year-oldchildren in the Avon Longitudinal Study of Parents and Children,* Pediatrics, 116(5):681-6.

18 Johansson BB, et al (2002), *Neuronal plasticity and dendritic spines: effect of environmental enrichment on intact and postischemic rat brain,* Journal of Cerebral Blood Flow & Metabolism, 22:89–96.

19 Fred Gage Salk Institute for Biological Studies in La Jolla, California, cited Carper J (2000), *Your Miracle Brain,* Harper Collins, New York

20 Kotloski RJ, et al (2015), *Environmental enrichment: Evidence for an unexpected therapeutic influence,* Experimental Neurology, 264:121–126 • Cao W, et al. (2014) *Early enriched environment induces an increased conversion of proBDNF to BDNF in the adult rat's hippocampus,* Behav Brain Res., May 22

21 Raine, A, et al (2003) *Effects of environmental enrichment at ages 3-5 years on schizotypal personality and antisocial behavior at ages 17 and 23 years,* The American Journal of Psychiatry, Sep;160(9):1627-35.

22 Bratton SC, et al (2005) *The efficacy of play therapy with Children: a meta-analytic review of treatment outcomes,* Professional Psychology: Research and Practice American Psychological Association, 36(4):376–390.

Chapitre 6 : La sociabilité de l'enfant

1 Steele M, et al. (2002) *Maternal predictors of children's social cognition: An attachment perspective,* Journal of Child Psychology and Psychiatry and Allied Disciplines, 43(7):861-72.

2 et 4 Centre for Social Justice (2011) *Strengthening the family and tackling family breakdown,* CSJ, London.

3 Centre for Social Justice Policy Group (2006) *Breakdown Britain: Interim report on the state of the nation,* CSJ, London.

4 voir 2

5 Rodgers B, et al. (1998) *Divorce and separation : the outcomes for children,* Joseph Rowntree Foundation, York.

6 Birditt KS, et al. (2015) *Stress and negative relationship quality among older couples : implications for blood pressure,* J Gerontol B Psychol Sci Soc Sci., Apr.

7 Holt-Lunstad J, et al. (2015) *Loneliness and social isolation as risk factors for mortality : A meta-analytic review,* Perspect Psychol Sci., 10(2):227-37.

8 Bar-on R, et al (2003) *Exploring the neurological substrate of emotional and social intelligence,* Brain, 126(8).

9 Davidson ML, et al. (2008) *Pre-frontal subcortical pathways mediating successful emotion regulation,* Neuron, 59(6)

10 Kana RK, et al (2015) *Aberrant functioning of the theory-of-mind network in children and adolescents with autism,* Mol Autism, Oct 27

11 Faber A, et al (2013) *Frères et sœurs sans rivalité,* Editions du Phare.

12 Lieberman MD, et al. (2007), *Putting feelings into words : affect labeling disrupts Amygdala Activity in Response to Affective Stimuli,* Psychological Science, Vol 1 • Lieberman MD (2011) *Why symbolic processing of affect can disrupt negative affect : Social cognitive and affective neuroscience investigations, Social Neuroscience : toward understanding the underpinnings of the social mind,* Published to Oxford Scholarship Online : May 2011

13 Decety J, et al (2013) *The role of affect in the neurodevelopment of morality, Child Development Perspectives,* 7(1):49–54 • Decety J et al (2012) *A neurobehavioral evolutionary perspective on the mechanisms underlying empathy,* Progress, Neurobiology, 98:38-48.

14 Ridley M (2000) *Genome : The autobiography of species,* Fourth Estate, London.

15 Rosenblum LA, et al (1994) *Adverse early experiences affect noradrenergic and serotonergic functioning in adult primates,* Biological Psychiatry, Feb 15 • Dolan M, et al. (2002) *Serotonergic and cognitive impairment in impulsive aggressive personality disorder offenders : Are there implications for treatment ?,* Psychological Medicine, 32:105-17.

16 Gottman J, et al (1996) *Parental meta-emotion philosophy and the emotional life of families : theoretical models and preliminary data,* Journal of Family Psychology, 10(3):243-268 • Fainsilber L, et al. (2014) *Parental emotion socialization in clinically depressed adolescents : enhancing and dampening positive affect,* Journal of Abnormal Child Psychology, 42:205–215.

17 Gottman JM, et al. (2004) *Parental meta-emotion philosophy and the emotional life of families : theoretical models and preliminary data,* Journal of Abnormal Child Psychology, 32(4):385–398.

18 Bader E, et al. (2014) *In Quest of a Mythical Mate,* Routledge, London.

19 Gottman J (2015) *The Gottman Institute,* www.gottman.com

20 Lockwood, PL, et al. (2013*) Association of callous traits with reduced neural response to others' pain in children with conduct problems,* Current Biology, 23(10) • Warneken F and Tomasello M (2006) *Altruistic helping in human infants and young chimpanzees,* Science March 2006 Vol 311 • Chiarella, Sabrina Sarah (2015) *Infants' reactions to the unjustified emotions of a model.* PhD thesis, Concordia University.

21 Devinsky O, et al (1995) *Contributions of anterior cingulate cortex to behavior, Brain,* 118(0) • Lockwood PL, et al. (2013) *Association of Callous Traits with Reduced Neural Response to Others' Pain in Children with Conduct Problems,* Current Biology, 23(10).

22 Hughes D, et al. (2012) *Brain Based Parenting,* WW Norton and Co., London.

23 Panksepp J (1998) *Affective Neuroscience,* Oxford University Press, Oxford.

24 Brooks FM, et al (2015) *Video gaming in adolescence : factors associated with leisure time use,* Journal of Youth Studies, Published online : 14 Jul 2015 • Sigman A (2012) Time for a view on screen time, *Arch. Dis. Child,* Nov;97(11):935-42 • Telegraph (2012) http://www.telegraph.co.uk/education/educationnews/9595317/Children-spend-more-time-watching-TVthan-at-school.html

25 Bar-on Ms (1999) *Turning off the television,* http://www.ncbi.nlm.nih.gov/pmc/articles/PMC1115553/

26 Ronseal (2012) Poll of 2,000 people for Ronseal "Go on, Get outdoors" campaign, http://www.telegraph.co.uk/news/health/news/9398661/Children-spend-10-timesas-long-watching-TV-as-playing-outsidesurvey.html

27 et 28 Parkes A, et al (2013) *Do television and electronic games predict children's psychosocial adjustment ?* Longitudinal research using the UK Millennium Cohort Study, Arch. Dis. Child, doi : 25 March.

29 DeBoer M, et al (2015) *Viewing as little as 1 hour of television daily is associated with higher weight status in kindergarten : The Early Longitudinal Study,* Pediatric Academic Societies' Annual Meeting, April 25-28, San Diego.

30 Watt E, et al (2015) *Too Much Television ? Prospective Associations Between Early Childhood Televiewing and Later Selfreports of Victimization by Sixth Grade Classmates,* Journal of Developmental & Behavioral Pediatrics, 36.

31 Kirkorian HL, et al. (2009) *The impact of background television on parent-child interaction,* Child Dev., Sep-Oct;80(5):1350-9.

32 Mar RA (2011) *The Neural Bases of Social Cognition and Story Comprehension,* Journal of Cognitive Neuroscience, 1–17.

33 Mar RA, et al. (2009) *Exposure to media and theory-of-mind development in pre-schoolers,* Cognitive Development, doi:10.1016/j.cogdev.2009.11.002 • Mar RA (2011) The Neural Bases of Social Cognition and Story Comprehension, Journal of Cognitive Neuroscience, 1–17.

34 Robb MB, et al. (2009) *Just a talking book ?* Word learning from watching baby videos, Br. J. Dev. Psychol. Mar;27(Pt1):27-45. • Mizuike C, et al. (2010) *Frontal brain activation in young children during picture book reading with their mothers,* Acta. Paediatr., Feb;99(2):225-9. Epub Oct 22.

35 http://stakeholders.ofcom.org.uk/binaries/research/media-literacy/mediause-attitudes-/Childrens_2014_Report.pdf

36 Kuhl PK (2004) *Early language acquisition : Cracking the speech code, Nature Neuroscience,* 5 : 831-843.

37 Mangen A (2013) *Reading linear texts on paper versus computer screen : Effects on reading comprehension,* International Journal of Educational Research, 58:61-68 • *Kerr MA, et al (2006) Computerised presentation of text: Effects on children's reading of informational material,* Reading and Writing, 19(1), 1-19. doi: 10.1007/s11145-003-8128-y

38 Hollingdale J, et al (2014) *The Effect of Online Violent Video Games on Levels of Aggression,* PLoS ONE, 9(11): e111790. doi:10.1371/journal. pone.0111790

39 Murray J (2001) *TV Violence and Brainmapping in Children,* Psychiatric Times, XV111(10).

40 Greitemeyer T, et al (2014) *Video games do affect social outcomes: a metaanalytic review of the effects of violent and prosocial video game play,* Pers Soc Psychol Bull., May;40(5):578-89.

41 Kim YR, et al. (2012) *Abnormal brain activation of adolescent Internet addict in a ball-throwing animation task: Possible neural correlates of disembodiment revealed by fMRI,* Progress in Neuro-Psychopharmacology and Biological Psychiatry, 39(1):88-95 • Carnagey NL, et al. (2007). *The effect of video game violence on physiological desensitisation to real-life violence,* Journal of Experimental Social Psychology, 43(3), 489-496. doi: 10.1016/j.jesp.2006.05.003

42 Greenfield S (2015) *Mind Change: How digital technologies are leaving their mark on our brains,* Rider, London • Anderson CA, et al (2008) *Longitudinal effects of violent video games on aggression in Japan and the US,* Pediatrics, 122(5)

43 Yuan K, et al. (2013). *Cortical thickness abnormalities in late adolescence with online gaming addiction,* PLOS ONE, 8(1), e53055. doi: 10.1371/journal.pone.0053055

44 Blair RJ, et al. (2005) *Deafness to fear in boys with psychopathic tendencies,* Journal of Child Psychology and Psychiatry and Allied Disciplines, 46(3).

45 www.nhs.uk et www.nspcc.org.uk

46 Singer T, et al. (1994) *Empathy for pain involves the affective but not sensory components of pain,* Science, 303.

47 Teicher MH, et al. (2004) *Childhood neglect is associated with reduced corpus callosum area,* Biological Psychiatry, Jul 15;56(2):80-5 • Teicher MH, et al. (2010) *Hurtful Words: Association of Exposure to Peer Verbal Abuse with Elevated Psychiatric Symptom Scores and Corpus Callosum Abnormalities,* American Journal of Psychiatry, 167:1464–1471.

48 Zhi-Peng Liu, et al. (2014) *Chronic stress impairs GABAergic control of amygdale through suppressing the tonic GABAA receptor currents.* Molecular Brain, 20147:32.

49 Teicher M (2015) *Relationships that Hurt Conference,* The Centre for Child Mental Health, July, London.

50 Jenkins-Tucker, C, et al (2013) *Association of sibling aggression with child and adolescent mental health,* Pediatrics: Volume 132, Number 1, July 2013, 79.

Chapitre 7: Colères et caprices

1 Sadeh A (2012) *Sleep, emotional and behavioral difficulties in children and adolescents* Sleep Medicine Review Volume 16 • Astill, R et al (2012) *Sleep, cognition, and behavioral problems in school-age children: A century of research metaanalyzed,* Psychological Bulletin, Vol 138(6), Nov 2012.

2 Knuston K et al (2007) *The metabolic consequences of sleep deprivation,* Sleep medicine reviews June 2007 Issue 3.

3 Adolphus K, et al (2013) *The effects of breakfast on behavior and academic performance in children and adolescents,* Frontiers in Human Neuroscience., 8;7:425. • Murphy JM (2007) *Breakfast and Learning: An Updated Review,* Current Nutrition & Food Science, 3(1):3-36(34) • Chaplin K, et al. (2011) *Breakfast and snacks: associations with cognitive failures, minor injuries, accidents and stress,* Nutrients, 3(5):515-28.

4 Millichap JG, Yee M M (2012) *The diet factor in attention-deficit/hyperactivity disorder* Pediatrics February 2012 • Teves D et al (2004) *Activation of human medial prefrontal cortex during autonomic response to Hypoglycemia* Proceedings of the National Academy of Sciences of the United States of America *Apr 20.*

5 Richardson AJ, et al (2005) *The Oxford-Durham study: a randomized, controlled trial of dietary supplementation with fatty acids in children with developmental coordination disorder,* Pediatrics 1115;1360-66. • Innis SM (2000) *The role of dietary n-6 and n-3 fatty acids in the developing brain,* Developmental neuroscience Sep-Dec; 22(5-6): 474-80 • Wainwright PE (2002) *Dietary essential fatty acids and brain function: a developmental perspective on mechanisms,* The Proceedings of the Nutrition Society Feb: 61-69.

6 McCann D et al (2007) *Food additives and hyperactive behaviour in 3-year-old and 8/9-year-old children in the community: a randomised, double-blinded, placebocontrolled trial* The Lancet Volume 370, No. 9598, p1560–1567, 3 November 2007.

7 NSPCC (2012) Child Abuse and Neglect in the UK Today London.

8 See Stewart I, Jones V (1987) *T.A. Today,* Lifespace, Nottingham.

9 Fromm E (1973) *The anatomy of human destructiveness,* Cape, London: 31.

10 Lieberman, MD, Eisenberger, NI, Crockett, MJ, Tom, SM, Pfeifer, JH, and Way, BM. (2007), *Putting feelings into words: affect labeling disrupts amygdale activity in response to affective stimuli,* Psychological Science, Volume 18—Number 5.

11 Christian Poster, C et al (2012) *Regulatory disorders in early childhood: Correlates in child behavior, parent–child relationship, and parental mental health,* Infant Mental Health Journal 2012, 6 March.

12 Loman MM, Gunnar MG (2010) *Early experience and the development of stress reactivity and regulation in children,* Neuroscience and Biobehaviorial Reviews, Volume 34, Issue 6, May 2010, 867–876.

13 et 18 Panksepp J, Biven L (2012) *The Archaeology of Mind: Neuroevolutionary Origins of Human Emotion:* WW Norton & Co New York.

14 Hennessy, MB (1997) *Hypothalamicpituitary-adrenal responses to brief social separation,* Neuroscience and Biobehavioral Reviews Jan; 21 (1): 11-29 • O'Mahony SM et al (2010) *Maternal separation as a model of brain–gut axis dysfunction,* Psychopharmacology March 2011, Volume 214, Issue 1, 71–88.

15 Eisenberger NI (2012) *The pain of social disconnection: examining the shared neural underpinnings of physical and social pain,* Nature Reviews, Neuroscience, Vol.13, June 2012.

16 Pollak SD (2005) *Maternal regulation of infant reactivity,* Developmental psychology, Summer; 17(3): 735–52.

17 Adamec RE (1991) *Partial kindling of the ventral hippocampus: identification of*

changes in limbic physiology which accompany changes in feline aggression and defense, Physiology & Behavior Mar; 49(3):443–53 • "The mere experience of an emotion without the capacity for [thinking] may tend to ingrain the aroused emotion as an [emotional] disposition in the brain." Panksepp J (2001) *The longterm psychobiological consequences of infant emotions – prescriptions for the twenty-first century,* Infant Mental Health Journal 22 (1-2) Jan-Apr: 145.

18 voir 13

19 Jenner S (2008) The parent-child game, Bloomsbury, London.

Chapitre 8 : Les moments difficiles

1 Cozolino LJ (2006) *The neuroscience of human relationships, attachment and the developing social brain,* WW Norton and Co., London.

2 Bohn-Gettler CA, Pellegrini AD (2014) *Recess in Primary School : The Disjuncture Between Educational Policy and Scientific Research* Justice, Conflict and Wellbeing Multidisciplinary Perspectives : Eds Brian H. Bornstein BH, Wiener RL.

3 Panksepp J, Moskal J (2012) *Dopamine and SEEKING subcortical "reward" systems and appetitive urges* chapter 5 in handbook of approach and avoidance motivation, Ed : Elliot A Psychology Press.

4 Laakso M, et al (1999) *Social interactional behaviors and symbolic play competence as predictors of language development and their associations with maternal attention-directing strategies Infant Behavior and Development* Volume 22, Issue 4, 1999, Pages 541–556 • Belsky J, et al (1980) *Maternal stimulation and infant exploratory competence : crosssectional, correlational, and experimental analyses,* Child Development 1980 Dec 51 (4).

5 Coan JA, Schaefer HS, Davidson RJ (1995) *Lending a hand : social regulation of the neural response to threat,* Psychological Science 2006 Dec :17(12) :1032-9. Acta Obstet Gynecol Scand. 1995 Aug ;74(7) :530-3.

6 Diamond A, Lee K (2011) *Interventions shown to aid executive function development in children 4 to 12 years old science* 19 August 2011 : Vol. 333 • Hoffmann J, Russ S (2012) *Pretend play, creativity, and emotion regulation in children,* Psychology of Aesthetics, Creativity, and the Arts, Vol. 6(2), May 2012, 175-184.

7 Eisenberger, NI. (2012) *The pain of social disconnection : examining the shared neural underpinnings of physical and social pain,* Nature Reviews, Neuroscience, Vol.13, June.

8 *For other ways of dealing creatively and effectively with provocation* see Hughes D, Baylin J (2012) Brain-based parenting : the neuroscience of caregiving for healthy attachment, Norton series on interpersonal neurobiology 20 Apr 2012 • Hughes D (2009) *Principles of attachment-focused parenting : effective strategies to care for children,* WW Norton and Co., London.

9 et 12 Faber A, and Mazlish E (2013) *Frères et sœurs sans rivalité,* Editions du Phare.

10 Newson J, et al (1970) *Seven Year olds in the Home Environment,* Penguin, London

11 et 13 Lieberman MD, et al (2007), *Putting Feelings into Words : Affect Labeling Disrupts Amygdala Activity in Response to Affective Stimuli,* Psychological Science, Volume 18, Number 5

12 voir 9

13 voir 11

14 Mosley J (2014) *Circle Time for Young Children* Essential Guides for Early Years Practitioners, Routledge, London

Chapitre 9 : Tout sur la discipline

1 Independent, 2011, http ://www.independent.co.uk/news/education/education-news/80000-pupils-suspended-for-school-violence-2038430.html

2 Independent, 2011, http ://www.independent.co.uk/news/education/education-news/seven-out-of-10-teacherswant-to-quit-survey-shows-096257.html

3 Youth Justice Statistics, England and Wales 2013/14 - https ://www.gov.uk/government/uploads/system/uploads/attachment_data/file/399379/youth-justiceannual-stats-13-14.pdf

4 http ://www.telegraph.co.uk/news/uknews/law-and-order/8523918/Thousands-of-children-carry-knivessurvey-finds.html (again from 2011).

5 NSPCC (2012) *Child abuse and neglect in the uk today* NSPCC report.

6 Tomoda A, et al (2011) *Exposure to parental verbal abuse is associated with increased gray matter volume in superior temporal gyrus,* Neuroimage 2011 Jan ;54 • Panksepp J, Biven L (2012) *The Archaeology of Mind : Neuroevolutionary Origins of Human Emotion :* WW Norton & Co, New York

7 Teicher MH, et al (2006) *Sticks, stones, and hurtful words : relative effects of various forms of childhood maltreatment,* The American Journal of Psychiatry Jun ;163 (6) :993-1000.

8 Choi, J, et al (2009), *Preliminary evidence for white matter tract abnormalities in young adults exposed to parental verbal abuse,* Biological psychiatry, 2009 ;65 :227-234 • Tomoda A (2011) *Exposure to parental verbal abuse is associated with increased gray matter volume in superior temporal gyrus,* NeuroImage 54 (2011) S280–S286.

9 Polcari, et al (2014) *Parental verbal affection and verbal aggression in childhood differentially influence psychiatric symptoms and wellbeing in young adulthood,* Child Abuse and Neglect. 2014 Jan ;38(1) :91-102.

10 Hellman, N, et al (2015) *Depression history as a moderator of relations between cortisol and shame responses to socialevaluative threat in young adults,* Biological Psychology 2015 Jul ;109 :159-65 • Gruenewald TL et al (2004) *Acute threat to the social self : shame, social self-esteem, and cortisol activity,* Psychosomatic Medicine 2004 Nov-Dec ;66(6) :915-24.

11 Pulcu E, et al (2014) *Increased amygdale response to shame in remitted major depressive disorder,* PLoS One. 2014 Jan 30 ;9(1).

12 Gottman J et al (1996) *Parental meta-emotion philosophy and the emotional life of families : theoretical models and preliminary data,* Journal of Family Psychology 1996, Vol. 10, No.3 • Gottman J, et al (2004) *Parental meta-emotion philosophy and the emotional life of families : theoretical models and preliminary data,* Journal of Abnormal Child Psychology Vol. 32, No. 4, August 2004, pp. 385–398.

13 Hughes D, Baylin J (2012) *Brain-based parenting : the neuroscience of caregiving for healthy attachment* Norton series on interpersonal neurobiology 20 Apr 2012.

14 Troy M, et al (1987) *Victimisation among preschoolers: role of attachment relationship history* Journal of American Academy of Child and Adolescent Psychiatry 2: 166-72.

15 Panksepp J (2001) *The Long-term psychobiological consequences of infant emotions* Infant mental health journal 22 (1-2) Jan–April 145 • Adamec RE (1991) *Partial kindling of the ventral hippocampus: identification of changes in limbic physiology which accompany changes in feline aggression and defense,* Physiology & Behavior Mar;49(3):443-53.

16 Choi J, et al (2009) *Preliminary evidence for white matter tract abnormalities in young adults exposed to parental verbal abuse,* Biological Psychiatry, 2009;65:227-234 • Tomoda A (2011) *Exposure to parental verbal abuse is associated with increased gray matter volume in superior temporal gyrus,* NeuroImage 54 (2011) S280–S286.

17 Fay J, Cline F (2013) *Parenting without the power struggle* NavPress, USA

18 Jenner S (2008) *The parent-child game,* Bloomsbury, London • Forehand R, Searboro ME (1975) An analysis of children's oppositional behavior, Journal of Abnormal Child Psychology, Vol. 3, No.1, 1975

19 Weininger O (1997) *Time-in parenting strategies* Esf Publishers, USA

20 Frost J (2005) *Supernanny* Hodder and Stoughton, London

Chapitre 10: Pour une meilleure relation

1 Sevilla A (2014) Economic and Social Research Council, Britain, June, 2014

2 Castiello U, et al. (2010) *Wired to be social: The ontogeny of human interaction,* PLoS One, Oct 7;5(10)

3 Stanley N, et al. (2008) Auditory Development in the Fetus and Infant, Newborn and Infant Nursing Review, volume 8, issue 4, December 2008. *Arch* Dis Child Fetal Neonatal Ed. • Zoia S, et al (2007) *Evidence of early development of action planning in the human foetus:* A kinematic study, Experimental Brain Research 2007; 176: 217-226. PMID: 16858598

4 Partanen E, et al (2013) Prenatal music exposure induces long-term neural effects, PLoS One, Oct 30 (8)

5 *Parent-Play Survey* (2013) Playmobil UK

6 et 8 Field T, et al (2009) *Pregnancy massage reduces prematurity, low birthweight and postpartum depression,* Infant Behav Dev, Dec;32(4):454-60.

7 Field T (2010) *Pregnancy and Labor Massage,* Expert Rev Obstet Gynecol, March 2010; 5 (2): 177-181.

8 voir 6 AND Field T (2014) *Massage Therapy Research,* Complement Ther. Clin. Pract., Nov;20(4):

9 Uvnäs-Moberg K (2013) *The Hormone of Closeness: The Role of Oxytocin in Relationships,* Pinter & Martin Ltd, London.

10 Stevens J (2014) *Immediate or early skin-to-skin contact after a Caesarean section: a review of the literature,* Matern Child Nutr, Oct, 10 (14): 456-73.10.

11 Feldman R, et al. (2014) *Maternal-preterm skin-to-skin contact enhances child physiologic organization and cognitive control across the first 10 years of life,* Biol Psychiatry. Jan 1;75(1):56-64.

12 et 13 Klaus MH (2009) *Commentary: An early, short, and useful sensitive period in the human infant,* Birth, Jun; 36 (2): 110-2.

14 The Communication Trust, 2012 .

15 Goodwyn SW, et al. (2000) *Impact of Symbolic Gesturing on Early Language Development (Abstract),* Journal of Nonverbal Behavior, 24, 81-103.

16 Zeedyk S *The Science of Human Connection,* http://suzannezeedyk.com

17 Schmid B, et al (2013) *Maternal stimulation in infancy predicts hypothalamic-pituitary-adrenal axis reactivity in young men,* J Neural Transm Aug;120(8).

18 *Play and Communication Strategies,* with thanks to NHS London Borough of Barking and Dagenham.

19 *It Takes Two to Talk,* The Hanen Program®

20 Laakso M, et al. (1999) *Social interactional behaviors and symbolic play competence as predictors of language development and their associations with maternal attention-directing strategies,* Infant Behavior and Development, 22(4) • Belsky J, et al. (1980) *Maternal stimulation and infant exploratory competence: cross-sectional, correlational and experimental analyses,* Child Dev, Dec 51 (4) 1168-78.

21 Forehand R, et al. (1975) *Mother-child interactions: Comparison of a non-compliant clinic group and a non-clinic group,* Behaviour Research and Therapy, Jun;13(2-3):79-84 • Jenner S (2008) *The Parent-Child Game,* Bloomsbury, London.

22 Lieberman A (1995) *The Emotional Life of a Toddler,* Free Press, London.

23 Berk L, et al. (2006) *Beta-Endorphin and HGH Increase Associated with Both the Anticipation and Experience of Mirthful Laughter,* The Journal of the Federation of American Societies for Experimental Biology.

24 Cirelli L, et al (2014) *Interpersonal synchrony increases pro- social behaviour in infants,* Developmental Science, Volume 17(6), 1003–1011..

25 Kokal I, et al. (2011) *Synchronized Drumming Enhances Activity in the Caudate and Facilitates Prosocial Commitment – If the Rhythm Comes Easily,* PLoS ONE 6(11), November, 6 (11) • Bittman B, et al (2001) *Composite effects of group drumming music therapy on modulation of neuroendocrine-immune parameters in normal subjects,* Alternative Therapies in Health and Medicine 7.1 (Jan 2001): 38-47.

26 Ho P, et al (2011) *The impact of group drumming on social-emotional behaviour in low income children.* Evid Based Complement Alternat Med., 250708, Published online, Feb 13.

27 Coan JA, et al (2006) *Lending a hand: social regulation of the neural response to threat.* Psychol Sci., Dec;17(12):1032-9.

28 Uvnäs-Moberg K (2011) *The Oxytocin Factor: Tapping the Hormone of Calm, Love and Healing,* Da Capo Press, Cambridge, MA

29 McGlone F, et al (2014) *Discriminative and Affective Touch: Sensing and Feeling, Neuron,* 82(4), 737–755

30 Uvnäs-Moberg K (2013) *The Hormone of Closeness: The Role of Oxytocin in Relationships,* Pinter & Martin Ltd, London.

31 Taylor AF, et al. (2009) *Children with Attention Deficits Concentrate Better After Walk in the Park, Journal of Attention Disorders,* March 1, 12: 402-409 • Berman MG, et al. (2008) *The Cognitive Benefits of*

Interacting with Nature, Psychological Science, 19 : 1207

Chapitre 11 : Du temps pour soi

1 Glover V (2014) *Maternal depression, anxiety and stress during pregnancy and child outcome ; what needs to be done,* Best Practice & Research Clinical Obstetrics & Gynaecology, 28(1) :25–35 • Bock J, et al. (2015) *Stress in Utero : Prenatal Programming of Brain Plasticity and Cognition • Biological Psychiatry,* Understanding PTSD : From Mind to Molecules, 78(5).

2 Field T, et al. (2009) *Pregnancy massage reduces prematurity, low birthweight and postpartum depression,* Infant Behav Dev., 32(4) :454-60.

3 Swaab D, et al (2011) *Sexual Differentiation of the Human Brain : Relation to Gender-Identity, Sexual Orientation, and Neuropsychiatric Disorders,* Frontiers in Neuroendocrinology, 32(2) :214-226 • Corsello V, et al, (2011) *Biological aspects of gender disorders,* Minerva Endocrinol, 36 :325-39.

4. *Can I drink if I am pregnant ?* National Health Service, UK, http ://www.nhs.uk/chq/Pages/2270.aspx ?CategoryID=54&-SubCategoryID=130#close • Hepper PG, et al. *Fetal Brain Function in Response to Maternal Alcohol Consumption : Early Evidence of Damage,* Alcohol Clin Exp Res., Dec ;36(12) :2168-75.

5 Cornelius, MD, et al. (2012) *Prenatal cigarette smoking : Long-term effects on young adult behavior problems and smoking behavior,* Neurotoxicology and Teratology, 34(6) :554–559 • Longo CA, et al. (2013). *The long-term effects of prenatal nicotine exposure on response inhibition : An fMRI study of young adults,* Neurotoxicology and Teratology, 39 :9–18.

6 Barry TJ, et al. (2015) *Maternal postnatal depression predicts altered offspring biological stress reactivity in adulthood,* Psychoneuroendocrinology, 52 :251-60.

7 Ejdebäck M, et al. (2009) *Effects of sucking and skin-to-skin contact on maternal ACTH and cortisol levels during the second day postpartum-influence of epidural analgesia and oxytocin in the perinatal period,* Breastfeed Med. Dec ;4(4) :207-20 • Heinrichs M, et al. (2001) *Effects of suckling on HPA axis responses to psychosocial stress in postpartum lactating women,* The Journal of Clinical Endocrinology and Metabolism, Oct ; 86(10) :4798-804.

8 Anglin RES, et al (2013) *Vitamin D deficiency and depression in adults : systematic review and meta-analysis,* The British Journal of Psychiatry, 202(2) :100- 107 • Mitchell ES (2014) *B vitamin polymorphisms and behavior : Evidence of associations with neurodevelopment, depression, schizophrenia, bipolar disorder and cognitive decline,* Neuroscience & Biobehavioral Reviews, 47 :307–320 • Bodnar LM, et al. (2005) *Nutrition and Depression : Implications for Improving Mental Health Among Childbearing-Aged Women,* Biological Psychiatry, 58(9) :679-685.

9 Prasad C (1998) *Food, mood and health : a neurobiological outlook,* Brazilian Journalof Medical and Biological Research, 31(12) :1517-27.

10 Tang M, et al. (2015) *Fish oil supplementation alleviates depressant-like behaviors and modulates lipid profiles in rats exposed to chronic unpredictable mild stress,* BMC Complement Altern Med., 17(15)239 • Trebaticka J, et al. (2014) *Psychiatric disorders and omega-3 fatty acids,* Free Radic Biol Med., 75 Suppl. 1 :S52.

11 Adolphus K, et al (2013) *The effects of breakfast on behavior and academic performance in children and adolescents,* Front Hum Neurosci., 8 ;7 :425.

12 Murphy JM (2007) *Breakfast and Learning : An Updated Review,* Current Nutrition & Food Science, 3(1) :3-36(34) • Chaplin K, et al. (2011) *Breakfast and snacks : associations with cognitive failures, minor injuries, accidents and stress, Nutrients,* 3(5) :515-28.

13 Pasco JA, et al. *Dietary selenium and major depression : a nested case-control study,* Complementary Therapies in Medicine, 20(3) :119–123.

14 Coan JA (2010) *Adult attachment and the brain,* Journal of Social and Personal Relationships, 27(2) :210–217 • McEwen BS (2012) *Brain on stress : How the social environment gets under the skin,* PNAS, May :1-6

15 Lucassen PJ, et al. (2010) *Regulation of adult neurogenesis by stress, sleep disruption, exercise and inflammation : Implications for depression and antidepressant action,* European Neuropsychopharmacology, 20 :1–17.

16 Uvnäs-Moberg K (2011) *The Oxytocin Factor : Tapping the Hormone of Calm, Love and Healing,* Da Capo Press, Cambridge, MA • Uvnäs-Moberg K (2013) *The Hormone of Closeness : The Role of Oxytocin in Relationships,* Pinter and Martin Ltd, London.

17 Streeter CC, et al (2007) *Yoga Asana Sessions Increase Brain GABA Levels : A Pilot Study,* The Journal of Alternative and Complementary Medicine, 13(4) : 419-426.

18 Takahashi T, et al. (2005) *Changes in EEG and autonomic nervous activity during meditation and their association with personality traits,* International Journal of Psychophysiology, 55(2) :199-207.

19 Holt-Lunstad J, et al. (2015) *Loneliness and social isolation as risk factors for mortality : A meta-analytic review,* Perspect Psychol Sci., 0(2) :227-37.

20 Johnstone T, et al. (2007) *Failure to Regulate : Counterproductive Recruitment of Top- Down Prefrontal-Subcortical Circuitry in Major Depression,* The Journal of Neuroscience, 27(33) :8877-8884 • Panksepp J, et al. (2011) *Why does depression hurt ? Ancestral primary-process separation-distress (PANIC/GRIEF) and diminished brain reward (SEEKING) processes in the genesis of depressive affect,* Psychiatry, 74(1) :5-13.

21 Fainsilber K, et al (2014) *Parental Emotion Socialization in Clinically Depressed Adolescents : Enhancing and Dampening Positive Affect,* Journal of Abnormal Child Psychology, 42 :205–215 • Ashman SB, et al. (2002) *Stress hormone levels of children of depressed mothers,* Development and Psychopathology, 14(2) :333-49.

22 Tronick E, et al (2009) *Infants of Depressed Mothers,* Harvard Review of Psychiatry, 17(2) :147–56 • Halligan SL, et al (2006) *Maternal depression and psychiatric outcomes in adolescent offspring : A 13-year longitudinal study,* Journal of Affective Disorders, 97(1-3) :145-5.

Adresses utiles

En Belgique

Ligue des Familles
109, avenue E. Beco – 1050 Bruxelles – 02 507 72 11
www.citoyenparent.be

ONE (Office de la Naissance et de l'Enfance)
95, chaussée de Charleroi – 1060 Bruxelles – 02 542 12 11
www.one.be

Re-sources Enfances
214, rue du Trône – 1050 Bruxelles – 02 675 53 67
www.re-sourcesenfance.be

École des Parents et des Éducateurs de Belgique
14, place des Acacias – 1040 Bruxelles – 02/733 95 50
www.ecoledesparents.be

En France

La Maison Verte
13, rue Meilhac – 75015 Paris – 01 43 06 02 82
www.lamaisonverte.asso.fr

École des Parents et des Éducateurs
180 bis, rue de Grenelle – 75007 Paris – 01 47 53 62 70
www.ecoledesparents.org

Union Nationale des Associations Familiales
28, place Saint Georges – 75009 Paris – 01 49 95 36 00
www.unaf.fr

La Cause des Bébés
23, rue Gutenberg – 92120 Montrouge – 01 49 65 09 19
www.lacausedesbebes.free.fr

L'Atelier des Parents
56, avenue Beaurepaire – 94100 Saint-Maur-des-Fossés
01 41 81 64 42
www.latelierdesparents.fr

Au Québec

Entraide Parents
1450, boulevard Père Lelièvre, local H – G1M 1N9 Québec –
418 684-0050
www.entraideparents.com

Réseau pour un Québec Famille
6200, boulevard Taschereau, bureau 408 – J4W 3J8 Brossard –
450 812-9465
www.quebecfamille.org

En Suisse

École des Parents
11, chemin du 23 août – 1205 Genève – 41 22 733 12 00
http://www.ep-ge.ch

La Maison Ouverte
23, route Aloys Fauquez – 1018 Lausanne – 021 646 92 90
http://lamaisonouverte.ch

Formation des Parents
2, avenue de Rumine – 1005 Lausanne – 076 457 35 3
www.formation-des-parents.ch

Maison des Parents
19, rue des Rois – 1204 Genève – 022 792 06 46
www.maison-parents.ch

Autres ressources sur le même thème

Edwige Antier, *L'autorité sans fessées*, Laffont, 2010.

Adèle Faber et Elaine Mazlich, *Parler pour que les enfants écoutent, écouter pour que les enfants parlent*, Éditions du Phare, 2012.

Isabelle Filliozat, *Au cœur des émotions de l'enfant*, Marabout, 2013.

Catherine Gueguen, *Pour une enfance heureuse*, Pocket 2015.

Laurence Pernoud, *J'élève mon enfant*, Éditions Horay, 2017.

Bénédicte Péribère, *Les 50 règles d'or de l'éducation positive*, Larousse, 2016.

Shauna Shapiro et Chris White, *Élever son enfant en pleine conscience*, Éditions De Boeck Supérieur, 2017.

Isabelle Roskam, *Mon enfant est insupportable ! Comprendre les enfants difficiles*, Éditions Mardaga, 2013.

Aletha Solter, *Mon bébé comprend tout*, Marabout, 2013.

Communication non violente http://nvc-europe.org/

Encyclopédie sur le développement des jeunes enfants http://www.enfant-encyclopedie.com/

Naitre et grandir http://naitreetgrandir.com/fr/

Parentalité bienveillante http://www.parentalite-bienveillante.com/

Parentalité positive http://www.les-supers-parents.com/

Prévention de la maltraitance http://www.yapaka.be/

Index

D

Remerciements

Je voudrais exprimer ma gratitude aux personnes suivantes qui m'ont aidée pendant mes 17 années d'études des neurosciences concernant les interactions parents-enfant, ce qui m'a permis d'écrire la première et la seconde édition de ce livre :

Au professeur Jaak Panksepp qui a patiemment et respectueusement relu et corrigé les textes, s'assurant de la véracité scientifique des propos. Ce fut pour moi un honneur et un privilège que d'apprendre auprès de cet éminent scientifique, qui a tant fait pour le bien-être émotionnel des enfants.

À Elaine Duigenan, talentueuse photographe travaillant à Londres et à New York, et auteur d'un grand nombre de clichés qui illustrent cet ouvrage. Elaine a le don d'être présente au moment-clé pour saisir toute la palette des émotions des enfants, de la joie la plus intense à la plus profonde détresse. En montrant les enfants tels qu'ils sont, sans essayer de les idéaliser, elle donne à voir aux parents que les moments difficiles sont aussi inévitables et naturels que les moments de joie.

À Russ Parrett de Redshark TV pour les photographies supplémentaires de la nouvelle édition.

Au professeur Allan Schore (Université de Californie à Los Angeles, École de Médecine David Geffen). Je ne suis pas la première à défricher ce vaste domaine scientifique. C'est Allan qui a commencé ! Au fil de ses nombreux livres, il a récolté une immense quantité d'études et de recherches sur les conséquences des interactions parents-enfant sur le développement du cerveau. Il a su appliquer ces connaissances à la psychopathologie et à la psychothérapie avec excellence. Il m'a soutenue quand j'ai commencé à travailler dans ce domaine, et ce livre doit beaucoup à son approche révolutionnaire de la psychoneurobiologie.

À Eleanore Armstrong-Perlman, ancienne présidente de la *Guild of Psychotherapists and Fairbairnian psychoanalytic scholar*. Je tiens à la remercier pour son aide précieuse à la rédaction du chapitre « La chimie de l'amour et de la joie », et à saluer son extraordinaire compassion pour la souffrance des enfants. Elle m'a aidée à me faire la porte-parole des bébés.

Au Dr Dan Hughes (auteur de *Building the Bonds of Attachment*). Il m'a beaucoup apporté, tant du point de vue personnel que professionnel. C'est toujours une émotion intense que de le voir parvenir à échanger avec des enfants enfermés sur eux-mêmes, grâce à son approche neuroscientifique dite PACE (Play, Acceptance, Curiosity and Empathy) ou, en français, Plaisir, Acceptation, Curiosité, Empathie.

À feu Sue Fish, fondatrice essentielle du mouvement britannique *Integrative Child Psychotherapy* (psychothérapie à l'écoute des enfants). Sa capacité à entretenir des relations privilégiées et intenses, aussi bien avec des enfants qu'avec des adultes, témoigne des bienfaits à long terme des rapports humains chaleureux, du plaisir partagé, de la compassion et du toucher sur le cerveau.

Aux professionnels du Centre for Child Mental Health, Charlotte Emmett, Ruth Bonner, et plus récemment Eleanor Cole, qui ont su faire en sorte que le travail sur ce livre ne soit pas un pénible effort solitaire, mais l'occasion d'échanges à haute teneur en dopamine !

À Brett Kahr, *Senior Clinical Research Fellow* en psychothérapie et santé mentale et à **Sir Richard Bowlby,** Président du *Centre for Child Mental Health*, qui ont tous deux su apporter tant de richesse et d'inspiration à notre travail, en nous communiquant les derniers résultats de leurs recherches.

À ma mère Muriel Sunderland, dont l'amour du savoir, la psychologie et l'éducation m'ont tant inspirée.

À Graeme Blench (Co-directeur du *Centre for Child Mental Health*) pour son soutien sans faille, tant sur le plan personnel que professionnel.

Et, pour finir, je voudrais remercier tous les scientifiques et psychologues auxquels je fais référence dans ce livre : leurs découvertes nous aident à construire un monde meilleurs pour nos enfants.

REMERCIEMENTS DE L'ÉDITEUR

L'éditeur tient à remercier :
Vanessa Bird pour la création de l'index. Claire Cross and Anna Davidson pour la relecture des épreuves et l'assistance éditoriale.
Joanna Cameron pour les illustrations.
Les enfants et les parents qui ont servi de modèles pour les photographies de ce livre. Nous signalons que les noms donnés aux parents et aux enfants photographiés, ainsi que les légendes et histoires qui leur sont attachées sont sans rapport avec la réalité.

Crédits photographiques
L'éditeur remercie pour leur aimable autorisation à reproduire leurs photographies (abréviations : b-bas ; c-centre ; g-gauche ; d-droite ; h-haut) :

123RF Stock Photo : anyka : 157hg ; **Aflo Foto Agency :** 275 ; **Alamy Images :** Finn Roberts 36cg, 202 ; **BananaStock :** 165 ; **Hal Beral :** 17cgb ; **Andy Bishop :** 266 ; **Blickwinkel :** 153 ; **Brand X Pictures :** 124 ; **Brandon Cole Marine Photography :** 159 ; **Rolf Bruderer :** 272–73 ; **Scott Camazine :** 41 ; **cbp-photo :** 133 ; **CNRI :** 179 ; **Curious Fox Company :** Baby Deluxe Treasure Box : 142 ; **Scott Camazine & Sue Trainor :** 152, 167hc ; **Harry T. Chugani :** M.D. Children's Hospital of Michigan, Wayne State University, Detroit, Michigan, USA : 52g ; **Corbis :** 75, 94, 100–101, 220 ; **Jim Craigmyle :** 136 ; **Goupy Didier :** 20cg ; **Kevin Dodge :** 148 ; **Pat Doyle :** 154 ; **Dorling Kindersley :** John Davis : 271hd ; **Elaine Duigenan :** 10, 11h, 12b, 17cdb, 25t, 26, 29, 31t, 34, 37, 42, 43h, 46, 51, 55h, 59, 60hg, 84, 86, 90, 99, 108, 109, 110, 112–13, 114, 115, 125, 132, 134, 135, 139, 151, 156, 226, 164, 174, 177, 178, 180, 181, 182bd, 183, 184, 191, 192, 193, 195, 196, 200, 201, 203, 204, 207, 208, 211, 213, 223, 231, 235, 236, 238, 239, 240, 267, 269, 274 ; **Laura Dwight :** 182bd, 232 ; **Elvele Images :** 167bd ; **Jim Erickson :** 188hg ; **Fotofacade :** 214 ; **John T. Fowler :** 210h ; **Garry Gay :** 40bg ; **Françoise Gervais :** 169 ; **Tim Graham :** 282–83 ; **Getty Images :** Walther Bear : 194cg ; **Jane Goodall :** 50 ; **Ghislain & Marie David de Lossy :** 172 ; **Onur Guentuerkuen :** 7h ; **H.F. Harlow :** 58 ; **John Henley :** 30h, 168 ; **iStock :** Silvia Jansen : 122 ; **Gavriel Jecan :** 70 ; **Johansson and Belichenko, 2002 :** 140 ; **John Powell Photographer :** 186, 228 ; **Christina Kennedy :** 123 ; **Ronnie Kaufmanf :** 96 ; **Gavin Kingcome Photography :** 89 ; **Tim Kiusalaas :** 260 ; **Pete Leonard/zefa :** 64 ; **Elyse Lewin :** 14 ; **Bob London :** 187hd ; **Simon Marcus :** 230h ; **Medical-on-Line :** 280 ; **Gideon Mendel :** 222 ; **Bill Miles** 78cg ; **Motoring Picture Library :** 263 ; **Sidney Moulds** 40cd ; **Jeffry W. Myers :** 74 ; **Tim O'Leary/zefa :** 103 ; **Tim Pannell :** 284 ; **Pegaz :** 216 ; **Photick - Image and Click :** 119 ; **Photofusion Picture Library :** 215 ; **Photo Network :** 185b ; **Profimedia.CZ s.r.o. :** 209 ; **ROB & SAS :** 2–3, 241 ; **Reflections Photolibrary :** 225 ; **Redshark TV :** Russ Parrett : 143 ; **Royalty Free Images : Alamy Images :** 49hd ; **George Shelley :** 8t ; **Ariel Skelley :** 9b ; **Sovereign, ISM :** 106 ; **The Image Bank :** 166bg ; **thislife pictures :** 182bc, 276 ; **Tom Stewart** 32h ; **LWA-Dann Tardif :** 91hd ; **University of Southern California :** Susan Lynch, Brain and Creativity Institute, University of Southern California / Dr Antonio Damasio, Professor of Psychology, Neuroscience and Neurology, and Director, Institute for the Neurological Study of Emotion, Decision-Making, and Creativity, University of Southern California : 24 ; **Kennan Ward :** 17cb ; 88 ; **Westend61 :** 147 ; **Janine Wiedel Photolibrary :** 120, 121 ; **Larry Williams :** 104 ; **Claude Woodruff :** 4-5 ; **Yellow Dog Productions :** 131

Pour toutes les autres images © Dorling Kindersley
Pour d'autres informations, voir : www.dkimages.com